आलोचना का द्वन्द्व

(1954 से 1965 तक के असंकलित लेखों का संग्रह)

आलोचना का द्वन्द्व

(1954 से 1965 तक के असंकलित लेखों का संग्रह)

देवीशंकर अवस्थी

वाणी प्रकाशन

वाणी प्रकाशन
4695, 21-ए, दरियागंज, नयी दिल्ली 110 002
फ़ोन : +91 11 23273167 फ़ैक्स : +91 11 23275710
शाखाएँ
अशोक राजपथ, पटना 800 004, बिहार
कॉफ़ी हाउस कैम्पस, महात्मा गांधी मार्ग, इलाहाबाद 211 001, उत्तर प्रदेश
महात्मा गांधी अन्तरराष्ट्रीय हिन्दी विश्वविद्यालय, वर्धा 442 001, महाराष्ट्र
सुल्तानिया रोड, मोतिया पार्क, भोपाल 462 001, मध्य प्रदेश
www.vaniprakashan.com
marketing@vaniprakashan.in
sales@vaniprakashan.in

Aalochna Ka Dwandwa
by Devishankar Awasthi

ISBN : 978-81-7055-667-1
Criticism

प्रथम संस्करण 1999
द्वितीय संस्करण 2021

मूल्य : ₹ 695

थॉमसन प्रेस (इंडिया) लि. में मुद्रित

वाणी प्रकाशन का लोगो मक़बूल फ़िदा हुसेन की कूची से

बड़े मामा (श्री उमाशंकर पाण्डेय)
और
दद्दूचच्चू (श्री हरिमाधव अवस्थी)
की सादर स्मृति को

भूमिका

विभिन्न पत्र-पत्रिकाओं में अवस्थी जी की प्रकाशित समीक्षा कृतियों का यह पुस्तकाकार संकलन पहली बार प्रकाशित हो रहा है। इस पुस्तक में 1954 से 1965 तक के असंकलित लेखों को संगृहीत करने का प्रयास है। इन टिप्पणियों, लेखों और पुस्तक समीक्षाओं को संकलित करते हुए मैंने महसूस किया कि स्वाधीनता के बाद के उन्नीस-बीस वर्षों के हिन्दी रचनाकर्म के वे सहृदय पाठक थे, सहचर, साक्षी और समीक्षक थे।

उपर्युक्त दो दशकों के युगीन द्वन्द्व से तत्कालीन सृजनात्मक साहित्य जुड़ा हुआ है या नहीं, उसे जुड़ना चाहिए या नहीं, जुड़ने की शर्तें क्या थीं और उनकी कलात्मक परिणति कैसी थी—इस संकलन की टिप्पणियों और आलोचनात्मक विवेचन के तहत लिखे गये लेखों-निबन्धों में उल्लिखित प्रश्नों की बार-बार गूँज मिलती है। उन प्रश्नों से जूझने के उनके साक्ष्य भी मिलते हैं। तत्कालीन समालोचना की वैचारिक बहसों और टकराहटों से भरे ये प्रश्नोत्तर ही आलोचना के द्वन्द्व को एक स्वरूप प्रदान करते हैं। साहित्य और कला की सृजन प्रकृति में अन्तर्निहित जो सार्वभौमिक सनातन तत्त्व, तत्कालीन ठोस यथार्थ के प्रवाह में स्पन्दित हो उठा था—उसे साहित्य के सहृदय पाठक और विद्वज्जन आज भी दोबारा देखेंगे-परखेंगे और इस काम में इस पुस्तक की भूमिका का निर्णय भी वे ही करेंगे।

मूल रूप से अंग्रेज़ी में लिखित उनकी कुछ टिप्पणियों के हिन्दी रूपान्तर भी इस पुस्तक में पहली बार प्रकाशित हो रहे हैं।

इनके अलावा लम्बी चिट्ठी के रूपबन्ध में लिखित तेज़-तल्ख़ बहसवाली टिप्पणियाँ भी इसी पुस्तक में पहली बार संगृहीत की गयी हैं।

इस पुस्तक की सामग्री के संकलन-संचयन और प्रकाशन में क्यों इतनी देर हो गयी—लगभग 34 वर्ष—इसका स्पष्टीकरण देने का साहस मैं जुटा नहीं पाऊँगी...।

अन्त में वाणी प्रकाशन के संचालक श्री अरुण माहेश्वरी को मैं धन्यवाद दूँगी कि इस पुस्तक के प्रकाशन में और इसे स्वरूप प्रदान करने में उन्होंने रुचि ली। तभी यह पुस्तक हिन्दी के पाठक संसार के हाथों पहुँच पा रही है।

शहीद दिवस
23 मार्च, 1999

—कमलेश अवस्थी
श्याम-सिन्धु, 2/346-ए, आजाद नगर
कानपुर-208002 (उ.प्र.)

अनुक्रम

बहस

विवेचन

पुस्तक-समीक्षा

कविता-समीक्षा

कथा-समीक्षा

आलोचना एवं अन्य समीक्षा

बहस

नयी समीक्षा-1

प्रिय भाई,

'वसुधा' मिली। राधिकाचरण तिवारी की चर्चा 'साहित्य के हिन्दी मानदण्ड' बड़ी फड़कती चीज मिली। सबसे पहले उसी को चट कर गया। उनसे दो-एक जगह मतभेद है—एक तो यह कि माचवे जी हिन्दी-मराठी आवागमन आलोचना के प्रवर्त्तक नहीं हैं—उनका क्षेत्र 'साहित्य में आयात-निर्यात अथवा आलोचना है।' पर यह क्षेत्र केवल हिन्दी-मराठी तक ही सीमित नहीं है। दूसरी असहमति है रामविलास जी की युगप्रवर्तना से। 'बैसवाड़ी आलोचना' के प्रवर्त्तकों की यदि बात उठेगी तो दौलतपुर की गंगाधूलि से द्विवेदी जी सोंटा लेकर खड़े हो जायेंगे, निराला जी लाख बीमार हों पर बैसवाड़े का पानी उनकी भुजाओं में अब भी है और फिर वाजपेयी जी भी बैसवाड़े के ठहरे (इन पंक्तियों का लेखक भी बैसवाड़े का ही है)। वास्तव में रामविलास जी 'फौजदारी वकालत-पद्धति' के आलोचक हैं। वकील जैसे मुकदमे की दरखास्त बनाते समय, बहस करते समय अपने मतलब के नुक्ते ढूँढ़ता है वैसे ही रामविलास जी भी। शुक्ल जी के पीछे पड़ गये तो उन्हें रामविलास शर्मा बना कर छोड़ा और यशपाल को अमार्क्सवादी ही सिद्ध किया। अब भला बताइए यशपाल आलोचकों की व्यर्थता क्यों न घोषित करते फिरें और इस तरह तुलसी पर लिखी उनकी (यशपाल जी की) सम्पादकीय आलोचना या अन्य आलोचनाएँ अपने आप अनालोचना बन जाती हैं। रामविलास जी के तुलसी को प्रगतिवादी समझते समय ऐसा लगता है कि या तो तुलसी ने मार्क्स का शिष्यत्व ग्रहण कर लिया था (कवि द्रष्टा होता है न!) या फिर मार्क्स ने अपना ग्रन्थ तुलसी-साहित्य को पढ़कर लिखा होगा। बहरहाल शर्मा जी को साहित्य में समाज की सीधी अभिव्यक्ति ही भाती है। अप्रत्यक्ष प्रतीकात्मक अनुभूति को वे स्वीकार नहीं कर सकते। एक प्रकार की हिन्दी आलोचना और भी होती है, जो तिवारी जी द्वारा बनायी गयी किसी श्रेणी के अन्तर्गत नहीं आती है, परन्तु लक्षण प्रत्येक के होते हैं। इस महान समन्वयवादी (आचार्य ह.प्र. द्विवेदी क्षमा करें, तुलसी की महानता का मुख्य कारण समन्वय की भावना थी, यह उन्हीं ने तो बताया है।) आलोचना को 'थीसिसी आलोचना' कहना चाहिए।

इसका कोई एक युगप्रवर्त्तक नहीं है। यह पूरे अर्थों में प्रजातन्त्रवादिनी है (या यदि भारती जी आज्ञा दें तो लिटिलमैनों की पूरी समीक्षण-प्रतिभा इसमें उभरी है)। इस आलोचना के पारंगत केवल विश्वविद्यालयीय सज्जन ही नहीं होते, सरकारी दफ्तरों से लेकर अकादमियों तक यह रोग फैल गया है। सुना है कि इधर कुछ पूँजीपतियों को भी यह होने वाला है। इसके बारे में विस्तृत निर्देश के लिए आप श्री श्रीलाल शुक्ल, डिस्ट्रिक्ट प्लानिंग ऑफिसर फैजाबाद या श्री राजेन्द्र यादव 29, ग्रीक चर्च रोड, कलकत्ता-26, से लिखा-पढ़ी कर लें। पर इधर जो तत्त्व मेरी समझ में आया है वह यह है कि इसमें अपनी कविताओं के उद्धरण दिये जा सकते हैं। (नाम न पूछिए परसाई जी, मिलने पर कान में बता दूँगा।) इस प्रकार अहोरूपम् अहोध्वनि का एकदम 'नव लेखन' है।

सम्पादकजी, हिन्दी का आलोचक एक विशेष जन्तु होता है। वह एक साथ अध्यापक, अनुसन्धित्सु, आलोचक (और कभी-कभी सम्पादक) होता है। चूँकि वह अध्यापक है अतः अपने प्रतिभाशाली विद्यार्थी की सृजनात्मक कृति में भी सुधार की कलम लगाने के सहज अधिकार से मण्डित है। फिर अध्यापक होने के लिए पी-एच.डी. होना अब जरूरी होता जा रहा है, इसलिए उसे रिसर्च में सर अवश्य लगाना चाहिए; क्योंकि इधर यूनीवर्सिटीज का एक मुख्य कार्य रिसर्च भी माना जाने लगा है। वहाँ पर सर्च नहीं रिसर्च ही होती है—यानी कि जो खोजा जा चुका हो उसे खोजो। हिन्दी का 'शोध या अनुसन्धान' उस अर्थ को पूरी तरह वहन करने में असमर्थ है। (रिसर्च कार्य के लिए एक विशेप प्रकार की प्रतिभा या मेधा चाहिए, यह बात भुला दी गयी है।) और 'गुरुजी', क्या बताऊँ करेला ऐसे ही क्या कम होता है फिर नीम चढ़ा! अध्यापक जी ऐसे ही विद्यार्थियों के मध्य महान्, ऊपर से पीएच.डी. हो गये (या करने लग गये तो फिर आलोचक कहलाने से कोई रोक नहीं सकता। आप विश्वास मानें हिन्दी के सौ प्रतिशत डॉक्टर आलोचक होते हैं और भाषाओं के बारे में माचवे जी से पूछिएगा, पता उनका आपको मालूम ही है)। ये आलोचक जिस समय समसामयिक साहित्य की खेती पर उतरते हैं उस समय बरबस काँजी हौस' (व्युत्पत्ति डॉ. वासुदेवशरण अग्रवाल से पूछिएगा) यानी कि पोंड की याद आती है। वास्तव में इन्हें अपने अध्ययन के दौरान नये साहित्य की गन्ध तो लगने नहीं दी गयी अतः जब यह गन्ध आ जाती है तो ये भड़क उठते हैं। कुछ इस गन्ध को ही गालियाँ देकर नष्ट करने पर तुल जाते हैं और कुछ लोग तुलसी, सूर, मीरा के कवच के भीतर आलोचना करने लगते हैं। पर भाई अपनेराम उस व्यक्ति को आलोचक मानने को तैयार नहीं जो समसामयिक साहित्य से जूझकर उसके उभरते हुए विकासशील स्वस्थ अंकुर को न पहचान सके। (छायावाद की डिटेल्स में चाहे शुक्ल जी गलत रहे हों पर सब मिलाकर कवियों की शक्ति को वे पहचान सके थे और उनका मूल्यांकन गलत सिद्ध नहीं हुआ)।

अब आलोचना की ही चर्चा चल गयी तो सम्पादक जी, आपसे एक बात पूछना चाहता हूँ कि क्या इस समय नयी कविता, नयी कहानी, नये उपन्यास की भाँति 'नयी समीक्षा भी हिन्दी में आ गयी है। यह तो सभी (?) स्वीकार करते हैं कि नयी कृतियों की समीक्षा' के लिए मानदण्डों—यानी कि नयी समीक्षा-पद्धति-की आवश्यकता पड़ती है। यों तो आप जानते ही हैं कि हिन्दी में अभी भी भक्ति काल की लड़ियाँ चल रही हैं और नयी कविता का स्पुतनिक भी उड़ रहा है अतः समीक्षा के क्षेत्र में भी 'छपाई सफाई अच्छी है, भाषा में कुछ ही दोष हैं, दाम ज्यादा है' से लेकर उद्धरण-बहुला अनेक प्रकार की आलोचनाएँ छपती हैं। इनके मध्य से 'नयी समीक्षा' को छाँटना और मुश्किल हो जाता है।

अभी उस दिन अपने कुछ मित्रों के बीच बैठा हुआ था। साहित्य चर्चा चल रही थी। एक अध्यापक मित्र ने कहा, "फलाँ सज्जन के कुछ निबन्ध 'नयी कविता' पर निकले हैं मुझे बहुत अच्छे लगे हैं। उनकी शैली तो बहुत ही सशक्त है; एकदम शास्त्रीय।" तो क्या आप इस शास्त्रीय शैली को ही समीक्षा मानियेगा जिसमें कि कुछ शब्दों के भीतर सारी की सारी रचना का क्रिया-कलाप किया जाता है। मेरे लिए तो ऐसे लेखक अपठनीय होते हैं। नयी कविता मैं समझ लेता हूँ पर ऐसी शास्त्रीय समीक्षाएँ मेरी समझ में नहीं आतीं जो हिन्दी समीक्षा को शुक्ल जी से पीछे ले जाती हैं। कुछ आलोचकों ने हिन्दी में साहित्यिक, प्रगतिवादी, मनोविश्लेषणात्मक और प्रभाववादी समीक्षा पद्धतियों का जिक्र किया है। क्या साम्प्रतिक हिन्दी आलोचना इन्हीं खानों में बन्द है? ऐसा तो नहीं है, तिवारी जी ने स्वयं 10 प्रकार की आलोचनाएँ गिनाई हैं, पर इतना अवश्य है कि 'नव लेखन' के जहाँ अन्य प्रकारों का अपना-अपना एक व्यक्तित्व बन गया है वहाँ 'नयी समीक्षा' का अब भी कोई स्पष्ट स्वरूप नहीं उभरा है। यदि इस समीक्षा का सही स्वरूप उभर कर सामने आ गया होता तो यशपाल जी को आलोचना के आगे प्रश्नचिह्न न लगाना पड़ता और न 'आलोचना' के भूतपूर्व सम्पादकों को ही हिन्दी आलोचना में गतिरोध (साहित्यकार सम्मेलन, प्रयाग, 1957) दिखाई देता, परन्तु फिर भी इतना तो निश्चित ही है कि हिन्दी आलोचना व्याख्या से आगे बढ़कर विश्लेषण तक अवश्य आ गयी है। विश्लेषण सामाजिक पृष्ठभूमि से लेकर सृजन प्रक्रिया तक, तथा कथ्य की विविध भावभूमियों और संवेदनाओं से लेकर बिम्ब-शक्ति की नाप तक फैलता है। अधिक विस्तार में इस समय न जाऊँगा, पर इस समीक्षा की शैली भी बदल चुकी है, शास्त्रीय तो नहीं रही है। हमारे आधुनिक साहित्य पर पश्चिम का गहरा प्रभाव पड़ा है और हिन्दी समीक्षा (म.प्र. द्विवेदी से अब तक) इसका अपवाद नहीं है। परन्तु इस बीच पाश्चात्य चिन्तन का प्रभाव और गहराई तक गया है। पर हिन्दी की नयी समीक्षा अभी भी मूल्यांकन की निर्भ्रान्त उपलब्धियों तक नहीं पहुँच सकी है। इस ओर ध्यान देना आवश्यक है।

मूल्यांकन की जब बात उठाता हूँ तो मेरा तात्पर्य 'नयी कविता' या 'नयी कहानी' के मूल्यांकन से नहीं है, वह तो अभी 'इन मेकिंग' है अतः उसकी उपलब्धियों का आकलन फिलहाल सम्भव नहीं है बल्कि प्राचीन कृतियों या प्रवृत्तियों के मूल्यांकन से ही है। प्रगतिवादी समीक्षा ने आलोचना क्षेत्र में, 'सामाजिक पृष्ठभूमि' नामक अध्याय को प्रविष्ट तो करा दिया था, पर थीसिसी या अन्य समीक्षा पद्धतियों में यह पृष्ठभूमि साहित्य के कथ्य को शिल्प से जोड़ कर नहीं दिखाई जा सकी, दूसरी ओर फ्रायड के प्रभाव से समस्त कृति को कुण्ठाग्रस्त दिखलाने की भी विश्लेषण पद्धति अपनाई जाती रही है। चूँकि विश्लेषण की इस प्रणाली के लिए एक 'मेथडॉलॉजी' विद्यमान थी, अतः उसका रेडीमेड प्रयोग किया जा सका जबकि मार्क्स की मेथडॉलॉजी का प्रयोग कला-साहित्य के क्षेत्र में छिटपुट उदाहरणों को छोड़ कर ठीक से नहीं हो पाया था। यदि मार्क्स की पुस्तक 'बाल्ज़ाक' पर लिख गयी होती तो सम्भवतः उसका यह स्थूल रूप न दिखलाई पड़ा होता जो प्रकाशचन्द्र गुप्त आदि की प्रगतिवादी समीक्षाओं में दिखाई पड़ा था। वास्तव में सामाजिक पृष्ठभूमि को साहित्य के साथ जोड़ने के लिए अधिक श्रम, अधिक गहरी प्रज्ञा और विश्लेषण के साथ इतिहास के निर्भ्रान्त बोध की अपेक्षा रहती है। मनोविश्लेषण को भी एकान्त व्यक्ति नहीं सामाजिक व्यक्ति के सन्दर्भ में देखना ही उपयुक्त है। 'नयी समीक्षा' दोनों प्रणालियों के समन्वय (थीसिसी समन्वय नहीं) की ओर बढ़ी है। इस दिशा में डॉ. नामवर सिंह एवं डॉ. शम्भूनाथ सिंह की छायावाद से सम्बन्धित समीक्षाएँ महत्त्वपूर्ण कृतियाँ हैं। पर अभी भी 'नयी समीक्षा' अंधिकांश 'बुक रिव्यूज़' तक ही सीमित है। अब इसका समय ही नहीं, नये समीक्षकों का दायित्व भी है कि वे पुराने साहित्य का भी नवीन दृष्टि से मूल्यांकन करके साहित्यिक परम्परा के आन्तरिक सम्बन्धों एवं विकास को अधिक स्पष्ट करें।

अतीत के साहित्य के प्रति किसी प्रकार का प्रशंसात्मक बोध जगाने के स्थान पर उस साहित्य में एकत्र तथ्यों के उन विविध साँचों एवं अन्तःसम्बन्धों की खोज करना उचित है जो हमारे युग के लिए भी काम के हैं। प्राचीन लेखकों का अध्ययन उनके अजूबापन या न्यूरोसिस को समझाने की बजाय वर्तमान पाठकों को उनका मूल्य समझाने के लिए होना चाहिए। परम्परा तथा वैकासिक अभ्युदय के विभिन्न पक्षों के साथ साहित्यिक कृति के विविध संयोग अथवा विलगाव प्रकृति द्वारा प्रचारित प्रवृत्तियों के निश्चित मूल्यांकन में नयी समीक्षा के मूल तत्त्व निहित हैं। लेखक किस परम्परा के किस स्थान पर है? उसने क्या अपने युग के सर्वश्रेष्ठ मूल्यों को अभिव्यक्ति दी है? क्या वस्तुगत सत्य की व्यंजना की है? इन प्रश्नों का उत्तर देने से साहित्यिक पाठक समुदाय के भीतर नैरन्तर्य परम्परा के तत्त्वों का बोध जागता है; साथ ही ऐसा अध्ययन उन पारस्परिक सम्बन्धों को भी स्पष्ट करता है जो साहित्य के अतिरिक्त समाज की अन्य हलचलों-गतिविधियों में व्याप्त रहे हैं।

इस इतिहास-बोध के द्वारा पाठक विकास की आन्तरिक प्रक्रिया को समझने के साथ ही विकसित होते हुए सत्य की उस धारणा को भी जाग्रत कर पाता है जो उसे बीते ही नहीं समसामयिक साहित्य के प्रति भी सहानुभूति और विकासमान मूल्यों को समझने की चेतना प्रदान करती है। कहना न होगा कि इस समय इस चेतना को जगाना ही सबसे बड़ा धर्म है 'नयी समीक्षा' का। इस दिशा में डॉ. नामवर सिंह द्वारा की गयी 'साकेत' की समीक्षा ('प्रसारिका' में प्रकाशित) द्रष्टव्य है।

इसी के साथ-नयी समीक्षा' का दूसरा दायित्व भी स्पष्ट है—समसामयिक साहित्य का विश्लेषण। विकास की प्रक्रिया में आगत युग के जिन विकासमान मूल्यों को लेखक सहेजता है, उनके प्रति सामान्य पाठकों में तो एक उपेक्षा होती है क्योंकि वे अपनी शाब्दिक तस्वीर के बाहर देख नहीं सकते। पर समीक्षक के लिए आवश्यक है कि वह लेखक के स्तर पर जाकर अपनी विश्लेषणप्रवण बुद्धि द्वारा इन नये विकासमान मूल्यों को चुनकर पाठक समाज के सामने उपस्थित कर सके। इसके लिए मात्र 'बुकरिव्यू' न होकर कृति अथवा कृतियों पर स्वतन्त्र विचार होने चाहिए। और यहीं पर सम्पादक जी, आप जैसे लोगों का दायित्व है कि केवल दो पेज या चार पेज पुस्तक समीक्षा के स्तम्भ के लिए ही न रखें; नयी रचनाओं पर स्वतन्त्र निबन्ध लिखवा कर 'नयी समीक्षा' के व्यावहारिक स्वरूप को उभरने में सहायता दें।

नयी समीक्षा प्रणाली बन रही है, इसका एक स्पष्ट उदाहरण है—नये समीक्षकों द्वारा प्रयुक्त समीक्षण-शब्दावली। संवेदना, सौन्दर्य-बोध, आस्था, ईमानदारी, संवेग, मूल्यांकन, कथ्य और शिल्प, सृजन-प्रक्रिया, फ्रस्ट्रेशन, लय आदि आज जिन अर्थों में और जिन सन्दर्भों में प्रयुक्त हो रहे हैं, उसके पहले हिन्दी समीक्षा के क्षेत्र में कभी प्रयुक्त नहीं हुए थे। यह एक स्वतन्त्र निबन्ध का विषय है, इस पर फिर कभी। अभी तो पत्र लम्बा होता जा रहा है, इसलिए आज यहीं तक।

कष्ट के लिए क्षमा करें। धन्यवाद।

वसुधा : 1958

नयी समीक्षा-2

(उदयभान मिश्र को लिखा गया एक पत्र)

प्रिय भाई,

'कथ्य' स्तम्भ के लिए आप बराबर मुझे स्मरण दिला रहे हैं—बन्धु! मैं भूला नहीं हूँ, पर सोचता हूँ कि क्या लिखूँ? ऐसा नहीं है कि लिखने के लिए मन में कुछ है नहीं; पर एक उदासीनता मन को व्याप रही है। आपके मन में शायद एक प्रश्न वाचक चिह्न उभर रहा होगा कि ऐसा क्यों? पहला कारण तो यह कि आलोचना पढ़ता ही कौन है? विद्यार्थी पढ़ते हैं, पर उनके लिए न तो आपकी पत्रिका है और न परीक्षा-उपयोगी मैं लिखता ही हूँ। पर इतना ही यथेष्ट नहीं है, बहुत से लोग न भी पढ़ें तो भी लिखा जा सकता है—इस आशा में कि "उत्पत्स्यते मम कोऽपि समान धर्मा, कालो हि निरवधि विपुला च पृथ्वी।" पर दूसरा कारण कहीं गहरे मुझे मथता है। इस बीच इतने जोर-शोर से 'आलोचना' की निस्सारता या विपथगामिता की चर्चा की गयी है कि मन में सचमुच ही कभी-कभी सारे समीक्षात्मक प्रयासों की व्यर्थता का एहसास होने लगता है। मुझे याद है कि 1957 में प्रयाग के साहित्यकार सम्मेलन में इस निस्सारता का प्रश्न यशपाल जी ने उठाया था एवं डॉ. धर्मवीर भारती ने उसे अपना समर्थन दिया था। तबसे कितने ही कण्ठों में यह आवाज बराबर प्रतिध्वनित हुई है। लक्ष्मीकान्त वर्मा भी उसकी खोट बताते हैं और नरेश मेहता, या श्रीकान्त वर्मा भी। कवि अजित कुमार ने मुझे लिखे गये अपने एक व्यक्तिगत पत्र में हिन्दी के तमाम समीक्षकों की नासमझी पर गहरा असन्तोष व्यक्त किया था। पिछले वर्ष पुराने खेवे के कृती लेखक श्री भगवती चरण वर्मा ने स्वातन्त्र्योत्तर हिन्दी-साहित्य का 'ग्राम्या' में आकलन करते हुए 'आलोचना' के पिछड़ेपन का संकेत किया था। यह सारे असन्तोष तो कृती साहित्यकारों के हैं, पर स्वयं आलोचकों को भी कम असन्तोष नहीं है। अभी मैं आपके पत्र का ही एक पिछला अंक उलट-पुलट रहा था। भाई डॉ. रामदरश मिश्र ने भी उसमें समसामयिक आलोचना की 'धींगा-मुश्ती' पर आक्रोश व्यक्त किया है। हिन्दी में की जानेवाली पुस्तक-समीक्षाओं के बारे में असन्तोष का स्वर बहुत ऊँचा है। हाँ, शरणस्थली एक है—विद्यापीठों की कुर्सियाँ।

उनमें प्रतिष्ठित प्रत्येक अध्यापक अपने परीक्षा-उपयोगी 'नोट्स' को भी श्रेष्ठतम आलोचना मानता है। उसे इस बात का पता ही नहीं है कि हिन्दी के नवलेखन के क्षेत्र में (या रचनात्मक लेखन के क्षेत्र में) समीक्षाओं एवं समीक्षकों को इस बुरी तरह कोसा जा रहा है। पर सारी ट्रेजेडी मेरे जैसे अध्यापकों की है जो उस आरामगाह में बैठते नहीं और बाहर आकर ईंटें खाने के लिए तत्पर रहते हैं। सच मानिये ईंटें खानी होती हैं। अभी 'कल्पना' में डॉ. लक्ष्मीनारायण लाल ने अपने पत्र में और किया क्या है? एक कवि (डॉ. जगदीश गुप्त) के काव्य विकास के सन्दर्भ में मैंने उनकी पुस्तक की समीक्षा 'कल्पना' में की थी। फिर क्या था लगे हाथ एक पत्थर इस वाक्यांश पर भी "शब्द दंश का कवि...ब्रज भाषा में भी लिखता रहा है।" ऐसे कितने ही पत्थर आप ने खाए भी होंगे।

अस्तु इस पर भी आप 'कथ्य' लिखने के लिए कहते हैं। परन्तु नहीं मैं लिखूँगा। समीक्षा की अनिवार्यता और उपयोगिता पर मेरा विश्वास है। इतना ही नहीं मैं यह भी कहना चाहूँगा कि हिन्दी साहित्यिक समीक्षा में नयी दिशाओं में नये आयामों का उद्‌घाटन हुआ है। पिछले दस वर्षों में हिन्दी में नयी समीक्षा का उदय निश्चित उपलब्धि है। नयी समीक्षा नयी कविता या 'नयी कहानी' के वजन पर गढ़ लिया गया या चौंकाने वाला शब्द नहीं है। आप 'समीक्षक' के सम्पादक हैं, मैं आपसे ही पूछना चाहूँगा कि क्या हिन्दी में व्यावहारिक समीक्षाओं की नयी प्रणाली सामने नहीं आयी है? याकि सैद्धान्तिक स्तर पर समस्याओं को नये सन्दर्भ में नहीं उठाया गया है? मैं उन समीक्षाओं की बात नहीं कहता जो विद्यापीठों के नियमित उत्पादन के अन्तर्गत लिखी गयी हैं। यद्यपि वहाँ भी कतिपय शोध ग्रन्थ नयापन लेकर भी प्रकाशित हुए हैं। पुरानी और नयी समीक्षा विधियों का अन्तर देखना हो तो आप एक ही पुस्तक की समीक्षा दोनों प्रकार के समीक्षकों से करा लीजिए। हिन्दी की पत्र-पत्रिकाओं में कभी-कभी इस अन्तर को स्पष्ट रूप से पढ़ा जा सकता है। पुराना समीक्षक जहाँ भाव पक्ष तथा कला पक्ष के पुराने व्यर्थ के द्वंद्व से चिपटा रहता है, वहीं नया समीक्षक इस पचड़े से अलग रह कर रचना के विविध जटिल स्तरों का उद्‌घाटन करता है। अलंकारों, छन्दों या रसों में बन्द खानेदार समीक्षा आज आउट ऑफ डेट मानी जायेगी। उपन्यासों, कहानियों या नाटकों की समीक्षाओं में भी कथानक, पात्र, संवाद आदि के साँचे अलग-अलग नहीं ढाले जाते। इन विविध तत्त्वों की संयोजना पारस्परिक सम्पृक्ति में होती है और प्रभाव समग्रता का पड़ता है। इस ओर स्पष्ट रूप से ध्यान दिया गया है। दोनों प्रकार की समीक्षाओं में प्रयुक्त शब्दावली ही उनके अन्तर को स्पष्ट करने के लिए पर्याप्त होगी।

इन सबसे अधिक महत्त्वपूर्ण बात है कि रचना की सृजन-प्रक्रिया के आधार पर समीक्षाएँ लिखी गयी हैं। इस दशक की समीक्षा की सबसे बड़ी उपलब्धि मेरे विचार से सृजन-प्रक्रिया समझने या समझाने का प्रयास है। इसी प्रसंग में यह भी कह देना

चाहता हूँ कि सृजनशील लेखकों द्वारा लिखी गयी समीक्षा एवं पेशेवर आलोचकों द्वारा लिखी गयी समीक्षा के मध्य कृत्रिम दीवारें खड़ी करना ठीक नहीं है। सृजनशील लेखक अपने सृजन के पश्चात् जब बौद्धिक व्याख्या करने बैठता है तब उसमें और पेशेवर आलोचक द्वारा की जानेवाली आलोचनाएँ बहुत भिन्न नहीं होती हैं। दोनों ही प्रकार के लेखक एक रचना विशेष के प्रबुद्ध पाठक मात्र हो जाते हैं। अस्तु इस बीच सृजन के प्रारम्भ से लेकर रचना की अन्तिम परिणति तक की समस्त प्रक्रिया को आधारभूमि बना कर रचना के संगठनाकार को विश्लेषित करने के प्रयास हुए हैं।

पिछली समीक्षा की अपेक्षा आज की नयी समीक्षा एक और दिशा में भी नितान्त विकसित एवं भिन्न दिखाई पड़ती है। पुरानी शैली (पं. रामचन्द्र शुक्ल द्वारा प्रवर्तित) पर लिखे जाने वाले शोध-प्रबन्धों को देख जाइए और अनिवार्य रूप से पृष्ठभूमि पर एक अध्याय लिखा मिलेगा जिसे कि कुछ गिनी-चुनी इतिहास की पुस्तकों के आधार पर ढाल दिया जाता है। परन्तु उन सामाजिक परिस्थितियों एवं साहित्य के उदाहरणों के मध्य कोई संगति या कोरिलेशन मिलाने की आवश्यकता नहीं अनुभव की जाती। परन्तु इधर ऐसे प्रयास बराबर हुए हैं जिनमें इस कोरिलेशन को स्थापित करने की चेष्टा की गयी है। मैं इस समय नाम नहीं गिनाऊँगा, पर नाम याद कर लेने कठिन नहीं हैं।

प्रगतिवादी समीक्षा शैली का एक अतिरेक हमें इस दशक के प्रारम्भ की पुस्तक समीक्षाओं में बहुधा दीख पड़ता है कि केवल युगीन विक्षोभ आदि को रचना में दिखा कर लेखक की सजगता को इंगित करके उसकी पीठ थपथपा दी जाती थी या 'रगड़' देने का प्रयास किया जाता था। ऐसी समीक्षाओं में युग-प्रभाव प्रमुख हो गया था, रचना गौण। पर पाँच वर्षों में ऐसी अनेक पुस्तक समीक्षाएँ देखी जा सकती हैं जिनमें रचना की कलात्मकता, उसके संगठन, बिम्बविधान आदि की विस्तार से चर्चा की गयी है।

नदी के द्वीप, मैला आँचल, बूँद और समुद्र, बावरा अहेरी, धूप के धान, अभी बिल्कुल अभी, चक्रव्यूह, अकेले कण्ठ की पुकार, ओ अप्रस्तुत मन, सत्ती मैया का चौरा, कनुप्रिया आदि पर लिखी ऐसी कितनी ही समीक्षाएँ मेरे मन पर अनायास उभर रही हैं। समीक्षकों के नाम नहीं गिनाऊँगा। अन्यथा दलबन्दी में मान लिया जाऊँगा।

इसी प्रकार सैद्धान्तिक समीक्षा के क्षेत्र में नये साहित्य का मूल्यांकन, साहित्य और समाज के पारस्परिक प्रभाव, लेखक और व्यक्ति स्वातन्त्र्य या राज्याश्रय, साहित्य के नये दायित्व, रचना और आलोचना की सम्पृक्ति, आलोचना की प्रविधि, यथार्थ और आदर्श, रंगमंच का शिल्प, कथा साहित्य के उपयोग, साहित्य के मानदण्ड आदि को लेकर कितनी ही चर्चाएँ हुई हैं। इन समीक्षाओं का स्वर इस अर्थ में एकदम नया रहा है कि इनमें उठाई गयी समस्याएँ जीवन्त लेखन की रही हैं, केवल एकेडेमिक नहीं। यहीं पर हमें यह भी स्वीकार करने में आपत्ति नहीं है कि यद्यपि

भारतीय काव्यशास्त्र का आधार नयी समीक्षा में त्यागा नहीं गया पर बराबर यह अनुभव किया गया कि नव लेखन के लिए यह शास्त्र बहुत उपयोगी सिद्ध नहीं हो रहा है। परिणामस्वरूप पश्चिमी काव्यशास्त्र की अधुनातन उपलब्धियों को समेटने का शक्तिशाली प्रयास हमें बराबर प्राप्त होता है। हम यदि पश्चिमी कृति साहित्य से प्रभावित हुए हैं तो पश्चिमी आलोचना से भी ग्रहण करते जा रहे हैं। अगर पश्चिम में रोमैण्टिक नवोत्थान की बात कही गयी है तो हिन्दी में भी 'कृति ग्रुप' ने उसका नारा बुलन्द किया है पर इन्हें मैं हेय दृष्टि से नहीं देखना चाहता। अन्यत्र काव्य के बारे में मैंने जो बात कही है वही आलोचना के बारे में कहना चाहता हूँ कि द्वितीय महायुद्ध के पश्चात् एवं स्वतन्त्रता के आगमन की संक्रान्तिकालीन परिस्थिति में हम जिस गतिरुद्ध स्थिति में थे, उसे हमने पश्चिमी साहित्य एवं लोक जीवन इन दो दिशाओं से प्रभाव ग्रहण कर तोड़ा। जिस बौद्धिक स्थिति में हम खड़े थे उसमें यह न अनायास था और न अनुचित ही।

इसका अर्थ यह भी न लिया जाय कि हिन्दी आलोचना भटकी नहीं है। पर यह तो प्रत्येक मानवीय क्रिया के लिए सम्भव है। हम नयी कविता (और अब नयी कहानी) की बहुधा बात करते हैं। पर इस तथ्य से कौन इनकार करना चाहेगा कि उसका 80 प्रतिशत से अधिक उत्पादन भविष्य के लिए खाद बन जायेगा। परन्तु जो बीस प्रतिशत से भी कम शेष रहता है, वह हमारी मूल्यवान सम्पत्ति है। इसी प्रकार समीक्षाओं या समीक्षकों को गाली देने के स्थान पर यह कहीं अच्छा होगा कि अच्छी समीक्षाओं की चर्चा हो। उन्हें दुबारा छापा जाये या कि संकलित रूप में प्रकाशित किया जाये।

इलियट ने समीक्षकों की कसौटी बताते हुए कहा है कि उन्हें नयी कविता की परख होनी चाहिए। यही बात प्रत्येक बौद्धिक व्यक्ति के लिए कही जा सकती है। वास्तव में नयी कविता, नयी कहानी या नये नाटक के समान ही एक अच्छी 'नयी समीक्षा' की भी पहचान होनी चाहिए।

पत्र लिखने बैठा था, पर कथ्य जो मेरा था उसे लिख गया, क्षमा करेंगे।

आपका ही

समीक्षक : 1960

साहित्य का विरोध

पहला अनुरोध साहित्यकारों एवं साहित्य-प्रेमियों से है और दूसरी अपील छद्मरूप से साहित्य का विरोध करने वालों से। बहुत दिन हुए प्लेटो ने पूरी दृढ़ता के साथ साहित्य का विरोध किया था। कलाओं का विरोध करने वाले यह विरोध बहुधा विज्ञान एवं नैतिकता की कसौटी पर करते हैं। साहित्य के अपरिभाषेय सूक्ष्म मूल्यों की रक्षा इन स्थूल आधारों पर बहुत नहीं हो पाती। प्लेटो ने भी अपने युग के स्थापित ज्ञान और नैतिकता के सन्दर्भ में ही कलाओं का विरोध किया था। तब से यह प्लेटोवाद अनेक रूपों में सिर उठाता रहा है, परन्तु सदैव उतनी ही तीव्रता के साथ उसका विरोध किया गया। इस विरोध के मुख्यतया दो रूप रहे : एक ढंग रहा कि विज्ञान और नीति को साहित्य के क्षेत्र में आने ही न दिया जाय और दूसरा ढंग अरस्तू, फिलिप सिडनी या शेली का था जिसमें कि कलाओं को अधिक यथार्थ एवं सत्य के अधिक निकट स्वीकार किया गया।

अत्यधिक शुद्धतावादी युगों को छोड़कर सामान्यतः अरस्तू आदि का मत ही समाज में प्रतिष्ठित रहा है। परिणामस्वरूप साहित्य-कलाओं आदि के प्रति एक अतिरिक्त सम्मान की भावना स्थापित हो गयी। बिना किसी प्रकार के ननु-नच के उसे श्रेष्ठ एवं मूल्यवान माना जाने लगा। इसका एक दुष्परिणाम हुआ कि साहित्य के विवेकपूर्ण ग्रहण और चिन्तन पर एक रोक लग गयी। यह बात शायद विचित्र लगे कि साहित्य की महत्ता का यह जनघोषित, पर अस्पष्ट और अपरिमाणित रूप समस्त समीक्षात्मक प्रयासों को भोंथरा और धारहीन बना देने वाला सिद्ध हुआ है। किसी समय प्लेटो और अरस्तू, पीकॉक और सिडनी इत्यादि के विवाद जिस गर्मागर्मी से हुए थे, साहित्य के स्वरूप, प्रकृति और प्रयोजन को लेकर वैसी जीवन्त-चर्चाएँ और विश्लेषण हमें आज उपलब्ध नहीं होते हैं। सामान्य रूप से साहित्य की महत्ता-सूचक प्राचीन आचार्यों के मतों का चर्वितचर्वण और घोषणा होती रहती है, परन्तु दूसरे पक्ष के समर्थन में एक पंक्ति भी दिखाई नहीं पड़ती।

ऐसी स्थिति में ऐसा ज्ञात होता है कि कलाओं को अत्यधिक प्रतिष्ठा और मान्यता हमारे समाज में प्राप्त है। प्लेटोवाद जैसे समाप्त हो गया है। शायद यह बात

वदतोव्याघात प्रतीत हो कि प्लेटोवाद आज का अधिक सशक्त स्वर है। यह स्वर अक्षरों में नहीं, वर्तमान समाज के व्यवहार में निहित रहता है। कलाओं के प्रति जैसी उदासीनता या हीनरुचि का परिचय तथा साहित्यकारों-कलाकारों के प्रति जैसी अवज्ञा वर्तमान औद्योगिक पूँजीवादी समाज ने दिखाई है, वैसे उदाहरण इतिहास में पहले शायद ही कभी मिल सकें। हर्बर्ट रीड ने अपनी पुस्तक 'कविता और अराजकतावाद' में पूँजीवादी अवज्ञा का स्वरूप बड़े स्पष्ट रूप में दिखाया है। यदि कभी सम्मान या उदारता का भाव दिखाया भी जाता है, तो इसलिए नहीं कि उसके मूल्य इस समाज के सदस्यों ने समझ लिए हैं; बल्कि साहित्य की महत्ता का जो घोषित पर अरूप रूप विद्यमान है, उसके अनुसार अपने को सुसंस्कृत एवं स्पष्ट सिद्ध किया जा सके। उसका कलाप्रेम एक अभिजात स्नॉबरी है, मूल्यों का वास्तविक स्वीकरण नहीं। मेरा यह व्यक्तिगत अनुभव है कि कवियों आदि की अनुपयोगिता पर बहुधा व्यंग्य किये जाते हैं, पर सभा-समितियों में उन पर श्रद्धा के पुष्प अर्पित किये जाते हैं। अभी कुछ दिनों पूर्व की बात है कि एक संस्था के निदेशक महोदय से बात हो रही थी। वे साहित्य एवं साहित्यकारों को काफी गालियाँ देते रहे, परन्तु जब मैंने उनसे कहा कि क्या आप अपने विचारों को लिपिबद्ध रूप में अभिव्यक्त करने की कृपा करेंगे, तो वे साफ मुकर गये। कौन अपनी देह नुचवाए! यानी कि उन्हें भय था कि इस बात के लिए उनकी व्यक्तिरूप में निन्दा की जायेगी।

वर्तमान सामाजिक-व्यवहार का यह प्लेटोवादी रुख दोहरी मार करता है। एक ओर तो प्रत्यक्ष विवाद के क्षेत्र में न आने के कारण वह साहित्य-चिन्तन को पैना नहीं बनाने देता, बल्कि उसे गोठिल कर देता है, दूसरी ओर साहित्य को वास्तविक मूल्य भी नहीं मिलने देता, जिससे कि हमारे सांस्कृतिक जीवन में सूक्ष्म मूल्यों का अभाव होता जाता है। अगर साहित्य के पक्ष-विपक्ष का द्वन्द्व स्पष्ट रूप से सम्मुख होता तो हम साहित्यिक मूल्यों को अधिक ठीक से जानते होते। इसलिए यदि कला-विरोधियों को खुलकर बोलने के लिए प्रोत्साहित किया जाये तो शायद कला-चेतना अधिक समृद्ध और सशक्त बन सकेगी। साहित्य के परस्पर दलीय युद्धों एवं सामान्य जन-विश्वास से ऊपर उठकर या अलग हटकर उसके उपयोग या उद्देश्य सम्बन्धी प्रश्नों को उठाकर हम साहित्य के आन्तरिक एवं अधिक महत्त्वपूर्ण प्रश्नों तक पहुँच सकते हैं। उपन्यासों में कपोलकल्पित घटनाएँ या व्यक्ति रहते हैं, फिर भी हम उन्हें पढ़ते हैं? ऐसे प्रश्न सम्भवतः हमें उचित दिशा में ले चल सकेंगे, क्योंकि आखिर साहित्य 'कुछ' है अवश्य, वह 'कुछ' करता है एवं उसका 'कुछ' उद्देश्य है और उनके आलोक में उसका मूल्य आँका जा सकता है।

हमारे युग को सांस्कृतिक विरासत चाहे जितनी समृद्ध मिली हो, परन्तु जो मूल्य एवं प्रयोजन कभी महत्त्वपूर्ण विवाद के विषय थे, उन्हें अत्यन्त आत्मसन्तोषपूर्ण ढंग से स्वीकार कर लेना बहुत कुछ आलस्य भाव का द्योतक है। इन मूल्यों के वास्तविक

संरक्षक पाठकगण ही होते हैं, जहाँ यह बात सही है, वहीं यह बात भी सत्य है कि पहले से ही ऐसे कोई नियुक्त संरक्षक नहीं होते। पढ़ने वाले बदलते रहते हैं और जब उनमें ऐसी दीर्घ सुस्ती आ जाये कि वे अपने पूर्वग्रहों की रक्षा में भी समर्थ न हो सकें तो फिर समीक्षकों का यह दायित्व हो जाता है कि वे उन पूर्वग्रहों पर चोट करें जिससे कि वे विरोधी वक्तव्य देने के लिए उत्तेजित हो सकें।

मैं अपने अनुरोध को फिर दुहरा दूँ कि कला-विरोधियों के स्वर को मुखर बनाइए, उन्हें विरोध करने के लिए प्रोत्साहित कीजिए। कला-विरोधी खुलकर विरोध करने का साहस जुटाएँ। समीक्षक-पाठक जनता के पूर्वग्रहों पर तीखे प्रहार करें।

कृति : जनवरी, 1961

नयी कविता : रोमाण्टिक नवोत्थान

'कृति' में नयी कविता पर 'रोमाण्टिक नवोत्थान' शीर्षक सम्पादकीय! इसमें एक ओर तो 'साहित्यिक विकास का देश और जाति के जीवन की उथल-पुथल तथा समाज की चेतना के विकास से संयुक्त कर' देखने की बात उठाई गयी है और दूसरी ओर 'तार सप्तक' को सामान्य काल-प्रवाह के बीच एक असामान्य द्वीप भर माना गया है। यह दोनों बातें मुझे अन्तर्विरोधिनी प्रतीत होती हैं। स्वयं इस निष्कर्ष पर आने के पूर्व उस ऐतिहासिक गन्ध का जिक्र किया गया है जो कवि की प्राणशिराओं में बह निकलती है। क्या ऐतिहासिक विकास से सम्बन्धित होते हुए भी कोई कड़ी असामान्य रहती है? और यदि असामान्य परिस्थितियों के कारण कहीं यह स्थिति आ भी जाये तो सचमुच ही क्या यह असामान्यता अपने आप में एक कड़ी नहीं होती है? मैं और स्पष्ट करके पूछना चाहता हूँ कि क्या निराला और नरेन्द्र आदि की जिन कविताओं की आगे सम्पादकीय में चर्चा की गयी है (पृ. 7) उनके और 'नयी कविता' के बीच 'तार सप्तक' की कल्पना नहीं की जा सकती? तार सप्तक का नाम भी छोड़िए–सन् '40 और सन् '50 के बीच की कविताओं के बीच की कड़ी क्या है?

मैं समझता हूँ कि सप्तक के कवियों (अन्य भी जो 'सप्तक कमीशन' द्वारा चुने नहीं गये थे) के प्रयत्न सहज विकास द्वारा परिचालित थे–किसी प्रकार के बौद्धिक या एटामिक विस्फोट से नहीं। निराला, नरेन्द्र, रामविलास, शमशेर, अज्ञेय, गिरिजाकुमार, मुक्तिबोध, भवानीप्रसाद मिश्र, शीतलासहाय (जो 'सप्तक कमीशन' द्वारा न चुने जाने के क्षोभ को बरदाश्त नहीं कर सके और शायद कविता करना ही छोड़ बैठे) तथा 'रूपाभ' परिवार के कवियों की 1937 ई. से 1943 ई. तक की कविताएँ पढ़ने से साफ जाहिर होता है कि ये 'शृंखला की ही कड़ियाँ हैं' एवं इन कवियों की ही बाद की कविताओं में 'नयी कविता' की स्पष्ट पृष्ठभूमि है। हिन्दी में 'सप्तक' के पूर्व की भी कड़ी है और बाद की भी। 'हिन्दी साहित्यकारों में व्यक्तिगत प्रयोगवादियों को छोड़कर कोई भी ऐसी प्रतिभा नहीं है जो युग को मोड़ पा रही हो।' नरेश मेहता का दूसरे सप्तक में दिया गया यह वक्तव्य भी इसी बात

को सूचित करता है। बल्कि नरेश मेहता से कुछ कम करके मैं कहना चाहता हूँ कि युग के विकास और मोड़ में प्रयोगवादियों के भी चरण रहे हैं।

काव्य-भाषा में लोकधुनें या बिम्बों के माध्यम से कहने की जो भी विशेषताएँ 'नयी कविता' में हैं वे सभी 'तार सप्तक' में विद्यमान हैं। रही उपलब्धि की बात, उस सम्बन्ध में नामवर सिंह से मैं असहमत नहीं हूँ कि कुछ युग बहुधा उपलब्धि की अपेक्षा प्रयास के लिए अधिक महत्त्वपूर्ण होते हैं। 'तार सप्तक' की भी उपलब्धि प्रयास की ही है।

'जिन प्रश्नों और शंकाओं को' तार सप्तक ने उठाया, वे 'बाद की पीढ़ी के लिए उपयोगी नहीं सिद्ध हुए'—इस सम्बन्ध में मुझे केवल यही कहना है कि यही तो कविता की नवीनता है। यदि उनकी माँग 'समयोचित' थी तो फिर बेचारे इस प्रहार के भागी क्यों? छायावादियों के उठाये प्रश्न क्या आज आपको उपयोगी प्रतीत होते हैं या इसकी कोई सम्भावना है कि आज की कविता द्वारा उठाये प्रश्न अगले युग में भी उपयोगी सिद्ध होंगे? शाश्वत समस्याएँ तो युद्ध और प्रेम, तथा जीवन की ही हैं? परन्तु क्या 'नयी कविता' इन्हीं को व्यक्त कर रही है?

नयी कविता में केवल 'आस्था और साहस, विश्वास और संकल्प' ही होते तो मुझे वह अधिक अपूर्ण लगती। उसमें अनास्था भी है और शंकाकुलता भी। बात केवल शक्ति की है। शक्तिपूर्ण अनास्था काव्य के लिए अनुपेक्षणीय है।

'रोमाण्टिक नवोत्थान' की बात छिटपुट रूप से इधर बहुत दिनों से की जा रही थी। उसे एक महत्त्वपूर्ण सम्पादकीय के रूप में 'कृति' में उपस्थित किया गया। इसके लिए मेरी बधाई। आज 'विश्व साहित्य' की मुख्य प्रवृत्ति 'रोमाण्टिक नवोत्थान' की है—बकौल प्रभाकर माचवे हिन्दी जैसी पिछड़ी भाषा भी इस क्षेत्र में पिछड़ी नहीं है, यह जानकर हमें अधिक गहरा आत्मविश्वास होता है। पर इतनी बात मैं फिर दुहराना चाहता हूँ कि इस नवोत्थान की पिछली कड़ी प्रयोगवादियों की कविताएँ, कहानियाँ और उपन्यास हैं।

कृति : 1959

रसज्ञता का वर्तमान स्तर

कुछ-कुछ जैनेन्द्र जी के ढंग पर कहने का मन होता है कि रसज्ञता, भाई! रसज्ञता एक तो व्याख्या की वस्तु नहीं है और फिर 'रसज्ञता का वर्तमान स्तर' के क्या माने? क्या रसज्ञता के कल के और आज के रूप अलग-अलग होते हैं और यदि होते हैं तो फिर वर्तमान का कोई एक ही स्तर क्यों माना जाय? यही नहीं, कविता का ही दायित्व आज बदल गया है या फिर कविता बदल गयी है। भौंहों पर तनिक बल देकर यह भी तो पूछा जा सकता है कि कविता, कौन-सी कविता? नयी कविता, गीत, फिल्मी, कवि सम्मेलनी या पुरानी?

कहना न होगा कि मेरे काल्पनिक जैनेन्द्र जी द्वारा पूछे गये ये प्रश्न अवास्तविक नहीं हैं। इन प्रश्नों पर लम्बी चर्चा हो सकती है। पर चूँकि स्तम्भ के आयोजकों ने स्थान की सीमा निश्चित कर दी है, अतः इस सम्बन्ध में केवल मत-प्रकाशन ही सम्भव हो सकेगा।

'रसज्ञता का वर्तमान स्तर' पद ही यह सूचित करता है कि आयोजकों ने यह मान लिया है कि रसज्ञता काल के साथ (यानी कि युगीन परिस्थितियों मे) बदलती रहती है। इसमें मैं इतनी व्याख्या और जोड़ देना चाहूँगा कि यह बदलाव सामाजिक और मानसिक दोनों भूमियों पर होता रहता है। हमारे एकेडेमिक शाश्वतवादियों के अनुसार यदि साहित्य के मूल स्थायी भाव नौ ही हैं तब भी इसका रसज्ञता की बदलती भूमिका से कोई विरोध नहीं होता। इन शाश्वतवादियों से यह कहा जा सकता है कि किसी युग में कोई भाव अधिक प्रीतिकर हो सकता है और कभी कोई दूसरा। पर वास्तव में समस्या इतनी सरलीकृत नहीं है। रसबोध एक जटिल व्यापार है। वह एक साथ अनेक स्तरों पर कार्य करता है और एक साथ अनेक तत्त्वों से प्रभावित होता है। साम्प्रतिक स्तर की बात ही ली जाय तो कितने ही तत्त्व हो सकते हैं—आर्थिक विपन्नता पर सम्पन्नता के लिए प्रयास, जनतान्त्रिक भावना पर उसके उचित अभिव्यक्तीकरण का अभाव, व्यापक सामूहिक शिक्षा पर शिक्षा में लक्ष्य का अभाव, फिल्म, अखबार, रेडियो आदि पचीसों चीजें हैं जो आज के पाठक की रसज्ञता के स्तर को बदल देती हैं। आइए, एकाध को उदाहरण समेत देखें :

शिक्षा को लीजिए—आज अधिकाधिक व्यक्तियों को शैक्षिक सुविधाएँ उपलब्ध हो रही हैं। जहाँ तक मुझे याद है, सरकारी आँकड़ों के अनुसार एक करोड़ से कुछ अधिक विद्यार्थी उच्चतर माध्यमिक परीक्षाओं में इस देश में सम्मिलित होते हैं। इन्हें हम साहित्य का सामान्य पाठक मान सकते हैं। जो उच्चतर अध्ययन के लिए जाते हैं उनकी संख्या भी कुछ कम नहीं है। ये लोग पढ़ना सीख लेते हैं और आज की सभ्यता में उनके लिए पढ़ने का अवकाश भी है (बेकार है तब भी और रोजगार है तब भी), पर क्या पढ़ें इसकी कोई दीक्षा नहीं मिली होती। हमारे पाठक कह सकते हैं कि शिक्षा के दौरान विविध पाठ्यक्रमों के माध्यम से उचित-अनुचित के विवेक की जो दीक्षा दी जाती है वह उनकी अभिरुचि का परिष्कार करती है। पर वास्तविक भ्रम यही है—इस भीड़भाड़ में वह विवेक ही नहीं जाग्रत होने पाता और यदि कुछ अंकुरित भी होता है तो उस अभिरुचि को भोंडा करने वाले तत्त्व इतने प्रबल होते हैं कि उनके आगे वह दब जाता है। थोड़े दिन पहले की बात है—कानपुर की एक संस्था की ओर से 'रोमियो और जूलिएट' के एक बैले, जिसको मास्को के प्रसिद्ध बोलशोई थियेटर ने प्रस्तुत किया था, की फिल्म आमन्त्रितों को दिखाई गयी। उच्चतम कक्षाओं के विद्यार्थी भी वहाँ विद्यमान थे, पर सब मिलाकर प्रसन्नता उन स्थलों पर व्यक्त की जाती थी जिन पर अश्लील अभिप्राय आरोपित किये जा सकते थे। अगर केवल साहित्य के अध्यापन का प्रश्न लिया जाय तो यहाँ पर भी यह दिखाई देगा कि उचित अभिरुचि एवं कलात्मक विवेक की जागृति का अभाव है। पाठ्यक्रम का एक बड़ा भाग ऐसा होता है जो साहित्येतर प्रश्नों में विद्यार्थी को उलझाता है और साहित्यिक सौन्दर्य भी कुछ ऐसे घिसे-पिटे खानों में बाँट कर दिखाया जाता है कि विद्यार्थी को अरुचि उत्पन्न होती है और वह गम्भीर साहित्य से बचने लगता है। फिर जमाने की और दिक्कतें हैं जो उसे सस्ते, कुरुचिपूर्ण लेखन की ओर प्रवृत्त करती हैं। इस सारी शिक्षा का परिणाम यह होता है कि वह अर्द्धशिक्षित बन कर अपनी सारी कल्पनाशीलता को भुला कर एक जड़ीभूत अवस्था में पहुँच जाता है और उसकी रसज्ञता केवल रेल पर समय काटने या गृहस्थी की नीरसता के भीतर कुछ देर पलायन करने तक सीमित रह जाती है। वह उसे श्रेष्ठ, अर्जित मानवीय उपलब्धि के रूप में नहीं ग्रहण करता। फिर प्रकाशन व्यवसाय की व्यावसायिक आवश्यकताएँ हैं, दैनिक अखबार की समाचार-प्रवाहशीलता है, फिल्म की चकाचौंध है जो इसकी अभिरुचि को भोंथरा करने में सहायता देती रहती है। उन परिस्थितियों के मध्य पला हुआ रसज्ञ जब नये सृजन के सम्पर्क में आता है तब स्थिति और खराब हो उठती है। सूर, तुलसी, बिहारी या प्रसाद से वह थोड़ा-बहुत अपने कोर्स में परिचित हो चुका है पर नये लेखन से? इस अपरिचित से दूर रहना ही अच्छा है। इस अपरिचित लेखन में भी उपन्यास-कहानी तो कुछ ठीक है, क्योंकि उनमें कुतूहल तो रहता है—पर कविता की सूक्ष्मतम जटिलता, प्रतीकविधान, भाषा

के अपेक्षाकृत नये मुहावरे आदि उसके लिए एकदम 'आउटसाइडर' हैं। कविता सदा से अपेक्षाकृत अधिक दीक्षागम्य रही है। कितने ही लक्षण-ग्रन्थ मध्यकाल में, आश्रयदाताओं को काव्य-रूढ़ियों से परिचित कराने के लिए ही लिखे गये हैं। आधुनिक लेखक भी सव्याख्या कविता-पाठ, सृजन-प्रक्रिया-विवेचन या आलोचनाएँ लिख कर यही काम करने की चेष्टा करता है। पर इस जगह एक बड़ी कठिनाई उठती है कि रसज्ञों (या रसज्ञता) का कोई एक स्तर नहीं है। विशेषीकरण के इस युग में कला की भाषा वैसी सार्वभौम नहीं रही। इसी कारण कविता ही नहीं, सामयिक समस्त कलाओं के सामने रसज्ञता का प्रश्न मुँह बाए खड़ा रहता है। सभी कलाएँ आज दुरूहता के आरोप से लदी हैं। बल्कि मैं तो कहना चाहूँगा कि कला मात्र, प्राचीन भी—इस समस्या से आहत है। खजुराहो या एलोरा के मन्दिर हों, अजन्ता या काँगड़ा कलम के चित्र हों, शास्त्रीय संगीत हो या कालिदास अथवा घनानन्द की कविताएँ हों—इन सभी के प्रति एक कुरसज्ञ भाव आप किसी भी समुदाय के बीच देख सकते हैं। वास्तविक प्रश्न सर्वत्र दीक्षागम्यता का है। दीक्षा कलामात्र के लिए, कलात्मक अभिरुचि के लिए। मैं कहना चाहूँगा कि यह दीक्षा कभी भी सर्वजनग्राह्य नहीं होगी, मध्यकाल जैसी सीमित संख्या में भी नहीं होगी। आज रसज्ञता के प्रसार के लिए अधिक अवकाश है—आवश्यकता उसके निर्माण की है। पर यह दायित्व किसका है? यह प्रश्न एक अलग चर्चा का विषय है; पर इतना तो हम कह ही सकते हैं कि 'हम सबका'—कलाकार का, समीक्षक का, शिक्षाशास्त्री का, सरकार का और सभी समझदार नागरिकों का। जब तक यह नहीं होता तब तक कविता (या कला) के पाठक भी थोड़े होंगे और हमें उन्हीं से सन्तोष करना चाहिए। जनप्रियता का बड़ा लोभ कलाओं के लिए बहुत उपयोगी नहीं भी होता; रसज्ञता के वर्तमान स्तर में इससे अधिक की अपेक्षा न करना ही ठीक है।

कविताएँ : 1961

नवलेखन और आलोचनात्मक मानदण्ड की समस्या

हिन्दी के सृजनात्मक लेखन पर 'आधुनिकता' का प्रभाव बीसवीं सदी के चौथे दशक में परिलक्षित होना शुरू हो गया था। यह ऐतिहासिक तथ्य है कि आधुनिकता के आन्दोलन के बीजांकुर द्वितीय विश्वयुद्ध के समय शुरू हुए। अज्ञेय के सम्पादन में 1943 में 'तारसप्तक' का प्रकाशन हुआ। हम इसे 'आधुनिक' पद्य का पहला संकलन कह सकते हैं। इस संकलन में बहुत ही स्पष्ट रूप में 'छायावाद' की रोमाण्टिक परम्परा से अलग एक प्रस्थान दिखाई देता है।

सन् '30 की सामाजिक, ऐतिहासिक परिस्थिति में वैयक्तिक कल्पना जीवन की कठोर वास्तविकताओं को देखने के लिए विवश कर दी गयी और मार्क्सवादी दर्शन तथा *वामपन्थी* राजनीति के व्यापक प्रभाव ने यथार्थ अनुभूति को तीव्रतर कर दिया। इस यथार्थ अनुभूति से जिस साहित्य की सृष्टि हुई उसे हिन्दी साहित्य में 'प्रगतिवाद' और 'प्रयोगवाद' की संज्ञा देते हैं। लेकिन तथ्य तो यह है कि ये दोनों एक ही आन्दोलन हैं। और इन दोनों धाराओं के बीच भेद वास्तविक न होकर कृत्रिम है। हम यह भी कह सकते हैं कि यह दोहरापन सृजनात्मक धरातल के बजाय आलोचना के धरातल पर कहीं ज्यादा था। प्रगतिवाद की सामाजिक चेतना और प्रयोगवाद की व्यक्ति चेतना के बीच इतना अधिक अन्तःमिश्रण है कि किसी भी एक कवि को निर्विवाद रूप से दोनों में से किसी एक श्रेणी का कवि नहीं कहा जा सकता। इन दोनों धाराओं की पहचान का एकत्र साक्ष्य पाँचवें दशक के नवलेखन में स्पष्ट रूप से दिखाई देता है।

बुनियादी बात तो यह है कि ये प्रवृत्तियाँ नवलेखन आन्दोलन की भूमिका के रूप में सामने आयीं। यह एक हकीकत है कि सन् '50 के बाद ही 'आधुनिकता' को साहित्यिक प्रतिष्ठा मिली। 'नयी कविता', 'नयी कहानी', 'नयी आलोचना' अथवा 'नवलेखन' आदि संज्ञाएँ यह बताती हैं कि नयेपन का यह आग्रह न तो आकस्मिक है और न नये फैशन के अलंकरण के रूप में है। सचाई तो यह है कि यह नयापन सृजनात्मक प्रयासों के लिए मूल्य और आलोचना के लिए निर्णय की कसौटी बन गया।

जब हम यह कहते हैं कि चौथे दशक के सृजनात्मक लेखन में आधुनिकता के पहले चिह्न स्पष्ट रूप में परिलक्षित होते हैं तो मेरा मतलब है कि जीवन और साहित्य में स्थापित मान्यताओं के खिलाफ चुनौती के प्रकट होने के पहले संकेत मिलते हैं। कोई यह तर्क रख सकता है कि छायावादी आन्दोलन ने भी यही किया था क्योंकि छायावाद में ही पहली बार वैयक्तिक भावना का आग्रह प्रकट हुआ था। छायावाद का सूक्ष्म विश्लेषण यह दर्शाता है कि यहाँ चुनौती का निशाना कविता और समाज की आधारभूत मान्यताएँ नहीं हैं। छायावाद सामाजिक-नैतिक प्रकृति की बाह्य अधिरचना की समस्याओं के प्रति कहीं अधिक चिन्तित है और इस पहलू पर भी उसका दृष्टिकोण स्पष्टतः सुधारवादी है। इसके अतिरिक्त यहाँ केवल सुधारवादी संस्पर्श ही नहीं है बल्कि पुनरुत्थानवादी प्रवृत्तियाँ और परम्परा के प्रति मुखर गौरव मण्डन के स्वर भी हैं।

हर 'छायावादी' कवि स्वयं को सही ठहराने के लिए किसी-न-किसी आप्त प्रमाण का सहारा लेता है। मैं यहाँ परम्परा के प्रति उनके प्रेम की निन्दा नहीं कर रहा किन्तु पारम्परिक चिन्तनों के दृष्टिकोणों से आक्रान्त होने के कारण इन रचनाकारों में पहलकदमी की कमी और सशक्त व्यक्तित्व के अभाव की आलोचना निश्चित रूप से कर रहा हूँ। नतीजा यह कि छायावादी कविता प्रायः ही समकालीन वास्तविकता से पलायन का रुख अपनाती रही। समकालीन जीवनानुभूति से जितनी दूरी बढ़ी उतनी ही वह बनावटी और भावहीन होती गयी। छायावादी कविता के आशावाद को अतिरंजित ढंग से बढ़ा-चढ़ाकर देखा गया तथा उसकी ऐकान्तिकता और निराशा को अनदेखा कर दिया गया। यहाँ तक कि संघर्ष के उसके स्वर का भाष्य भी अतिरंजित ढंग से किया गया। निष्कर्ष यह कि छायावादी काव्यान्दोलन ने प्रचलित रूढ़ नैतिकता, सामाजिक ढाँचे और पुराने काव्यशास्त्र से अनेक बिन्दुओं पर समझौता किया।

इसके ठीक विपरीत 'प्रगतिवाद' और 'प्रयोगवाद' के आन्दोलनों के परिणामस्वरूप लिखे गये आधुनिक साहित्य ने केवल आधारभूत सामाजिक ढाँचे को ही चुनौती नहीं दी बल्कि उसने दो टूक ढंग से यह भी जाहिर कर दिया कि प्राचीन काव्यशास्त्र नये साहित्य का विश्लेषण और मूल्यांकन करने में सर्वथा असमर्थ है। यही कारण है कि उस युग से ही सृजनात्मक लेखन और पेशेवर समालोचना के बीच खाई बढ़ती गयी है। जहाँ तक छायावाद का सम्बन्ध है, रामचन्द्र शुक्ल जैसे आलोचक उसके प्रति बहुत अधिक सहानुभूति न रखने के बावजूद उसके सशक्त और कमजोर बिन्दुओं को ठोस ढंग से रखने में कामयाब हो गये; पर आधुनिकतावादी आन्दोलन के प्रसंग में इस तरह की बात नहीं कही जा सकती है। पेशेवर आलोचकों (उन्हें अकादमिक आलोचक कहना अधिक उपयुक्त है) ने रस, अलंकार आदि जैसे पुराने औजारों तथा मनोविज्ञान एवं समाजविज्ञान के कुछ नये उपादानों की सहायता से इस नये—

पर अबूझ और अग्राह्य साहित्य के मूल्यांकन का प्रयत्न किया। अपने पहले प्रयत्न में ही वे विभ्रम के शिकार हो गये तथा उसमें कुछ भी सार्थक सामग्री ढूँढ़ने में विफल होने के कारण गालीगलौज पर उतर आने के लिए मजबूर हो गये।

खास बात यह कि पुरानी पीढ़ी के आलोचकों ने फिर से इस दिशा में थोड़ा भी प्रयत्न करने का उत्साह नहीं दिखाया। इस तथ्य से यह प्रमाणित होता है कि हमारे साहित्य की संवेदना एकदम बदल गयी है। नतीजा यह कि नवलेखन की विवेचना का दायित्व भी सृजनशील रचनाकर्मियों के ऊपर ही आ गया। प्रबुद्ध आलोचनात्मक संवेदनशीलता के विकास और विस्तार के लिहाज से जाहिर है कि यह कोई सुखद स्थिति नहीं है। रचनाकर्मियों द्वारा लिखी गयी आलोचना असन्तुलित होने के लिए अभिशप्त है और अकसर इस प्रकार की आलोचना स्वयं के औचित्य स्थापन की कोशिश भर होती है। वास्तविकता तो यह है कि ऐसी आलोचना एक आपद्धर्म के रूप में लिखी जाती है। फिर भी इस प्रक्रिया में रचनाकर्मियों ने कुछ गम्भीर किस्म की बहुत ही अच्छी आलोचनाएँ लिखी हैं, किन्तु उनके स्वयं के औचित्य स्थापन और प्रायः ही हलके-फुलके ढंग के चिन्तन ने आलोचनात्मक मानदण्डों के क्षेत्रों में एक प्रकार की अराजकता उत्पन्न कर दी है।

साहित्य का कोई भी गम्भीर पाठक यह आसानी से कह सकता है कि पिछले दशक के दौरान समालोचना के क्षेत्र में सृजनात्मक प्रक्रिया पर विचार ही मुख्य विषय के रूप में हावी रहा है। सम्भवतः यहाँ यह बताना अनावश्यक होगा कि आलोचनात्मक विश्लेषण और मूल्यांकन के क्षेत्र में सृजनात्मक प्रक्रिया पर विचार कोई खास महत्त्व नहीं रखता है। कभी-कभार किसी कविता में अर्थबोध की कोई कौंध भले ही यह दे दे, पर सृजनात्मक प्रक्रिया पर विचार की कोई सार्थकता नहीं होती।

रचनाकर्मियों के अतिरिक्त, निःसन्देह, कुछ आलोचकों ने भी आधुनिकतावादी लेखन को अपनी सहानुभूति दी। पर उनके ऊपर इस नयी धारा की स्वीकृति और उसे प्रतिष्ठित करने के प्रयत्न में ही अपना सारा प्रयास केन्द्रित करना पड़ा। अतः वे भी एकदम नये ढंग के पूर्वाग्रहों और असन्तुलन के शिकार बन गये। नवलेखन की दुर्बलताओं और अप्रासंगिकताओं की अनदेखी करने के कारण ये समालोचक भी आलोचनात्मक मानदण्डों के मामले में अराजकता के लिए जिम्मेवार रहे हैं। इसके अतिरिक्त इस अराजकता के कुछ साहित्येतर कारण भी हैं। लेखकों की अपनी मण्डलियाँ, उनके सम्मेलन, चालाक और छद्मवेशी लेखकों का अस्तित्व, सरकारी अनुग्रह और पूँजीवादी समाज के भ्रष्ट प्रभावों आदि के परिणामस्वरूप एक कुहासा या कुछेक व्यक्तित्वों के इर्द-गिर्द बनाये गये कृत्रिम प्रभामण्डल से यह आलोचनात्मक अराजकता और भी बढ़ गयी।

सौभाग्यवश पिछले तीन या चार वर्षों के अन्दर एक नयी चिन्तनधारा प्रकट हुई है। मूल्यांकन तथा पुनर्मूल्यांकन को लेकर एक नया स्वर सुनाई पड़ने लगा है।

काव्य-मीमांसा के क्षेत्र में कविता को कविता के रूप में पढ़ने, न कि सामाजिक दस्तावेज या मनोवैज्ञानिक विषय के रूप में देखने पर जोर दिया जाने लगा है। कुछ नये लेखक एक ऐसी पद्धति और उपयुक्त शब्दावली का विकास कर रहे हैं जिससे कविताओं का सघन साहित्यिक विश्लेषण हो सके। वे मूल्य-निर्णय के बजाय यह बताना ज्यादा उपयुक्त समझते हैं कि कविता में क्या घटित हो रहा है। जाँच-परख और बोध के दायरे के विस्तार से यह आशा व्यक्त की जा रही है कि सामान्य रूप में अकादमिक हलकों में नयी आलोचनात्मक संवेदनशीलता का विकास होगा।

इस सन्दर्भ में ही दूसरा उल्लेखनीय महत्त्वपूर्ण पहलू है परम्परा की प्रासंगिकता और अर्थवत्ता के प्रति नये दृष्टिकोण का उद्भव। अन्ततः यह पहलू आलोचनात्मक मूल्यांकन की कहीं अधिक महत्त्वपूर्ण और फलप्रद सक्रियता की दिशा में आलोचना को आगे ले जायेगा।

तीसरी बात है कथा साहित्य के महत्त्व को लेकर एक नयी जागरूकता का उभार। छठे दशक के पहले कथा-समालोचना नाम की चीज का कोई अस्तित्व ही न था, पर अब इस क्षेत्र में सार्थक प्रयास हो रहे हैं, यद्यपि उपन्यास की तुलना में कहानी जैसी अल्प महत्त्व की विधा पर अधिकतम ध्यान केन्द्रित होना इस दिशा में प्रकट हो रही कमजोरी का भी ठोस संकेत देता है।

नाट्यालोचन के क्षेत्र में कुछ नये प्रयत्न हो रहे हैं। इस सबके बावजूद कुल मिलाकर आलोचना के क्षेत्र में नयी धारा का रुझान अब भी बहुत कमजोर है और आलोचनात्मक सक्रियता के पुनर्जीवन के लिए समवेत प्रयास की अविलम्ब आवश्यकता है।

'न्यू रायटिंग एण्ड द प्रॉब्लम ऑफ क्रिटिकल स्टैण्डर्ड्स इन हिन्दी'
पोस्ट-ग्रेजुएट इवनिंग स्टडीज, दिल्ली विश्वविद्यालय की
वार्षिक पत्रिका के लिए अंग्रेजी में लिखा : 1964
अनुवाद : रेखा अवस्थी

नयी कविता बनाम नयी कहानी

आलोचना के मानदण्डों या मूल्यों की अराजकता के उदाहरण हिन्दी में रोज ही दिखाई पड़ते हैं। 'कल्पना' का 'उर्वशी-संवाद' (या परिसंवाद) हो या 'अभिनव काव्य' संज्ञा की संस्थापना का प्रयास हो—एक बात साफ है कि आलोचना की दृष्टि धुँधली पड़ती जा रही है। विद्यापीठस्थ समीक्षक यदि संवेदना के स्तर पर लड़खड़ाते और जमीन सूँघते दिखते हैं तो सृजनशील साहित्यकार पूर्वग्रहों या अपने निज के औचित्य को सिद्ध करने में प्रकृत पथ को छोड़ते हैं। परन्तु इससे भी अधिक खेदजनक स्थिति तब दिखाई देती है जब कि केवल चौंकाने या खबरों में बने रहने के लिए कुछ फतवे दिये जाते हैं और स्थापनाएँ की जाती हैं। इस क्रम का नया उदाहरण 'नयी कविता बनाम नयी कहानी' की समस्या है। कुछ महीने पहले 'नयी कहानियाँ' में रचना-दृष्टि के साथ आलोचना-दृष्टि के न विकसित होने पर खेद प्रकट करते हुए मोहन राकेश ने (जो रचनाकार तो हैं ही साथ ही कुछ पत्रिकाओं के स्तम्भ-लेखक होने के कारण आलोचक भी) बताया था कि 'नयी कहानी', 'नयी कविता' से आगे का आन्दोलन है। 'नयी कविता' की विकृतियों का परिष्कार करके यह 'नयी कहानी' अस्तित्व में आयी है। मोहन राकेश के इस सुर के साथ तत्काल ताल दी कमलेश्वर ने और उन्होंने भी कहा कि हाँ, 'नयी कविता' तो कुण्ठावादी है पर 'नयी कहानी' में एक नयी सामाजिकता है। हिन्दी के गजधर्मा पाठक-आलोचक-लेखक सभी चुप रहे। शायद इसलिए कि 'ऐसी स्थापनाएँ हिन्दी में बहुत-सी होती रहती हैं।—कौन चिन्ता में पड़े।' पर इधर मोहन राकेश पुनः नयी निगाहों के जो नये सवाल (या जवाब) लेकर आये हैं उनमें पुनः इसी बात को दोहराया गया है। अब चूँकि आलोचकों में केवल मुझको ही मोहन राकेश ने संरक्षकत्व प्रदान करते हुए सर्टीफिकेट दिया था, अतः मेरा ही चिन्तित होना बहुत अनुचित वह न मानेंगे—यह आशा करना शायद ठीक ही होगा।

इन तर्कों की तर्कशीलता भी तनिक जाँच ली जाये। राकेश जी शुरू करते हैं, 'तीन-चार महीने पहले मैंने एक जगह लिखा था कि ऐतिहासिक दृष्टि से 'नयी कहानी' का आन्दोलन 'नयी कविता' का सहवर्ती न होकर उससे आगे का आन्दोलन है।

तो इस स्थापना के विरोध में कुछ लोगों ने टिप्पणियाँ लिखीं।' (स्वयं इन पंक्तियों के लेखक के देखने में एकाध प्रासंगिक रिमार्क ही आये हैं) ऐसे लोगों के बारे में उनका कहना है—शब्द ऐतिहासिक की ओर शायद उनका ध्यान ही नहीं गया। गया होता तो इस कथन में उन्हें अवास्तविकता नजर न आती। इस ऐतिहासिक वास्तविकता के बारे में उनके तर्क यों हैं—

(1) 'नयी कहानी' के आन्दोलन की शुरुआत सन् पचास के लगभग हुई—'नयी कहानी' यह नाम तो उसे सन् पचपन-छप्पन के बाद से दिया जाने लगा। राकेश जी क्या कृपा कर बताएँगे कि नयी कविता का आन्दोलन भी पचास-इक्यावन के पास से ही शुरू हुआ था या नहीं? हिन्दी के बहुत से लेखक-पाठक जानते हैं और स्तम्भ-लेखक को भी याद होगा कि इसके पूर्व प्रयोगवाद की चर्चा होती रही है—नयी कविता की नहीं। और 'प्रयोगवाद' यदि कविता के क्षेत्र में 1943 से चर्चा का विषय बना था तो उसी की सहवर्ती अज्ञेय की 'पठार का धीरज', 'जयदोल' (जैसी कहानियाँ भी हैं। और बन्धु, यदि आप 'नयी कविता' को प्रयोगवाद से प्रारम्भ करना चाहते हैं, जैसा कि स्वयं मैं भी चाहता हूँ) तो नयी कहानी को भी वहीं ले चलना पड़ेगा। शैली-शिल्प ही नहीं, यथार्थ की पकड़ भी वहाँ दूसरी हो गयी है। जहाँ तक नामकरण का प्रश्न है 'नयी कविता' नाम भी शायद 1953 में 'नये पत्ते' में प्रकाशित रेडियो परिसंवाद में अज्ञेय द्वारा दिया गया था, पर सारी, नयी कहानी का नामकरण संस्कार, बकौल आपके, 1955 के आस-पास हुआ था और इस तरह वह दो साल छोटी बहन हो गयी। राकेश जी, पर कीजिए क्या—साहित्यिक विधा के रूप में कहानी छोटी है ही और अपेक्षाकृत कम महत्त्वपूर्ण भी। पर जब छोटी बहन कहा जाता है तब भी इतना तो प्रकट ही है कि वह भी उसी भावबोध से उपजी है जिससे नयी कविता। और अगर आपकी ही मान्यता के अनुसार 'नयी कविता का आन्दोलन तब तक एक निश्चित रूप और अर्थ ग्रहण कर चुका था', तो इससे यह कैसे प्रकट हो जाता है कि उस माध्यम की सम्भावनाएँ समाप्त हो गयी थीं। सचमुच केवल हिन्दी में ही माध्यमों के बारे में ऐसे विचित्र तर्क दिये जा सकते हैं।

पर रुकिए। तर्क का जाल आगे भी मिलेगा। स्तम्भ लेखक तत्काल पलटते हैं, जिस क्राइसिस के अन्तर्गत नयी पीढ़ी की संचेतना 'नयी कहानी' के प्रयोगों की ओर उनुख हुई, उसके प्रभाव तथा प्रतिक्रियाएँ नयी कविता पर अलग से नजर आने लगी थीं, शमशेर तथा मुक्तिबोध जैसे कवियों ने उन प्रभावों के अन्तर्गत 'नयी कविता' को भी एक नयी दिशा दे दी थी। लेखक के इस वक्तव्य में जो 'चतुराई' निहित है वह तो बड़ी जल्दी साफ हो जाती है कि कहानी और कविता दोनों की समानताओं को स्वीकार करना आवश्यक हो गया था। पर इस 'चतुर' वक्तव्य में भी एक निहायत 'अनक्रिटिकल' तथ्य है और वह यह है कि शमशेर या मुक्तिबोध जैसे कवियों ने कौन सी नयी दिशा 54-55 के आस पासनयी कविता को दे दी थी,

तथा 'नयी कविता' पर इस नयी संचेतना के प्रभाव और प्रतिक्रियाएँ क्या हैं? इसके अतिरिक्त जिस 'क्राइसिस' शब्द का निरन्तर मुखर जप लेखक ने किया है उसके सम्बन्ध में कुछ कहने की आवश्यकता है। जनवरी वाली 'सारिका' में क्राइसिस को उन्होंने विभाजन से जोड़ा था और बताया था कि नयी पीढ़ी पर इसका गहरा प्रभाव है, उन पर भी जिन्होंने कि इसे भोगा नहीं था। इस सम्बन्ध में भी कुछ प्रश्न और कुछ संकेत उठते हैं। पहला सवाल तो यही कि विभाजन की क्राइसिस के अन्तर्गत अज्ञेय ने भी कुछ कहानियाँ ('शरणार्थी') लिखी थीं—क्या उन्हें वह नयी कहानी के अन्तर्गत रखना चाहेंगे? दूसरी बात यह कि लेखक ने जरूर उन काँच की इमारतों को ढहते हुए देखा होता, भोगा होगा और हर बार नयी चेतना की बात करते ही उनकी आँखें वहीं पहुँच जाती होंगी, पर क्या यह सही नहीं है कि नयी कहानी के अन्तर्गत 1925 में जन्मे राकेश ही नहीं 1935 के वाद उत्पन्न लेखक भी हैं और ये लोग विभाजन की इस क्राइसिस से क्योंकर अनुकूलित हुए हैं? एक तीसरा और सवाल है कि क्या देश की परिस्थिति या नियति या संचेतना मात्र विभाजन से बदली है? अगर विभाजन न होता तो क्या 'बंजर जमीनें हरी न' होतीं, क्या सदियों से 'मानित' 'खान-पान और रहन-सहन के तरीके' न बदले? स्तम्भ-लेखक जैसे विभाजन-ग्रस्त लोगों को मैं चोट नहीं पहुँचाना चाहता, पर इतना निवेदन अवश्य है कि विभाजन से हमारे सामाजिक संगठन में कोई मौलिक परिवर्तन नहीं हुआ है तथा जो नयी 'संचेतना' आयी है वह विभाजन के बिना भी आकर रहती। विभाजन की 'क्राइसिस' को लेकर जिस रूमानी ढंग से वह भावुक हो उठे हैं उसकी आवश्यकता अब नहीं है। इस सन्दर्भ में मैं साहित्य से केवल एक उदाहरण देना चाहूँगा—रेणु के कथा-साहित्य का। रेणु को आप 'नयी कहानी' के अपने वृत्त के अन्तर्गत लेते या नहीं? तथा रेणु के लेखन का आपकी इस 'क्राइसिस' से क्या सम्बन्ध है? शमशेर एवं मुक्तिबोध का सम्बन्ध भी इस 'क्राइसिस' से निरूपित करने का कष्ट करें तो हम पाठकों का अधिक भला हो।

अपने वक्तव्य की इन असंगतियों पर ध्यान न देते हुए वह 'नयी कहानी' की अग्रगामिता का एक बड़ा ही मजेदार उदाहरण देते हैं कि

> *'इस पीढ़ी की सामूहिक चेतना अपने लिए अभिव्यक्ति का जो विस्तार चाहती थी, उसके लिए कहानी का माध्यम अधिक अनुकूल पड़ता था, इसीलिए छप्पन-सत्तावन के बाद बहुत-से प्रतिष्ठित और उदीयमान नये कवि भी धीरे-धीरे इस माध्यम की ओर आकृष्ट हो गये, क्योंकि दृष्टि और शिल्प का जो अनुशासन नयी कविता के लिए एक रूढ़ि बन चुका था, उसे तोड़ कर नयी भूमि से प्रयोग करने के लिए यह माध्यम उन्हें अधिक उपयुक्त जान पड़ा'।*

तर्क वही है जिसे अन्तिम तार्किक परिणति तक पहुँचाया जा सके। सो 56-57 के बाद एक नये कहानीकार ने 'आषाढ़ का एक दिन' तथा 'लहरों के राजहंस' नाटक लिखे।

लगता है कि कहानी का माध्यम उनकी क्राइसिस वाली 'संचेतना' के लिए अपर्याप्त हो गया था, अतः ये नाटक नये नाटक हैं और 'नयी कहानी' से आगे के आन्दोलन हैं (इसलिए भी कि 1964 तक इनका 'नया नाटक' नामकरण नहीं हो सका—शीघ्र ही यह संस्कार भी आयोजित करना पड़ेगा, नामवर सिंह पौरोहित्य के लिए तैयार रहें।) यह भी कहा जा सकता है कि पत्रिकाओं का स्तम्भ लेखन साहित्य का सबसे नया माध्यम है।

इस तार्किक परिणति की बात को छोड़ भी दिया जाय तो भी यह दिखाना तनिक भी कठिन नहीं है कि रघुवीर सहाय या श्रीकान्त वर्मा की कविताओं और कहानियों का संवेदनागत धरातल एक ही है। अन्तर दो विधाओं की आवश्यकताओं का है। काव्य की अभिव्यक्ति विशुद्ध संवेदनों के अधिक निकट रहती है इसी कारण सतही दृष्टि से पढ़ने वाले उसे वैयक्तिक, अहंवादी, असामाजिक आदि मानने लगते हैं, परन्तु कहानी में जिन उपकरणों को लिया जाता है वे प्रत्यक्षतः सामाजिकता की अधिक गन्ध देते हैं। कविता की एक विशिष्ट इकाई है बिम्ब और कहानी के पात्र। वस्तुतः साहित्य-रूपों के पारस्परिक संघर्ष और अन्तःसम्बन्ध को लेकर बहुत कुछ चर्चा की जा सकती है। सदैव से ये रूप एक-दूसरे से लेते या देते आये हैं और नवलेखन में भी कहानी-कविता ने एक-दूसरे को किस प्रकार समृद्ध बनाया है इसकी चर्चा अलग से की जा सकती है और अच्छा होता यदि मोहन राकेश या कमलेश्वर इस पक्ष पर ध्यान दे सके होते—पर इतना निश्चित है कि तब एक चौंकानेवाली जर्नलिस्टिक बात न कही जा सकती और एक पुष्ट समीक्षा-विवेक की आवश्यकता पड़ती। ऐतिहासिक दृष्टि से भी हिन्दी में मैथिलीशरण गुप्त की कविताएँ और प्रेमचन्द की प्रारम्भिक कहानियाँ, निराला और नवीन की कविताएँ एवं प्रेमचन्द की परवर्ती कहानियाँ, प्रसाद की कविताएँ एवं उन्हीं की कहानियाँ, महादेवी और बच्चन की कविताएँ और जैनेन्द्र की कहानियाँ, प्रगतिशील कविताएँ एवं कहानियाँ सहवर्तित्व की भूमिका में देखी जा सकती हैं। ऐतिहासिक दृष्टि से इन माध्यमों को किस प्रकार संघर्ष करना पड़ा है—अपने ही आद्यरूपों एवं आरोपित मर्यादाओं से, इसकी भी पड़ताल की जा सकती है।

इस सम्बन्ध में अधिक चर्चा यहाँ नहीं। नयी निगाहों वाले सवालकार का अनुमान है कि 'नयी कविता' से लोग इसलिए 'नयी कहानी' में धँसे हैं कि 'नयी कविता' का विकास जहाँ एक सामूहिक शिल्प-शैली को लेकर हुआ, 'नयी कहानी' में आरम्भ से ही हर लेखक ने, वस्तु की अपेक्षाओं के अनुसार, अपनी अलग शिल्प-शैली का विकास किया। शायद ऐसे ही तर्कों को लाजवाब कहा जाता है। हर आदमी के सवाल-जवाब देने लायक होते भी कब हैं? फिर भी बदले में प्रश्न है कि कृपा कर लेखक जी क्या यह बताने की चेष्टा करेंगे कि कुँवर नारायण, रघुवीर सहाय, केदारनाथ सिंह, श्रीकान्त वर्मा, मदन वात्स्यायन, अजितकुमार आदि की रचनाओं में कौन-सी सामूहिक शिल्प-शैली है।

लगता है कि गीतकारों की रचनाओं को वे 'नयी कविता' समझते हैं। यों वास्तविक रचना के भीतर सामूहिक शिल्पशैली की बात करना अपनी ही नासमझी का परिचय देना है। सचमुच ही 'किसी भी देश और साहित्य में नयी पीढ़ी के बुनियादी संघर्ष को ओछी दृष्टि से देखने वालों की कमी नहीं रहती। हमारे यहाँ यह ओछापन कुछ अधिक मात्रा में है, बस इतना ही फर्क है।' इस ओछेपन के कर्णधारों में वे भी हैं जो एक साथ ही पूरी नयी पीढ़ी के प्रयत्नों को नकार देते हैं और इनमें वे भी गणनीय हैं जो नयी पीढ़ी के एक बहुत बड़े अंश को 'नयी कविता' की कुण्ठा अवस्था आदि कह कर काट देना चाहते हैं। समझ से दोनों खाली हैं।

स्वयं मोहन राकेश का कहना है कि, 'कहानी को जिस अर्थ में कविता से अलग किया जाता था, उस अर्थ में, नये प्रयोगकारों ने उसे अलग नहीं रहने दिया—अपने काव्यात्मक संवेदों की अभिव्यक्ति के लिए एक बृहत्तर कैनवस के रूप में भी इसे अपना लिया है।' इतना कहने के बाद भी कविता और कहानी के माध्यमों के अन्तर को जिस तरह उन्होंने निरूपित करना चाहा है वह नितान्त कृत्रिम एवं असिद्ध साहित्यशास्त्र पर आधारित है। उन्हें यह ज्ञात है कि एक व्यापक माध्यम के रूप में कहानी की सम्भावनाओं को हिन्दी के कहानीकारों ने ही नहीं देखा—विश्व की कई भाषाओं में इस माध्यम को एक गयी प्रयोगात्मक दृष्टि से ग्रहण किया गया है। पर लगता है कि इस प्रयोगात्मक दृष्टि की दिशा उन्होंने नहीं देखी—नहीं तो वे जानते होते कि कहानी की चरम काव्य नियति कहीं कविता के आस-पास ही है। नयी पीढ़ी के एक अत्यन्त संवेदनशील कथाकार निर्मल वर्मा का यह मन्तव्य इस सम्बन्ध में ध्यान देने योग्य है—

> *बीसवीं शताब्दी की सबसे महान् कहानी 'डेथ इन वेनिस' सिर्फ एक फेवल है—फॉकनर की कोई भी कहानी गद्य के टेक्स्चर पर है एक काव्य-खण्ड, चट्टान पर खींचे गये भित्ति-चित्रों-सी जादुई है... ।'*

निर्मल ने राकेश की अपेक्षा माध्यम की बात को ही कहीं अधिक व्यंजक एवं शक्तिपूर्ण भाषा में कहते हुए लिखा है—

> *'अगर वे कहानियाँ हैं, तो सिर्फ आत्मघाती अर्थ में—एक फेबल है, दूसरी कविता, तीसरी एंटी-कहानी। उन्होंने स्वयं बड़ी निर्ममता से अपनी ही विधा को तोड़ा है, उसके चौखटों से मुक्त होकर उन सूखी और कठोर और नामहीन चीजों को छूने की कोशिश की है, जो पकड़ से बाहर हैं।'*

इसीलिए जब 'नयी कहानियाँ' का एक यह सम्पादकीय पढ़ने को मिलता है कि 'कवितानुमा कहानियाँ पश्चिमी साहित्य की कुण्ठा, अकेलापन, परम्पराहीनता, हार और अनास्था को ही लेकर चल रही हैं, जो हमारी जातीय संवेदना का स्वर नहीं है... ।' तो फतवे की इस सादगी पर दया आ सकती है—मारने की तबीयत नहीं होती। कविता मानवीय संवेदनाओं की सबसे उत्कट एवं स्फटिक अभिव्यक्ति है और

यह कहानी की सिद्धि होगी कि उसके परिमण्डल पर उपलब्ध की जा सके। और जहाँ तक जातीय संवेदना का प्रश्न है, हमारे-आपके चाहे बिना अब तक इस देश या जाति की संवेदना का मुख्य माध्यम कविता ही रही है और हमें प्रसन्नता है कि यथार्थ के नाम पर की जानेवाली भयंकर विकृतियों एवं कलाहीनता से ऊपर उठ कर कहानी की काव्यात्मक संवेदनाओं (या संवेदों?) के निकट आ रही हैं—कमलेश्वर की भी कहानियाँ। और जब कमलेश्वर कहते हैं कि 'नयी कविता की कुण्ठा, अकेलापन, टूटना और पराजय नयी कहानी की मानसिकता का अंग नहीं है', तो क्या यही नहीं लगता कि उनकी और नरेन्द्र शर्मा या नन्ददुलारे वाजपेयी की मानसिकता का धरातल एक ही है। ये लोग भी तो 'नयी कविता' पर यही तोहमत मढ़ते हैं। और यह भी कि 'नयी कविता' के बारे में तो वे कुछ जानते ही नहीं और 'नयी कहानी' के बारे में कुछ कैसे कहा जाये। उसके बहुवचन के तो वे सम्पादक ही हैं। पर यदि व्यक्तिमूलकता और सामाजिकता ही कसौटियाँ हैं तो क्या कमलेश्वर या मोहन राकेश यह बताने की कोशिश करेंगे कि 'एक और जिन्दगी' (मोहन राकेश) कहानी किधर से सामाजिक है? अपवादस्वरूप एक कहानी को अलगा कर मैं नहीं कह रहा हूँ। स्वयं मैं इस कहानी को एक अच्छी सशक्त कहानी मानता हूँ।

अन्त में इतना अवश्य कहना चाहूँगा कि यह यदि चौंकाने के लिए है तब तो अनुचित है ही, पर यदि एक छोटे से वृत्त के औचित्य के लिए है तो और भी बुरा है। अच्छा हो अगर कहानी की चर्चा कथा-साहित्य के सन्दर्भ में ही की जाये। इसी जगह एक बात और भी कहना चाहूँगा कि हिन्दी में कहानी-चर्चा अत्यधिक स्फीत धरातल पर हुई है, बल्कि कहूँ कि अधिक महत्त्वपूर्ण विधा उपन्यास की कीमत पर हुई है। कहानी में अधिक चर्चा और विश्लेषण की सम्भावनाएँ नहीं हैं और इसीलिए इधर-उधर भाग कर चर्चा की सम्भावनाओं के लिए स्थान खोजने की चेष्टा होती है। अच्छा हो कहानी-पत्रिकाएँ अब कहानी-चर्चा की जगह 'कथा-चर्चा' करें और तभी तमाम व्यर्थ की वह बकवास बन्द हो सकेगी जो आज 'नयी कहानी' को लेकर चल रही है। एक पत्र के एक कहानी-विशेषांक में भी इन पंक्तियों के लेखक ने कहा था कि कहानी की, माध्यम के रूप में, सम्भावनाएँ सीमित हैं। कहानी पर होनेवाली तमाम बहस को पढ़-सुन कर वह बात मुझे आज और भी ठीक लगती है। हमारे कथाकारों की अवधारणा-क्षमता लगता है, काफी सीमित है और उपन्यास जैसे अत्यधिक शक्तिशाली माध्यम को झेले जाने की सामर्थ्य वे नहीं जुटा पा रहे हैं। यों कहना तो यह भी चाहूँगा कि तथाकथित 'नयी कहानी' के क्षेत्र में भी साहसपूर्ण प्रयोगों का अभी अभाव है और 'आधुनिकता' की बड़ी झीनी चादर ही उनमें मिलती है। बहुधा सामाजिकता (जो प्रगतिवाद की उतारी हुई वेशभूषा ही अधिक है।) के नाम पर फार्मूला कहानियों की कमजोरी को छिपाने की चेष्टा भी इन स्तम्भ-लेखकों या कहानीकारों द्वारा की जाती है।

आजकल : अप्रैल, 1964

कहानियाँ : वास्तविक रचनाशीलता का सन्दर्भ

...सच पूछिए तो मेरा आरोप ठीक विरोधी है कि अभी पूरे तौर से वैसी प्रखर बौद्धिकता हमारे लेखकों में नहीं है जो एक समग्र 'विश्व-दृष्टि' के परिप्रेक्ष्य में, अतीत और भविष्य के सन्दर्भ में वस्तुओं और स्थितियों को साफ-साफ देख सके। पर इसका दोष लेखकों पर नहीं लादा जा सकता। हमारे बुद्धिजीवी वर्ग का औसत बौद्धिक स्तर ही मीडियाकर है। और जबतक अँग्रेजी माध्यम के रूप में विद्यमान है, तबतक इसमें बहुत सुधार नहीं हो सकता। वस्तुतः जिन्हें बौद्धिक कहानी कहा जाता है, वे बहुत गहरे अर्थ में भावप्रवण या अनुभूत विचार की कहानियाँ होती हैं। इसका एक प्रमाण यह भी है कि पहले के लेखक जहाँ समस्या-प्रधान कहानियों लिखा करते थे ('उसने कहा था' या 'कफन' जैसी कुछ श्रेष्ठ कहानियाँ छोड़कर) वहाँ अब लेखकों ने समस्या-प्रधान कहानियाँ छोड़ दी हैं—उसके स्थान पर अनुभव-धर्मा कहानियों पर बराबर जोर दिया गया है। अपने प्रथम संग्रह 'राजा निरबंसिया' की भूमिका में कमलेश्वर ने 'नयी भावभूमियों' की चर्चा की है। यानी कि जो दायित्व केवल कविता के लिए छोड़ दिया गया था, उसे भी उन्होंने अपनाने की कोशिश की है। अगर पुरानी और नयी कहानियों के अन्तर को देखा जाय तो पहले का कहानी-लेखक एक ऊपरी बौद्धिक सतह से कुछ समस्याओं को लेता था, और उसमें 'भावुकता' या 'करुणाभास' का जल मिलाकर स्पर्शी (मर्म या हृदय या सतही झनझनाहट!) कहानियाँ लिखता था। उसकी बजाय आज का कथाकार अपने अनुभव को पहले टटोलता है और उसके माध्यम से तमाम समस्याओं, प्रश्नों (या अप्रश्नों) को ढूँढ़ता और झेलता है। एक का एप्रोच बौद्धिक और अन्त लिजलिजी भावुकता में और दूसरे का एप्रोच भावप्रवण पर अन्त एक शक्तिपूर्ण बौद्धिक सम्भावना में—ग्राफ के कर्व शायद इस स्थिति के आसपास होंगे। (और यह अन्तर आज भी एक पीढ़ी के ही दो लेखकों में पाये जा सकते हैं।)

जहाँ तक 'जन-जीवन' का प्रश्न है, केवल इतना याद दिलाना चाहूँगा कि इस नारे की छाया के नीचे लिखा जाने वाला प्रगतिवादी रचनात्मक साहित्य कैसे फिसफिसाकर बैठ गया और इसी नारे को अलग कर सामने आनेवाली 'नवलेखन'

की पीढ़ी ने कितना शक्तिशाली जीवन-बोध चित्रित किया है इसे दिखाने के लिए अलग एक लेख लिखने की आवश्यकता है। यही नहीं रचनात्मक लेखन से अलग समीक्षात्मक चिन्तन में जहाँ यह प्रगतिवादी नुस्खा लटका रह गया है वहाँ भी ग्रामकथा-नगर-कथा, देशी कथा-विदेशी कथा, नयी कविता बनाम नयी कहानी आदि की विकृतियाँ नये लेखकों ने भी उपस्थित की हैं—वस्तुतः जन-जीवन को ज्यादातर लोग अपने परिचित जीवन का पर्याय मान लेते हैं। ये लोग यह भी भूल जाते हैं कि कला की दुनिया जीवन के समानान्तर होती है।

वासना के नैतिक या अनैतिक पक्षों की बात और रपटीली है—इसलिए कि इस प्रकार की शब्दावली (जब तक कि एक विशिष्ट सन्दर्भ को लेकर न की जाये) समीक्षा के क्षेत्र से बाहर की है। इसीलिए मैं इस प्रसंग की चर्चा न करना ही बेहतर समझूँगा।

जहाँ तक पच्चीकारी की बात है, 'नयी कहानी' ने अगर सबसे अधिक किसी चीज को तोड़ा तो इस पच्चीकारी को। पच्चीकारी का आरोप लगाने वाले लोग आँखों में पट्टी बाँधकर चलते हैं। कहानी ही क्यों, पूरा आधुनिक भावबोध पच्चीकारी के विरुद्ध है। आधुनिक चित्रकला, मूर्तिकला, स्थापत्य, कविता, कहानी आदि को ये लोग अगर नहीं समझ पाते तो कम-से-कम अपने घरों के दरवाजों और फर्नीचर को ही एक नजर निहार लेने का कष्ट करें—स्थिति बहुत साफ हो जायेगी। अगर ऐतिहासिक दृष्टि से देखा जाय तो कहानी में लगातार इस पच्चीकारी को तोड़ने की चेष्टा की गयी है। उदाहरण के लिए राकेश को लिया जा सकता है। (इसलिए कि राकेश अन्तिम महत्त्वपूर्ण पुराने पच्चीकार कहानीकार हैं और प्रारम्भिक नये कहानीकारों में-से एक हैं।) राकेश की 'मलबे का मालिक' आदि कहानियाँ जहाँ कटी-छँटी पच्चीकारी की जड़ाऊ कहानियों के उदाहरण हैं वहीं 'एक और जिन्दगी' में सारा शिल्प का जड़ाऊपन एक बड़ी सीमा तक बिखर जाता है। आदि, मध्य और अन्त, संघर्ष, चरमसीमा और समाधान के नुस्खे इस कहानी तक आते-आते टूट जाते हैं। इसी प्रकार मार्कण्डेय की कहानियाँ सन् 52-54 के आसपास (पानफूल में संगृहीत) जब आती हैं, तो बहुत-से लोगों को लगा था कि ये कहानियाँ नहीं हैं, बल्कि कहानी और रेखाचित्र के बीच की चीजें हैं, बाद को बहुतेरे कहानीकारों की कहानियों को कहानी और निबन्ध के बीच की विधा का कहा गया।

बहरहाल आपके **पहले प्रश्न** का उत्तर एक वाक्य में देना हो तो मैं कहूँगा कि पचास वर्ष के परिप्रेक्ष्य में देखने पर हिन्दी कहानी की प्रगति पर आश्चर्य होता है।

दूसरा प्रश्न : नहीं, मैं नहीं मानता कि इस त्रिकोण पर 'सारा आधुनिक भावबोध संकेन्द्रित है।' आधुनिक भावबोध 'कहानी' या किसी एक अन्य विधा-से कहीं विराटतर है और विभिन्न कलाएँ तथा विभिन्न साहित्यिक विधाएँ इसे या इसके भिन्न-भिन्न पक्षों को स्थापित करने की चेष्टा कर रही हैं। कहानी की कारुकारिता का भी लक्ष्य यही है। जहाँ तक 'अन्यतम शिल्प-प्रयोग और समर्थ कथ्य' का प्रश्न है,

'आज के साहित्य से' नयी कविता को लेकर सर्वाधिक चर्चा की जा सकती है। इसे मिथ्या गर्व न माना जाय तो हिन्दी की 'नयी कविता' आज भारतीय भाषाओं में ही अग्रणी नहीं है, अँग्रेजी के माध्यम से उपलब्ध संसार के समकालीन साहित्य में वह महत्त्वपूर्ण स्थान की अधिकारिणी है। निश्चित ही यह बात मैं अपनी अत्यन्त सीमित जानकारी के आधार पर कह रहा हूँ—इसलिए अगर कोई अतिशयोक्ति हो तो क्षमा चाहूँगा और अपनी राय को सुधारने के लिए भी तैयार रहूँगा। यह अवश्य है कि हिन्दी की 'नयी कहानी' भी विश्व के समसामयिक लेखन के समकक्ष सुविधापूर्वक रखी जा सकती है। पर दोनों विधाओं के सापेक्षिक महत्त्व (पूरे संसार को ध्यान में रखकर ही) को दिमाग में रखकर इस बात को कहने में हिचक नहीं हो सकती कि आधुनिक भावबोध का सबसे अधिक वहन कविता ने ही किया है। अन्य देशों में कविता के बाद उपन्यास ने इस दिशा में महत्त्वपूर्ण कार्य किया पर हमारे देश में शायद 'कहानी' का माध्यम कथाकारों को अधिक अनुकूल लगा—उपन्यास के क्षेत्र में नये कथाकारों में 'रेणु' को छोड़कर किसी अन्य को उल्लेखनीय सफलता नहीं मिल सकी है।

तीसरा प्रश्न : विशेषणों की माया। वाग्जाल में भी 'वाक्' शब्द विद्यमान है और 'वाक्' में अर्थ-स्थापन की सम्भावना हमेशा निहित रहती है। बशर्ते कि उसका प्रयोक्ता शब्द को सन्दर्भ देना जानता हो। फिर ये शब्द सदैव विरोधी नहीं होते—एकान्त भी नहीं। अकसर ये एक ही मूल भावबोध के विभिन्न कोण या आयाम होते हैं। और अगर फ्रांस के चित्रकला आन्दोलन की याद आती भी है तो वानगॉग, मातीस या पिकासो का महत्त्व क्योंकर कम हो जाता है। या चित्रकला के वे आन्दोलन निरर्थक क्योंकर सिद्ध हो जाते हैं? अकसर यूरोपीय कला-आन्दोलनों के महत्त्व या दाय से अपरिचित हम लोग उनका उदाहरण देते हुए उपहासास्पद बन जाते हैं—अतः जरा समझकर ही उनकी निन्दा की जानी चाहिए। फिर भी इतना अवश्य कहूँगा कि शब्द को ठीक सन्दर्भ दिया जाना चाहिए। उदाहरण के रूप में, अगर मेरे तमाम सचेतन कहानी-आन्दोलनकर्ता नाराज न हों, तो कहना चाहूँगा कि अबतक इस विशेषण को बास्तविक रचनाशीलता का सन्दर्भ वे नहीं दे सके हैं। गोकि एक स्थिति के प्रति विद्रोह उन्होंने करना चाहा है और जैसा कि उनमें-से एक से, मैंने कहा था कि इस परम स्वीकारी देश में मुझे लक्ष्यहीन विद्रोह भी एक मूल्य लगने लगा है।

जहाँ तक सारे कथा-साहित्य का विश्लेषण कर जाने वाले एक वक्तव्य का प्रश्न है, हिन्दी में बहुत-से मसीहा हैं जो एक शब्द में ही सब कुछ कह देने का हौसला रखते होंगे। मैं केवल इतना कहना चाहूँगा कि हमारे सम्पादकों-आलोचकों तक को अभी यह बोध नहीं है कि समसामयिक कहानी का एक औसत परिनिष्ठित स्तर क्या है और परिणामस्वरूप बहुत अच्छी और बहुत बुरी कहानियाँ एक ही प्रतिष्ठा के साथ एक ही पत्र में छपती रहती हैं।

आपका **चौथा प्रश्न** निहायत ऐब्सट्रैक्ट प्रश्नखण्ड को लेकर प्रारम्भ होता है। हर अच्छी कहानी दृष्टि-सम्पन्न होगी। इसलिए कथाकार की दृष्टि-सम्पन्नता की अपेक्षा कहानियों के नजरिए को विश्लेषित किया जा सकता है। दृष्टि-सम्पन्नता का अर्थ यदि संसार का दिशादर्शन है तो मैं साहित्यकार का यह दायित्व स्वीकार ही नहीं करता। मेरे लेखे साहित्य की दृष्टि-सम्पन्नता यथार्थ के प्रति प्रतिबद्धता है और वह दर्जनों नयी कहानियों में है। और इसीलिए मुझे ये तमाम नयी कहानियाँ प्रिय हैं। नाम गिनाना (इस सन्दर्भ में) उचित नहीं है। यों एक व्यक्ति जो मात्र अपनी कहानियों के बल पर सबसे ऊपर दिखाई देता है,. वह है निर्मल वर्मा। गोकि यहीं यह भी कह दूँ कि इधर उनके लेखन से मुझे कुछ निराशा भी हुई है। इस प्रसंग में यह अभिमत भी कि कला माध्यम के रूप में कहानी के सामने सबसे बड़ा खतरा किस्सागोई का होता है। किस्सागोई जिस व्यावहारिकता की ओर ले जाती है वही दृष्टि को सबसे अधिक धुँधला करती है। 'नयी कहानी' जिस रूपबन्ध के अन्वेषण में रत है वह किस्सागोई के इस जाल से बचने का ही हो सकता है।

ज्ञानोदय : नवम्बर, 1964

कथा-वार्त्ता : सार्थकता का प्रश्न

कहानी केवल कहने की चीज नहीं है, मात्र सुनने की भी नहीं—उसे समझना भी पड़ता है, वैसे समझना पड़ता है, जैसे कविता को; शायद यह हिन्दी में हुई कहानी-चर्चा और कहानी-लेखन की श्रेष्ठतम उपलब्धि है। पर यह उपलब्धि साधारण नहीं है। इसका अर्थ है कि कथा-साहित्य को एक कला-रूप की गम्भीरता मिली है। अपनी अत्यधिक जन-प्रियता के बावजूद उपन्यास-कहानी के प्रति एक अगम्भीर भाव पश्चिमी देशों तक में बना हुआ है, इसीलिए जब उच्चतर कला-रूप की तरह हिन्दी में चर्चा की बात की जाती है तो यह उपलब्धि महत्त्वपूर्ण बन जाती है।

पर जहाँ एक ओर इन परिचर्चाओं ने उसके महत्त्व को स्थापित किया, वहीं खासी खामख्यालियाँ भी पैदा कीं; और अकसर समुचित परिदृश्य के केन्द्र से उसे च्युत भी किया। ज्यादातर यह भी हुआ कि खास काट की एक खास विषय पर लिखी गयी कहानियों को ही मुख्य जीवन्त परम्परा के रूप में स्थापित करने की चेष्टा की गयी। इस सम्बन्ध में 'नयी कविता' और 'नयी कहानी' के आन्दोलनों की अगर तुलना की जाय तो कुछ मजेदार तथ्य निकलते हैं। 'नयी कविता' के कवियों-समीक्षकों को इस बात का बराबर एहसास रहा है कि वे पूर्ववर्ती काव्य-रूढ़ियों को तोड़ रहे हैं—उनसे हट रहे हैं। इसीलिए जहाँ एक ओर नयी रचनाशीलता का उन्मेष प्रकट होता है वहीं तमाम छायावादी काव्य-सिद्धान्तों पर आक्रमण करते हुए नयी कविता के काव्य-सिद्धान्तों की स्थापना भी होती चलती है। इसका एक सुपरिणाम यह हुआ है कि एक ही पीढ़ी के भीतर वैसी कटुता या आपसी विवाद कविता में उस मात्रा में नहीं दिखाई देते, जैसे कि 'नयी कहानी' में दिखाई देते हैं।

ऐसा क्यों हुआ? क्या इसलिए कि कहानी उस मात्रा में नयी या आधुनिक नहीं हो सकी, जितनी कि कविता हो सकी? कहानी बहुत-कुछ अपने रूढ़िगत ढाँचे की सीमाओं के भीतर ही हाथ-पैर मारने की चेष्टा करती रही। इसीलिए शुरू में नयी कहानी और पुरानी कहानी के अन्तर को स्पष्ट करने की चेष्टा भी उतनी नहीं हुई। शायद तमाम कहानी-लेखक, आलोचक कहानी के इस नये साहित्य-शास्त्र

से स्वयं परिचित नहीं थे। आज भी परिचित हैं यह नहीं कहा जा सकता। इसका प्रमाण अभी 'आलोचना' के 31वें अंक एवं 'नयी कहानियाँ' के अक्तूबर अंक के सम्पादकीय हैं। शिवदानसिंह चौहान एवं कमलेश्वर दोनों ही एक-दूसरे के दृष्टिकोण को गालियाँ देते हैं पर दोनों की ही कसौटी और आलोचना की शब्दावली एक ही है—अन्तर केवल कुछ नामों का पड़ता है। सामाजिकता, जन-जीवन, यथार्थ आदि के जिन ढीले-ढाले शब्द-वाणों को लेकर चौहान आक्रमण करते हैं, वे ही कमलेश्वर के तरकस के भी तीर हैं।

आधुनिकता-बोध की इस कमी या कहानी के रूढ़ि-प्राप्त रूपबन्ध की प्रमुखता का एक प्रधान कारण शायद उसकी जन-प्रियता (यानी मनोरंजन-परकता) है। यानी कि पाठक की स्थापित प्रत्याशाओं को धक्का देने का साहस नये कहानीकार बहुत कम कर सके हैं। उषा प्रियंवदा के कहानी-संकलन 'जिन्दगी और गुलाब के फूल' की रिव्यू करते हुए कुँवर नारायण ने एक बहुत ही पैनी बात कही थी—और मैं समझता हूँ कि वह बात अधिकांश तथाकथित नये कहानीकारों पर लागू होती है। कुँवर नारायण का मत था—

> *"जिन्दगी और गुलाब के फूल की कहानियाँ कहीं भी एक नये तरह के पाठक की माँग नहीं करतीं। वे सामान्य अनुभवों को इस तरह नया सन्दर्भ देती हैं कि पाठक को कहीं भी संस्कारगत धक्का नहीं लगता।"*

कहना चाहूँगा कि तमाम 'नयी कहानी' की यही शक्ति भी है पर यही सबसे बड़ी सीमा भी; जबकि कविता के बारे में यह नहीं कहा जा सकता। जन-रुचि, व्यावसायिक सफलता आदि का मोह छोड़कर नये कवियों ने कहीं अधिक महत्त्वपूर्ण प्रयोग किये।

यहाँ पर नयी कविता और नयी कहानी के पारस्परिक सम्बन्ध, परस्पर आश्रय, योगदान या विषमता पर विस्तार से विचार नहीं किया जायेगा। अगली किसी किश्त में हमें इस पर अधिक विचार करने का अवसर मिल सकेगा। यहाँ पर केवल एक तथ्य की ओर ध्यान आकर्षित करना चाहता था कि पुराने और नये का अन्तर कहानी के क्षेत्र में अधिक सजगता से अभी हाल में ही सामने आया है—सम्भवतः कहानी अच्छी और नयी के परिसंवाद के आस-पास से। इसके पूर्व ग्राम-कथा, नगर-कथा, कस्बा-कथा, आचलिक-कथा और राष्ट्रीय-कथा, रोमांस-कथा और रोमांसहीन कथा, आस्था और अनास्था की कहानियों के विवाद उठाये जाते रहे। और अब तो देशी-कथा बनाम विदेशी-कथा; साहित्यिक कहानी बनाम लोकप्रिय कहानी; नयी कविता बनाम नयी कहानी; कवितानुमा कहानी और कहानीनुमा कहानी; अँधेरे की चीख की कहानी और अँधेरे से निकलने की कहानी; सचेतन कहानी; सक्रिय कहानी; कहानी प्रथम कोटि की साहित्यिक विधा या द्वितीय कोटि

का साहित्य-रूप आदि दर्जनों सवाल हैं, जो कहानी के क्षीर-सागर का मन्थन करने में जुटे हुए हैं। इन्हीं के बीच यथार्थता, सामाजिकता, प्रतीकता, नाटकीयता, नयी भावभूमि, नया शिल्प आदि भी आते-जाते रहे हैं। परन्तु, कहना न होगा कि ऊपर गिनाये गये तमाम चर्चित सवाल एक ही पीढ़ी के भीतर प्रसंगानुकूल रहे हैं। फिर सवाल उठता है कि यह आपसी 'कटायुद्ध' क्यों? इसके पीछे सजग विवेक-चेतना है या मात्र व्यावसायिक होड़?

मैं कहना चाहूँगा दोनों ही—व्यावसायिक होड़ भी (जिससे सौभाग्यवश नयी कविता बची रह सकी।) और यथार्थ के प्रति आग्रहशील चेतना भी। अपनी बात स्पष्ट करूँ—सबसे पहले उठने वाले विवाद नगर-कथा बनाम ग्राम-कथा के विवाद द्वारा। आज दोनों ही पक्षों ने इस विवाद की व्यर्थता को स्वीकार कर लिया है, पर '55 से '57 तक यह विवाद जिस धुरी पर घूमता रहा है वह यथार्थ के प्रामाणिक स्वर का था। मार्कण्डेय या शिवप्रसाद सिंह के लिए वह यथार्थ गाँव में था और राकेश या राजेन्द्र यादव के लिए नगर में, तो कमलेश्वर के लिए वह कस्बे में बसता था। अपने अनुभव-क्षेत्र के प्रति अधिक ईमानदारी इससे लक्षित होती है, पर अपने को अधिक महत्त्वपूर्ण सिद्ध करने की व्यावसायिक आकांक्षा भी इस विवाद में विद्यमान थी और तनिक संयत विवेक से विचार करने के बाद इस विवाद पर कफ़न भी डाल दिया गया। (यहीं यह याद करा देना अप्रासंगिक न होगा कि ठाकुरप्रसाद सिंह, केदारनाथ सिंह, सर्वेश्वर या नरेश मेहता के गाँव या जंगल के चित्र, रघुवीर सहाय या कुँवर नारायण के शहरी-चित्रों से इस प्रकार नहीं अलगाये गये। एक ही आन्दोलन के अन्तर्गत दोनों ही प्रवृत्तियाँ स्वीकार की गयी थीं।)

'यथार्थ' की बात करने के पूर्व ही लगे हाथ तनिक व्यावसायिकता पर और विचार कर लेने की आवश्यकता है। कुछ लोग व्यावसायिकता का अर्थ प्रभूत लेखन से लेते हैं। पर हमें लगता है कि व्यावसायिकता का यह बड़ा ऊपरी अर्थ है। साल-दो साल में एक कहानी लिखकर भी व्यावसायिक दृष्टिकोण अपनाया जाता है। इस प्रसंग में व्यावसायिक का अर्थ है अत्यधिक जन-प्रियता—लोकप्रिय होने का आग्रह। लोकप्रिय होने का यह आग्रह लेखक में उस साहस के अभाव को जन्म देता है, जिसके कारण वह अपनी खरी अनुभूति के लिए पर्याप्त शिल्प का प्रयोग नहीं कर पाता याकि उस अनुभूति को ही काट-छाँट देता है। वह मनोरंजनपरक लोकप्रियता के चक्कर में पड़कर किस्सागोई को अपना लेता है। जिस प्रकार चित्रकला को सबसे बड़ा खतरा फोटोग्राफी से या कविता को संगीत से होता है उसी प्रकार कहानी या उपन्यास का सबसे बड़ा खतरा किस्सागोई है। कहना न होगा कि तमाम नये कहानीकार भी इस किस्सागोई के चक्कर में जा पड़ते हैं। वे लोग यह भूल जाते हैं कि देवकीनन्दन खत्री, किशोरीलाल गोस्वामी आदि लेखकों एवं प्रेमचन्द के मध्य का सबसे बड़ा अन्तर यही किस्सागोई का बिन्दु है।

पर, जैसा कि अभी कहा जा चुका है—मूल प्रश्न यथार्थ के प्रति प्रतिबद्धता का है। जब निर्मल वर्मा की कहानियों की विदेशी पृष्ठभूमि या विदेशी चरित्रों को लेकर आक्षेप किया जाता है तब भी मूल आक्षेप यही रहता है कि ये अप्रामाणिक यथार्थ की कहानियाँ हैं—केवल चौंकाने या रोब डालने के लिए लिखी गयी हैं। या कि जब अज्ञेय, श्रीकान्त या सर्वेश्वर की कहानियों पर व्यक्तिवादी होने का आरोप लगाया जाता है तब भी यही कि यह कृत्रिम भूमि है—यथार्थ की वास्तविक स्थिति नहीं। जब शिवदानसिंह चौहान या हंसराज रहबर समस्याओं की लम्बी सूची गिनाते हैं कि नये कहानीकार इन पर क्यों नहीं लिखते तो उनका आक्षेप यही रहता है कि यथार्थ की समस्याओं से नया कहानीकार कतराता है और जब उनको उत्तर देते हुए कोई नया लेखक या आलोचक कहता है कि 'समस्या' प्रधान (या समस्या को ही लेकर लिखा जाने वाला) साहित्य अकसर अप्रामाणिक अनुभव (यानी कृत्रिम यथार्थानुभव) पर आधारित होता है इसीलिए नकली भी होता है तो यथार्थ की ही बात उठाता है। इसी प्रकार जब व्यावसायिकता का आरोप तमाम नये या पुराने कहानीकारों पर लगाया जाता है तब भी उसका मूल रूप यही है कि इन लोगों ने व्यावसायिक माँग पर अपने यथार्थ अनुभव को निछावर कर दिया है।

इसलिए सबसे रपटीला शब्द 'यथार्थ' हो जाता है—कहीं वह समस्या के नाम से आता है तो कहीं अनुभव तो कहीं किसी और नाम-रूप में, नाना रूप धरौ हरिः। इसलिए आवश्यकता इस यथार्थ को समझ लेने की है। यथार्थ दृष्टिकोण है या विषय वस्तु, यथार्थ शैली है या रूपबन्ध का सम्पूर्ण शिल्प। यथार्थ के प्रति प्रतिबद्ध होने की शर्त क्या है और उसकी पहचान क्या है? इन बातों पर तनिक विस्तार से विचार किया जाना चाहिए। बिना इस शब्द की स्पष्ट व्याख्या के तमाम चर्चा अरूप और आधारहीन बनी रहती है। अगली किसी किश्त में हम 'यथार्थ की बात' करेंगे।

कहानी की चर्चा-परिचर्चा के अम्बार में एक बात और भुला दी गयी है कि कहानी सम्पूर्ण 'कथानुभव' वाले साहित्य का अंग है और उसे उपन्यास की चर्चा से अलग करके देखने में काफी गड़बड़ियाँ होती हैं। यह हो सकता है कि किसी युग विशेष में कहानियाँ अधिक महत्त्वपूर्ण लिखी गयी हों, पर उसे पूरे 'फिक्शन' के सन्दर्भ से काटना उचित न होगा। नाटक की चर्चा से अलग करके एकांकी को परखना या तमाम कथा-काव्यों (या बन्ध-काव्यों) से अलग करके मात्र छोटी आत्मपरक गीतियों की चर्चा करने का जो परिणाम हो सकता है, वही इस कहानी-चर्चा के साथ भी हुआ है। 'कहानी' जैसे एक व्यापक सन्दर्भ से कट गयी। इसका तात्पर्य यह भी नहीं कि कहानियों की अलग-अलग चर्चा नहीं की जा सकती—तात्पर्य मात्र इतना है कि नयी कहानी को उचित सन्दर्भ में देखने के लिए 'नदी के द्वीप', 'मैला आँचल', 'बूँद और समुद्र', 'उखड़े हुए लोग', 'झूठा सच', 'अँधेरे बन्द कमरे',

'यह पथ बन्धु था' आदि को भी सामने रखना होगा। बल्कि कहना तो यह चाहूँगा कि कविता को भी मद्देनजर रखना होगा। मुझे अकसर यह लगा है कि नयी कविता और नयी कहानी दोनों की ही उपलब्धियों एवं असफलताओं में काफी दूर तक समानताएँ भी मिलती हैं। बहरहाल, इस प्रसंग की चर्चा आगे। पर इस स्तम्भ में कहानियों की चर्चा करते समय इस व्यापक 'कथा सन्दर्भ' को ध्यान में रखने की चेष्टा की जायेगी, और नयी कहानियों की ही नहीं, उपन्यास की भी विस्तृत चर्चा करने का प्रयास किया जायेगा।

अणिमा : जनवरी, 1965

नयी पीढ़ी और उपन्यास

हिन्दी का लेखक यथार्थ से भले ही कतरा कर निकल जाय पर यथार्थ की बात करने से नहीं। पर फिलहाल मैं यथार्थ की बात को दर-किनार कर अन्य यथार्थ स्थिति की ओर संकेत करना चाहता हूँ। साहित्यिक-रूपों में उपन्यास को सामान्यतः यथार्थ का सबसे सशक्त वाहक माना जाता है। यथार्थ चाहे मनोवैज्ञानिक हो या सामाजिक, इतिहास की विराट शक्तियों का हो या वैयक्तिक संवेदनाओं का, उपन्यास का रूप उसके लिए दूर तक समर्थ माध्यम सिद्ध हुआ है। कहना तो यों चाहिए कि जिस बिन्दु पर वैयक्तिक राग बोध एवं सामाजिक इतिहास मिलते हैं वहीं से उपन्यास का जन्म होता है। बगैर सामाजिक सचाई की विराटता को अपनाए वह वैयक्तिक प्रतिक्रियाओं का आत्मपरक आख्यान रह जाता है और बगैर निजी वैयक्तिक जीवन को वाणी दिये उसकी नियति सामाजिक इतिहास के दस्तावेज की हो जाती हैं।

सैद्धान्तिक-सी लगनेवाली इस भूमिका के द्वारा जिस वस्तु-स्थिति की ओर संकेत करना चाहूँगा वह है कि इतने शक्तिवाली माध्यम का उपयोग करने में हमारी नयी पीढ़ी असफल रही है। 1947 के बाद नव-लेखन का जो महत्त्वपूर्ण दौर प्रारम्भ हुआ उसमें सबसे अधिक महत्त्वशील परिवर्तन कविता के क्षेत्र में दिखाई पड़े और सबसे पहले भी। पिछला दशक तो सही अर्थों में 'नयी कविता' का था। फिर इसके बाद 'नयी कहानी' का दबदबा आया। इन दो विधाओं के आन्दोलन के समानान्तर ही गालियाँ खाती हुई आलोचना भी विकसित हो रही थी, यहाँ तक कि नितान्त पिछड़े नाटक ने भी कुछ जौहर दिखाये। पर उपन्यास? उपन्यास के क्षेत्र में वह पीढ़ी कहाँ गयी जो नयी कहानी लिख रही थी, नयी कविता प्रतिष्ठित कर रही थी और नाटक के क्षेत्र में भी नयी जमीन तोड़ने की कोशिश कर रही थी।

मैं यह नहीं कहना चाहता कि स्वतन्त्रता के बाद के इन वर्षों में उपन्यास लिखे नहीं गये। वस्तुतः इधर उपन्यास तो बाकायदा इण्डस्ट्री बन गया। दिल्ली, कानपुर जैसी जगहों में बाकायदा होड़ लगी थी कि साल भर में कौन कितने उपन्यास लिख सकता है। इस व्यावसायिक होड़ में नये लोग तो आये ही, कुछ पुराने नाम भी अपने नाम की कीमत पर आगे बढ़े। पर वे हमारे विवेच्य नहीं हैं। वे उस महाजनी

सांस्कृतिक प्रक्रिया के अंग हैं जो प्रकाशन के क्षेत्र में भी प्रतिफलित हो रही है। यही नहीं, मैं उन उपन्यासों को भी उपेक्षित नहीं करना चाहता जो स्वतन्त्रता के बाद के लेखन में सचमुच महत्त्वपूर्ण हैं। 'नदी के द्वीप', 'बूँद और समुद्र' तथा 'झूठा सच' ('मैला आँचल' को जानबूझकर इस जगह छोड़ रहा हूँ।) की उपलब्धियों को कोई भी सचेत पाठक झुठलाना नहीं चाहेगा। पर इनके सम्बन्ध में जो द्रष्टव्य है वह यह कि ये रचनाएँ पिछली पीढ़ी के लेखकों की हैं। और तमाम महत्त्व के बावजूद जिस नये संसार को ये लेखक देखने की कोशिश करते हैं उसको देखने का ढंग या कोण नया नहीं है। यह कहकर मैं कोई मूल्य-निर्णय नहीं दे रहा—बल्कि एक स्थिति की ओर ध्यान दिलाना चाहता हूँ। 'बूँद और समुद्र' तथा 'झूठा सच' दोनों ही अपनी विकृतियों और विवरणों में समसामयिक जीवन का पूरी ईमानदारी से इतिवृत्त उपस्थित करते हैं पर बाबारामी दार्शनिक परिणति या तारा की नियति-सी 'पोएटिक जस्टिस' यथार्थ को देखने की आधुनिक दृष्टियाँ नहीं हैं। इन दोनों ही उपन्यासों पर कमोबेश वही आरोप लगाया जा सकता है जो डी.एच. लारेन्स ने गाल्सवर्दी पर लगाया था कि इनके पात्रों की कोई निजी प्राइवेट दुनिया ही नहीं है, सब कुछ पब्लिक हो गया है। बाह्य जीवन (गली, मुहल्ला, वेशभूषा, बातचीत, रस्म-रिवाज) के विवरणों के विस्तार में इन दोनों ही लेखकों की दृष्टि बहुत रमती है और उस दिशा में ये अप्रतिम भी हैं। पर इसके बाद मानवीय सम्बन्धों की आन्तरिकता के प्रसंगों में एक प्रकार का abstraction मिलने लगता है। अज्ञेय की स्थिति इन दोनों से यत्किंचित् भिन्न है। वे एक ओर तो नवलेखन के प्रथम प्रयोक्ताओं में हैं और इस कारण जाने-अनजाने वैयक्तिक स्तर पर 'नदी के द्वीप' की आत्मा नवलेखन के तनिक निकट बैठती है। नितान्त वैयक्तिक स्तर पर अज्ञेय की चरित्र-सम्बन्धी पकड़ गहरी है, पर इन पात्रों का संसार इतना निजी एवं सीमित हो जाता है कि उनका सारा 'कार्य' एक ऐसी विद्रोही भंगिमा भर रह जाता है जिसका कि कोई लक्ष्य नहीं है और जो 'झूठा सच' आदि से एक भिन्न प्रकार का abstraction का फार्मूला उपस्थित करता है। इसके अतिरिक्त, नवलेखन में वैयक्तिक संवेदना ही नहीं सामाजिक इतिहास-बोध का भी जो अत्यन्त महत्त्वपूर्ण पहलू है उससे भी अज्ञेय जी बहुत कुछ असम्पृक्त रहते हैं और उसकी परिणति 'अपने-अपने अजनबी' की 'मिथ' बनाने की असफल चेष्टा में होती है।

'मैला आँचल' की स्थिति उपन्यास के सन्दर्भ में अत्यन्त विशिष्ट है। एक ओर तो वैयक्तिक आत्मान्वेषण की प्रक्रिया 'नदी के द्वीप' में अपने चूड़ान्त पर पहुँच चुकी थी और धीरे-धीरे जैनेन्द्र के 'व्यतीत', 'सुखदा' आदि के वैयक्तिक फार्मूलों में उसे दुहराया जाने लगा था तथा दूसरी ओर प्रगतिशील खेमे की सामाजिक फार्मूलाबद्ध कथाएँ चालीस वाले दशक से ही नितान्त झूठे यथार्थ बोध को प्रस्तुत कर रही थीं। इसे यों भी कहा जा सकता है कि वह बिन्दु खो गया था जहाँ से

उपन्यास के उगने की बात हम कह चुके हैं। वैयक्तिक संवेदना और सामाजिक इतिहास-बोध के इस समन्वय को 'मैला आँचल' ने पुनः दृढ़ता से उपस्थित किया। गाँव को देखने की नजर आधुनिक भी हो सकती है, प्रेमचन्द से हटकर हो सकती है; ऐसी नजर हो सकती है, जो एक साथ विद्रूप और करुणा, व्यंग्य और सहानुभूति दे, यह सम्भावना रेणु ने 'मैला आँचल' में उपस्थित की। वस्तुतः अपने पूर्ववर्ती और परवर्ती आंचलिकतावादियों से (यहाँ तक कि अपने ही परवर्ती उपन्यास से) रेणु इसी कथा-बिन्दु और कथा-दृष्टि में अलग हो जाते हैं। इसी प्रसंग में उस सन्दर्भ के लिए प्रमाण स्वरूप अन्य समानान्तर स्थितियों की ओर भी संकेत किया जा सकता है। 1954 में 'मैला आँचल' का प्रकाशन हुआ था और यही वह समय है जब कविता में ठाकुर प्रसाद सिंह या केदारनाथ सिंह ही नहीं अज्ञेय भी 'घास-फूस' की 'मचिया' की ओर आकृष्ट हुए थे तथा 'अशोक के फूल' या 'छितवन की छाँह' की ओर संस्कृत का पाण्डित्य भी आकर्षित हुआ था। 'जनपद' जैसी पत्रिकाओं का प्रकाशन एवं विश्वविद्यालयों के पाठ्यक्रमों या शोध-क्षेत्रों में 'लोक-साहित्य' की स्वीकृति उसी सन्दर्भ को स्पष्ट करती है जो मार्कण्डेय या शिवप्रसाद सिंह की लोकधर्मी कहानियों को जन्म दे रहा था। यह बात दूसरी है कि यह लोकरुचि अन्त में फैशन बन कर काटेज इण्डस्ट्रीज इम्पोरियम कनाट प्लेस में ही नहीं साहित्य में भी खुलवा देती है। बहरहाल, 1947 से '55 के बीच इस लोकाभिरुचि ने साहित्य को कृत्रिम स्थिति से हटाकर पुनः यथार्थ के साथ जोड़ा था और जुड़ने का सबसे सशक्त परिणाम 'मैला आँचल' था। पर इस प्रवृत्ति के साथ आदिम आवेगोंवाली जो नवरोमैण्टिक स्थिति थी उसकी सम्भावनाएँ अधिक नहीं थीं। 'मैला आँचल' के भी मूल में जो एक लिरिकल दृष्टि है वह महत्त्वाकांक्षाशील प्रयासों के बहुत अनुकूल नहीं है। कहना न होगा कि कविता और कहानी दोनों ही क्षेत्रों में इस ऐतिहासिक दौर में आयी लोकसाहित्यवादी दृष्टि को अपनाकर उसका अतिक्रमण भी किया जा सका। कविता में केदारनाथ सिंह और कहानी में कमलेश्वर इस अतिक्रमण के अच्छे उदाहरण माने जा सकते हैं। पर उपन्यास में क्या हुआ? यह एक बड़ा प्रश्न-चिह्न है। 'मैला आँचल' के बाद नयी पीढ़ी के लेखकों में ले-देकर राजेन्द्र यादव ने उपन्यास के क्षेत्र में कुछ चेष्टा की। अपनी संवेदना और शिल्प दोनों ही स्तरों पर अज्ञेय के निकट होते हुए भी उन्होंने सामाजिक सन्दर्भ को 'उखड़े हुए लोग' में जोड़ना चाहा, और जितनी सीमा तक वे उसमें सफल हुए उतनी ही दूर तक वह उपन्यास महत्त्वपूर्ण बन सका है। गोकि सामाजिकता के आवेश के कारण निजी जिन्दगी उसमें अपेक्षाकृत असन्तुलित है। और इस असन्तुलन को संतुलित करने की चेष्टा में ही अपने दूसरे उपन्यास 'शह और मात' में शायद वे दूसरे छोर के असन्तुलन पर पहुँच गये हैं। मोहन राकेश का 'अँधेरे बन्द कमरे' तो शायद अपनी असफलता के लिए ही महत्त्वपूर्ण है और उसका अध्ययन केवल एक शीर्षक के अन्तर्गत सम्भव है 'स्टडी इन फैल्योर'।

अनन्त सम्भावनाओं वाले मानव-सम्बन्धों को उठा सकनेवाली थीम को लेकर भी राकेश अन्ततः यशपाल के विवरणवादी रूप के निकट पहुँच गये हैं। लक्ष्मीनारायण लाल, कृष्ण बलदेव वैद, अमरकान्त ('बया का घोंसला और साँप', 'उसका बचपन' तथा 'सूखा पत्ता') के उपन्यासों को देखकर जिन्हें कुछ आशा बँधी होगी, वे शायद अब तक आशा का बिस्तर बाँध चुके होंगे।

आखिर ऐसा क्यों? क्या यह युग ही छोटी रचनाओं का है? इतना तो कहा ही जा सकता है कि सबसे अधिक आधुनिक बन गयी नयी कविता के क्षेत्र में भी दौर-दौरा छोटी कविताओं का ही रहा। मुक्तिबोध की महत्त्वाकांक्षिणी रचनाएँ उपेक्षित ही नहीं अप्रकाशित भी रह गयीं। और इसीलिए क्या यह मान लिया जाय कि कथा साहित्य में यह युग केवल कहानियों के योग्य था? इतना तो सहज ही माना जा सकता है कि पिछला दशक कहानियों की दृष्टि से काफ़ी महत्त्वपूर्ण है। पर पिछले 18 वर्षों का इस देश का जो विराट यथार्थ है उसका माध्यम कौन बना? क्या ये कविताएँ और कहानियाँ उस विराट और गत्वर यथार्थ को वाणी दे सकी हैं? क्या यह नहीं कहा जा सकता कि नयी पीढ़ी के लेखक की क्षमता में नहीं तो तैयारी (equipment) में कुछ कमी अवश्य है? वह सामर्थ्य, जो बहुमुखी अनुभवों को एक रूप-बन्ध में पिरो देती है, हमें नयी पीढ़ी के इन कथाकारों में नहीं मिलती। इसी सिलसिले में यह भी कह देना होगा कि जिस रूप और परिस्थिति में उपन्यास की मृत्यु की घोषणा पश्चिम में की गयी है वह हमारे सन्दर्भ से एकदम अलग है। हिन्दी में उपन्यास उस शिखर तक पहुँचा ही नहीं कि उसकी सम्भावनाओं को निःशेष मान लिया जाता।

इतना और कह दूँ कि यह टिप्पणी 'चाहिए' शैली में नहीं लिखी गयी। मैं यह नहीं कहना चाहता कि नये लेखक ऐसा लिखें या कि उनसे ऐसा करने का अनुरोध किया जाना चाहिए? केवल एक स्थिति या एक सचाई (भले ही नये लेखकों के लिए अप्रीतिकर हो) की ओर इंगित कर रहा हूँ। समस्या का कोई समाधान सुझाना भी मेरा काम नहीं है। इस विषय पर लेखकों-पाठकों की राय अवश्य जानना चाहूँगा—खासकर अगर वे मुझसे असहमत हों।

अणिमा : अप्रैल-जून, 1965

नये-पुराने के बीच सह-अस्तित्व या संघर्ष?

बहुत दिनों तक समन्वयवाद हमारा साहित्यिक मूल्य रहा। फिर धीरे-धीरे सह-अस्तित्व की धारणा बल पकड़ती गयी। यों तो यह शब्द अन्तर्राष्ट्रीय राजनीति के शब्दकोश का है पर अन्य क्षेत्रों में भी स्वीकृत होता गया है। राजनीति से आया यह शब्द जब वैचारिक क्षेत्र में पहुँचता है तो एक विशेष प्रकार की नीति या पद्धति को अपनाता है, इसकी अपनी वैचारिक कूटनीति होती है। इसके प्रति सावधानी की जरूरत है। विचारों तथा साहित्य के क्षेत्र में यह शब्द बहुत कुछ नयी और पुरानी पीढ़ी के संघर्ष के सन्दर्भ में है। पिछले कुछ वर्षों में यह संघर्ष कटुता की जिस सीमा तक पहुँच गया, उससे चिन्तित बहुत-से लोगों को सह-अस्तित्व का फार्मूला बड़ा आसान समाधान लगा। अगर पूँजीवादी और समाजवादी पद्धतियों के मध्य सह-अस्तित्व सम्भव है तो साहित्य की नयी और पुरानी पीढ़ी के मध्य क्यों नहीं? इस तर्क-पद्धति पर चलने वाले सुधीजन वैचारिक सह-अस्तित्व के समस्त निहितार्थों तथा परिणामों के प्रति ही नहीं, इसके वास्तविक क्षेत्र एवं स्थिति से भी कम परिचित लगते हैं।

अन्तर्राष्ट्रीय सम्बन्धों के क्षेत्र में सह-अस्तित्व की अवधारणा यदि एक ओर सुविधाजीवी है तो दूसरी ओर जिन्दा रहने की अनिवार्य शर्त भी। वहाँ पर संघर्ष का अर्थ कितना भयावह हो सकता है, इसे जानने के लिए बहुत तेज कल्पना की आवश्यकता नहीं है। परन्तु वैचारिक क्षेत्र के संघर्ष में भौतिक अस्तित्व को बनाये रखने की कोई बाधा नहीं है। कहा जा सकता है कि विचार जिन्दगी से कम महत्त्वपूर्ण हैं—जीवित रहना ज्यादा बड़ी शर्त है। पर इतना ही होता तो व्यक्तिगत रूप से इस तर्क-पद्धति को मैं स्वीकार न करता। मेरे लिए जिन्दा रहना विचारपूर्वक जिन्दा रहना भी है। अतः इस तर्क को अस्वीकार भी कर दें तो दूसरी बात है कि राजनीतिक व्यवस्था के क्षेत्र का सह-अस्तित्व अपनी सीमाओं और क्षेत्रों में परिभाषित है, जबकि विचारों के क्षेत्र में ऐसा कुछ नहीं हो सकता। तीसरे वहाँ पर भी सह-अस्तित्व को स्वीकारते हुए भी एक सतत प्रतिद्वन्द्विता की भी स्वीकृति है और यह सम्भावना बराबर है कि दो में से अन्ततः एक को ही चुना जा सकेगा। इसके अतिरिक्त सह-अस्तित्व दो जिन्दा व्यवस्थाओं या विचारों के बीच ही सम्भव है।

समाजवादी व्यवस्था के साथ सामन्ती व्यवस्था के सह-अस्तित्व की कोई कल्पना भी नहीं करता। विचारों के क्षेत्र में सह-अस्तित्व का प्रश्न बराबर उन्हीं लोगों द्वारा उठाया जाता है जो या तो यथास्थिति को बनाये रखना चाहते हैं या फिर जो इन यथास्थितिशीलों से कोई तात्कालिक लाभ उठाना चाहते हैं। वस्तुतः सह-अस्तित्ववादियों की यही मुख्य राजनीति है।

आइए, एक ठोस उदाहरण द्वारा इस वैचारिक सह-अस्तित्व की स्थिति पर विचार करें। पं. नन्ददुलारे वाजपेयी वरिष्ठ और प्रतिष्ठित समीक्षक हैं। 'आलोचना' के बीसवें अंक के 'नयी कविता' शीर्षक सम्पादकीय में उन्होंने लिखा है—

> *'इसका यह अर्थ नहीं है कि हिन्दी की नयी कविता वर्तमान समय में इस विशेष शैली या प्रकार तक सीमित है। हिन्दी के अधिकांश प्रौढ़ तथा गण्यमान्य कवि अब भी भिन्न प्रकार की रचनाएँ प्रस्तुत कर रहे हैं, जिनकी अपनी गरिमा और महत्त्व है। यह कहना भी अनुचित न होगा कि हमारी नयी कविता का प्रतिनिधि और प्रांजल रूप वही है, जो उन प्रौढ़ कवियों द्वारा प्रस्तुत किया जा रहा है। न तो मात्रा में और न वैशिष्ट्य में इन प्रशस्त रचनाओं की समता नये प्रयोगों और अभ्यासों द्वारा की जा रही है। ...हिन्दी-कविता की स्वस्थ और प्रांजल परम्परा को छोड़कर इस अटपटी शैली की रचना को नयी कविता का नाम देना भ्रामक ओर असमीचीन होगा।'*

इस परम्पराबोध, इतिहास-दृष्टि या आलोचनात्मक समझ के परिपार्श्व में एक नये समीक्षक डॉ. रघुवंश का यह मन्तव्य रख कर देखिए— '

> *आज के हिन्दी काव्य में वे सभी परम्पराएँ क्रियाशील हैं, जो द्विवेदी युग से चली आ रही हैं और उनके अध्ययन के माध्यम से हम युग के इस जीवन की प्रतिच्छाया देख सकते हैं। यह ठीक है कि काव्य की जीवन्त धारा से ये सभी परम्पराओं के कवि बहुत दूर जा पड़े हैं, क्योंकि हिन्दी साहित्य और काव्य अपने इस संक्रान्तियुगीन दायित्व को न केवल समझ सका है, वरन् उसका वहन भी कर रहा है। परन्तु प्रत्यक्ष में स्थिति यह है कि काव्यधारा के महत्त्वपूर्ण कवि आज भी लब्धप्रतिष्ठ द्विवेदीयुगीन तथा छायावादी कवि जान पड़ते हैं। परन्तु यह उनकी स्थिति, उनकी ऐतिहासिक अनिवार्यता के रूप में ही स्वीकृत है। आज भी ये कवि प्रायः अपनी पिछली उपलब्धियों में जी रहे हैं, यही इनकी थाती है। साहित्य की वास्तविक काव्यधारा नये हाथों में जा चुकी है..। ...आज की नयी कविता हिन्दी काव्य की वही (भविष्य की नदी की धारा को निश्चित करनेवाली) धारा है।'*

सवाल उठता है कि चिन्तन, विचार, अध्ययन, इतिहास आदि के क्षेत्र में उन दोनों में से कौन-सा विचार स्वीकृत होगा? और यदि दोनों स्वीकृत होते हैं तो मूल्यों की स्थिति क्या होगी? एक व्यक्ति 'नयी कविता' को एकदम नकार कर पुराने प्रौढ़

कवियों की रचनाओं को ही 'नयी कविता' की आज की मुख्य काव्य-परम्परा मानता है। यही नहीं, अगर दोनों अंशों का विश्लेषण किया जाय तो स्पष्ट हो जाता है कि जहाँ वाजपेयी जी ने बगैर इन कविताओं (नयी) पर विचार किये केवल उड़ते आरोप लगाए हैं वहीं रघुवंश जी ने पूर्ववर्ती कवियों की परम्परा और उपलब्धि की चर्चा करने के बाद अपना मन्तव्य दिया है। कहना न होगा कि दूसरे व्यक्ति का कथन आलोचना (और इसीलिए विचार) के क्षेत्र का है और पहले व्यक्ति का वैचारिकता से विरहित। इस सम्बन्ध में यह बताना भी अप्रासंगिक न होगा कि पहला कथन लेख के प्रारम्भ से लिया गया है और दूसरा कथन लेख के बीच में आता है—उस समय जबकि वह मैथिलीशरण, पन्त, दिनकर आदि की रचनाओं को अज्ञेय आदि के परिपार्श्व में रख कर जाँच चुका होता है।

प्रश्न उठता है कि वैचारिक सह-अस्तित्व की कल्पना आगे बढ़ाने वाले लोग इन नितान्त भिन्न कथनों की संगति किस रूप में बिठाना चाहेंगे? शायद कुछ लोग दोनों ही मन्तव्यों के 'अच्छे' अंश को स्वीकार करने की वकालत करेंगे—ये शायद अपने को समन्वयवादी कहना चाहेंगे। पर यह कहने की आवश्यकता नहीं है कि ऐसा कहने वालों की अपनी मूल्य सम्बन्धी धारणा निहायत ढुलमुल है। वे यह नहीं देख पा रहे कि परम्परा को देखने की दो भिन्न दृष्टियाँ हैं, दो भिन्न मूल्य हैं। एक स्थापितों के बीच अपनी रक्षा चाहता है, अपने परिचितों के परिवेश में ही जीना चाहता है और दूसरा आगे बढ़कर अपने समसामयिक यथार्थ बोध से जूझता है और उस यथार्थ की रचनागत छवियों को झाँकता है। वस्तुतः समस्या आज की जीवन्त रचनाशीलता को पहचानने की है न कि सब जगह से कुछ-कुछ अच्छा चुनकर गुलदस्ता बनाने की। कहना न होगा कि वैचारिक अस्तित्व की यह धारणा मूल्यों-सम्बन्धी जिस दिग्भ्रम को उपस्थित करेगी वह हमारी पूरी सांस्कृतिक प्रक्रिया के लिए घातक होगी।

इससे मिलती-जुलती धारणा का ही प्रकाशन कभी-कभी इस रूप में होता है कि साहित्य में न कुछ नया है और न कुछ पुराना—यहाँ तो बस 'रस' है, अमृत है, आनन्द है। ऐसे लोग ही नये लेखकों पर बहुधा दलबन्दी का आरोप करते हैं। वस्तुतः ये महाजन एक ओर उस पूरे इतिहास को नकार देना चाहते हैं जिसमें कि नये-पुराने के सह-अस्तित्व से नहीं, संघर्ष से रचनाशीलता को बल मिलता आया है। तनिक कल्पना कीजिए कि महावीर प्रसाद द्विवेदी और सुमित्रानन्दन पन्त के काव्य-सिद्धान्तों का सह-अस्तित्व बना रहता तो आज हिन्दी-कविता कहाँ पर होती। जहाँ तक दलबन्दी का आरोप है, यह कहा जा सकता है कि तमाम नये लेखक जो एक ही 'वर्ल्ड व्यू' में हिस्सा बँटाते हैं, उसे ये समझ नहीं पाते। या फिर वह एक चतुर राजनीति है जिसमें अपनी संवेदना की झुठाई को दूसरों पर दलबन्दी का आरोप लगाकर छिपाया जाता है। मैं नहीं समझ पाता कि वैचारिक मतैक्य

या समान भावबोध पर आधारित दल जैसी स्थिति से इतना अधिक बिदकने की क्या आवश्यकता? वस्तुतः यहाँ भी प्रतिष्ठापीठ (या सत्तापीठ) को बनाये रखने के लिए 'यथास्थिति' की राजनीति का प्रकाशन ही होता है। वैचारिक राजनीति के इस पहलू के प्रति सचेत रहने की आवश्यकता है। इस राजनीति की मोर्चेबन्दी में अकसर समाप्त पर प्रतिष्ठित लेखक और तात्कालिक स्वार्थ सिद्ध करने में संलग्न कुछ युवाजन संयुक्त मोर्चे भी बनाते हैं।

वैचारिक सह-अस्तित्व के इस विरोध का तात्पर्य यह नहीं है कि किसी प्रकार की पंक्तिबद्धता की वकालत करना चाहता हूँ। वस्तुतः विरोध मैं चुके हुए और जीवन्त के सह-अस्तित्व का कर रहा हूँ। स्वयं नयी पीढ़ी के लेखकों के बीच बहुत अधिक वैचारिक मतभेद है। पर ये मतभेद रचनाशीलता के उद्दीपक हैं। उदाहरणार्थ मुक्तिबोध ने नयी कविता की आलोचना की कि एक खास काट की अनुभूतियाँ ही उसमें स्थान पा रही हैं। इस प्रकार उन्होंने उसके क्षेत्र-विस्तार की ओर इंगित किया या दिनकर ने लोकप्रियता वाले 'जनता के ब्रह्मास्त्र' का प्रयोग नयी कविता पर किया है। वैचारिक आधार पर इन दोनों के सह-अस्तित्व को मैं स्वीकार न करूँगा। पर समसामयिक लेखकों के बीच इतना अवश्य है कि एक ऐसी सामान्य भूमि अवश्य होती है (चाहे उसे युगबोध कहें या समसामयिकता की पहचान या व्यापक विश्वदृष्टि) जहाँ अत्यधिक वैचारिक मतभेद के होते हुए भी एक व्यापक नयी रचनाशीलता को स्वीकार किया जाता है। इस समान पहचान के कारण ही अज्ञेय, मुक्तिबोध, शमशेर, रघुवीर सहाय, नागार्जुन, कुँवर नारायण एक रचनात्मक सन्दर्भ से जुड़े स्वीकार किये जाते हैं। इसके बाद इनके मूल्यांकन में अलग-अलग वैचारिक बिन्दुओं से बल दिया जा सकता है। गोकि इस समसामयिक वैचारिक मतभेद के क्षेत्र में भी मैं सह-अस्तित्व की अपेक्षा संघर्ष का हामी हूँ। रचनाशीलता के लिए एक चुनौती होनी ही चाहिए और वैचारिक संघर्ष हर रचनाकार को अपने स्तर पर उद्बुद्ध करता है :

कौन कब तक बन सकेगा कवच मेरा?
युद्ध मेरा, मुझे लड़ना
इस महा जीवन समर में अन्त तक कटिबद्ध।

यह कवि की विरासत है, उससे उसे वंचित क्यों किया जाय?

जनयुग : 6 जून, 1965

हिन्दी आलोचना का वर्तमान घटिया स्तर

हिन्दी के जीवन्त लेखन से सम्बद्ध आप-हम सभी जन बराबर यह अनुभव करते रहे हैं कि आलोचना-कार्य एक निहायत घटिया स्तर पर पहुँच गया है। बीसवीं शती के तीसरे एवं चौथे दशकों में हिन्दी-आलोचना का जो रूप बन गया था, आलोचना के नाम पर लिखी जानेवाली पुस्तकों की अधिसंख्या उसी रूप की विकृतियाँ प्रतीत होती हैं। वास्तविक आलोचना के स्थान पर जिस शास्त्राभ्यासी जड़ता एवं शोध को प्रश्रय मिला है, वह जीवन्त लेखक से नितान्त असम्पृक्त ही नहीं है, उसके सन्दर्भ में एकदम अक्षम एवं असमर्थ भी। यह एक खेदपूर्ण तथ्य है कि पिछले पन्द्रह वर्षों में कुछ अपवादों को छोड़ कर जो भी महत्त्वपूर्ण आलोचना-कार्य हुआ है, वह सृजनशील लेखकों द्वारा ही सम्पन्न हुआ है। पर उनके द्वारा यह लेखन एक आपद्धर्म है और बहुधा एक प्रकार का अपने औचित्य को सिद्ध करने का प्रयास भी। इसी कारण इसकी अपनी सीमाएँ भी रहीं। पैनी दृष्टि के होते हुए भी इन आलोचनाओं में तटस्थता के अभाव में एकांगीपन बराबर विद्यमान रहा। सृजनशील लेखकों के अतिरिक्त दो-चार आलोचकों ने यदि प्रयास किये भी तो वे प्रयास नवलेखन को स्थापित करने की चेष्टा में प्रयुक्त होने के कारण पक्षधर रहे और इनमें भी वही एकांगिता रही। तटस्थ विश्लेषण और मूल्यांकन की दिशा में आगे बढ़ना एक प्रकार से अवरुद्ध हो गया। जबकि प्रत्याशा यह होनी चाहिए कि आचार्य शुक्ल द्वारा स्थापित भूमि में एक ऐसी पीढ़ी अब तक उभर कर आ जाती जिसकी आत्मिक तृप्ति समीक्षा-व्यवसाय में ही होती। पर तृप्ति की यह अनिवार्यता हिन्दी-समीक्षा में लगभग विरल ही है।

कुंठित रुचि-बोध और आलोचक का दायित्व

स्पष्ट है कि इस स्थिति के लिए हमारे विश्वविद्यालय तो उत्तरदायी हैं ही, लेखक भी कम जिम्मेदार नहीं हैं। स्वतन्त्रता के पश्चात् एकदम से अवसरों का जो विस्तार (खासकर हिन्दी-विभागों का) हुआ है उसमें बहुधा ऐसे लोग पद-प्रतिष्ठित हो गये हैं जिनके मन में न तो साहित्यिक-मूल्यों के प्रति कोई गहरा लगाव है और न जिनमें

किसी प्रकार की साहित्यिक समझ ही है। 'अनुग्रह' के सहारे आगे बढ़ने वाले इन पुष्टिमार्गियों ने आलोचना का 'प्रकृत रास्ता ही छेंक लिया।' अपने समसामयिक सन्दर्भ से कटे, साम्प्रतिक बोध से रहित ये व्यक्ति एक प्रकार के पुनरुत्थानवाद एवं चर्वित-चर्वणावादी पाण्डित्य में विश्वास करते रहे। परिणाम सामने है: पुराने साहित्य पर शोध की जाती रही, पर हजारी प्रसाद द्विवेदी ने परम्परा के मूल्यांकन की जो दृष्टि चौथे दशक में दी थी उससे आगे एक कदम भी नहीं बढ़ा गया। इसी प्रकार काव्यशास्त्र पर दर्जनों ग्रन्थ लिखे गये पर उन पुराने सिद्धान्तों की वैसी युगीन व्याख्याएँ दुर्लभ ही रहीं जिनसे कि उन सिद्धान्तों की प्रसंगानुकूलता स्पष्ट की जा सकी होती। अरस्तू या कालरिज की जैसी विवेचनाएँ अमरीका के 'काव्य-समीक्षकों' ने की हैं उसका एक अंश भी हमें प्राप्त नहीं होता। पाठ्यक्रमों, प्रश्नपत्रों को उठा कर देख जाइये, उनका मूल साँचा 25 वर्ष पहले वाला ही बना हुआ है। हमारी पढ़ाई एवं परीक्षा को इस सांचे में साहित्य की अपेक्षा साहित्येतर मूल्यों पर अधिक जोर रहता है। सामाजिक पृष्ठभूमि, दार्शनिक विचार, वैयक्तिक जीवनी आदि पर विशेष बल मिलता है। जहाँ पर काव्यत्व आदि की चर्चा का प्रश्न आता भी है वहाँ पर छन्द, अलंकार, काव्यरूप, अनुभाव, संचारी भाव आदि कुछ इस ढंग से बताये जाते हैं कि इन सबकी विविक्ति सदा प्रमुख हो जाती है और रचना गौण। भाव पक्ष-कला पक्ष व शैली और शिल्प; कुछ अच्छाई और कुछ बुराई आदि की विविधाओं में रचना की समग्रता एवं स्वतन्त्रता का तिरोभाव हो जाता है।

इस सारी स्थिति का एक भयंकर दुष्परिणाम सांस्कृतिक स्तर पर देखा जा सकता है। हमारे अधिकांश पाठक-समुदाय का रुचि बोध इस एकेडेमिक जड़ता के भीतर कुण्ठित कर दिया गया है। हमारे प्रथम श्रेणी के विद्यार्थी भी नये साहित्य (या नयी परिस्थितियों) के प्रति समुचित रूप से तत्पर नहीं हो पाते। वे बहुधा पुराने साहित्य के उसी खोल में जा छिपते हैं जिसे उन्हें पहले से ही पहनाया गया था। इस प्रकार जीवन्त लेखन के लिए पाठकों की कमी पड़ती जा रही है। यह स्थिति न तो सामान्य सांस्कृतिक स्तर के लिए उपयुक्त है और न नवलेखन के लिए। इस समस्या को समसामयिक साहित्य की दुरूहता कहकर उड़ाया नहीं जा सकता। अगर यह दुरूहता कहीं है भी तो यह आलोचक का दायित्व है कि इस दुरूहता का वहन करते हुए वह सामान्य पाठक के बोध को पैना करे एवं उस रचना की अर्थवता को सम्प्रेषणीय भी बनावे।

ऐसा भी नहीं है कि तमाम तरुण शिक्षक एवं बुद्धिमान विद्यार्थी इस स्थिति की घुटन को महसूस न करते हों। पर वे करें क्या? नवलेखन से सम्बद्ध व्यक्तियों ने विश्वविद्यालयों को बहुधा उपेक्षा एवं हिकारत की निगाह से देखा। वहाँ अपना कार्यक्षेत्र बनाने का दायित्व उन्होंने स्वीकार ही नहीं किया। एक अन्तराल बढ़ता गया। परिणाम स्वरूप घुटन महसूस करते हुए भी इन शिक्षकों या अध्यापकों

के सामने यह समस्या बनी ही रही कि आखिर विकल्प क्या है? तुलसीदास या कामायनी का पिष्टपेषण वाला अध्ययन उन्हें रुचता भले न हो, पर वह भी कहाँ था जो उन्हें साम्प्रतिक मूल्यवत्ता प्रदान कर सके। रस, ध्वनि या वक्रोक्ति-सिद्धान्तों की ऐतिहासिक ही नहीं पुनर्व्याख्या ही कहाँ प्रस्तुत थी जिसे वे पढ़कर एक विकल्प प्राप्त कर सकते। एक ओर जीवन्त लेखन एवं उच्चतर अध्ययन-अध्यापन का यह अन्तराल सांस्कृतिक वातावरण को कुण्ठित करता रहा और दूसरी ओर राजनीति के विष से दंशित साहित्यिकों ने भी तमाम साहित्यिक मूल्यों को अप्रतिष्ठित करने की भरपूर चेष्टा की। राजनीतिक विश्वास अवधार्य हैं या हो सकते हैं, समसामयिक राजनीति में किसी से प्रतिबद्ध होना भी 'अनुचित नहीं' है; पर उसकी सारी शब्दावली साहित्यिक विवेचन भी तभी ग्राह्य हो सकती है जब वह साहित्य की अपनी प्रकृति एवं व्यापार का आन्तरिक अंग बन जाय। राजनीतिक दलों के पक्षधरों या राज्याश्रितों ने बहुधा साहित्यिक विवेचनाओं में आन्तरिक प्रविधियों एवं साहित्य के मूल्यों को बहिष्कृत ही किया है। राजनीतिक विश्वास के आधार पर एक लेखक को जितनी तेजी से अपनी ओर खींचा गया, उतनी ही धारा से उसे स्थिति बदलते ही फेंक दिया गया है। प्रगति, प्रतिक्रिया, जनवाद, वैयक्तिक स्वातन्त्र्य, सामूहिक जन, विश्व शान्ति आदि नारे साहित्य के विवेचन में धड़ल्ले से प्रयुक्त हुए हैं।

इसी सन्दर्भ में एक और तथ्य भी ध्यान देने योग्य है: हिन्दी में छपना, छपाना, तो सरल है ही; प्रतिष्ठित या स्थापित दोनों के लिए वास्तविक रचनाशीलता की अपेक्षा पद, लोक व्यवहार, सभा-चातुर्य आदि अधिक मान्य विधियाँ हैं। और इस प्रकार एक दूसरे ढंग की साहित्यिक राजनीति का बोलबाला है। इसके परिणामस्वरूप जीवन्त लेखन में भी तमाम 'चतुर' जनों का जाल फैल गया है। पर समसामयिक समीक्षा का दायित्व है कि 'प्रतिभाशाली' एवं 'चतुर' के मध्य पहचान कर सके। ईमानदारी एवं 'सच्चाई', साहित्य के भी मूल्य हैं—इसे सबसे अधिक आलोचना को ही याद रखना होता है।

इस प्रकार स्पष्ट है कि न तो स्वस्थ समीक्षा है और न रचनाशीलता के लिए उत्प्रेरक वातावरण। तब फिर उपाय क्या है? मात्र निष्क्रिय ऊब या असन्तोष या गाली देने से तो काम चलेगा नहीं। हमारे मन में है कि इस समस्या को सीधे मुँह से पकड़ने की आवश्यकता है। इस परिस्थिति पर एक सुनियोजित, संगठित एवं एकाग्र प्रहार करना होगा। जड़ता को जड़ से तोड़ना और नया विकल्प साथ ही उपस्थित करना ही एकमात्र पथ है।

धर्मयुग : 1963

'आलोचना' का मतिरोध

हिन्दी में आलोचना के क्षेत्र की अवतंस पत्रिका 'आलोचना' के इस बहुप्रतीक्षित, अतिविज्ञापित एवं महत्त्वाकांक्षी विशेषांक को पूरा पढ़ सकने के लिए बड़ा धैर्य चाहिए। सबसे ज्यादा महत्त्वपूर्ण एक सम्पादकीय वाक्य लगा—इसलिए कि वह इस विशेषांक पर चिपक कर बैठता है। वाक्य है : 'गरज यह कि युग के केन्द्रीय प्रश्नों और हकीकतों को गड्डमड्ड करके एक ऐसा 'कन्फ्यूजन' का वातावरण पैदा किया गया है कि साधारण मनुष्य की चेतना इससे कुण्ठित होती गयी।' इस वाक्य में 'युग' के आगे 'साहित्य' और 'मनुष्य' की जगह 'पाठक' के शब्द रख लीजिए। 'आलोचना' के इस विशेषांक का पूरा परिचय मिल जायेगा।

इस मतिभ्रम (कन्फ्यूजन) का सबसे बड़ा उदाहरण स्वयं सम्पादकीय है। 'भले ही हिन्दी के संवेदनशील रचनाकार, प्रगतिवादी हों या कला के लिए 'कलावादी' आजादी के बाद कुछ ही दिनों में यह महसूस करने लगे (हों) कि आजादी के पहले की सरल दुनिया का अन्त हो गया, जीवन भी और उसकी समस्याएँ भी जटिल हो गयीं...पर शिवदान सिंह चौहान के लिए 'आलोचना' और अधिक सरलीकृत हो गयी है। जिस सादगी और सरलता से वे भारतीय आजादी का महत्त्व बताते-बताते साहित्य से बगैर कोई जीवन्त सम्बन्ध जोड़े उसकी असफलताओं पर उतर आते हैं उस पर केवल मर जाया जा सकता है—और कुछ नहीं। खुद ही देश के विराट् ऐतिहासिक परिप्रेक्ष्य को उत्साहजनक बताना और फिर उसकी झलक न मिलने पर असन्तोष प्रकट करना मासूमियत है। प्रगतिवादी शब्दावली के साथ ही नयी समीक्षा के चलतू शब्दों और लहजे का सह-अस्तित्व इस लेख में पूरी तौर पर विद्यमान है। पर चलिए यही क्या कम है कि चौहान साहब को यह पता चल गया कि नये काव्य और नये कथा साहित्य में युग की वास्तविकता को ही गहरी कलात्मक अभिव्यक्ति मिली है। उसका 'टिकाऊ' पर श्रेष्ठ भाग कौन-सा होगा, यह चौहान साहब ने गुप्त रखना चाहा है, हमीं लोग क्यों उस परदे के भीतर झाँकें।

सम्पादकीय से आगे बढ़कर सम्पादन को देखना आवश्यक है। पहला खण्ड है स्वातन्त्र्योत्तर सिद्धान्त चर्चा। इस चर्चा में 'सौन्दर्यशास्त्र' पर दिये गये दो परिचयात्मक

लेखों की प्रासंगिकता सम्पादक ही स्पष्ट कर सकता है या वे लेखक जिन्होंने इस विशेषांक में इस तरह के विषयों पर लिखना उचित समझा। इसी तरह पहले तीन लेखों पर भी आपत्ति उठाई जा सकती है।

हम आप भले ही बहुत दिनों से सुनते आ रहे हों कि स्वतन्त्रता के बाद 'प्रगतिशील', 'प्रयोगशील' जैसे खाने या खेमे अनावश्यक हो गये हैं और कविता या कहानी में 'नयी' विशेषण के अन्तर्गत दोनों ही प्रवृत्तियाँ अन्तर्भुक्त हो गयी हैं, पर चौहान साहब और उनके लेखकों के लिए आज भी वे महत्त्वपूर्ण ही नहीं यथार्थ श्रेणियाँ हैं। उन्होंने शायद यह देखने की चेष्टा भी नहीं की कि वही शमशेर, गिरिजाकुमार, केदारनाथ सिंह, केदारनाथ अग्रवाल, त्रिलोचन, श्रीकान्त वर्मा, नरेश मेहता, मुक्तिबोध आदि प्रगतिशील–चर्चा में भी हैं और प्रयोगशील में भी–यहाँ तक कि गीत-चर्चा (या गान) में भी। राजनीतिक सम्बद्धता के अतिरिक्त किस आधार पर ये प्रगतिशील हैं यह कहीं स्पष्ट नहीं हो सका और प्रयोगशीलता की चर्चा तो यों भी अधिक हवाई होती है। और फिर इन दोनों से अलगाकर 'गीत' की चर्चा की गयी है या फिर प्रबन्ध काव्य से अलगाने के लिए मुक्तक के स्थान पर गीत-विवेचना है? यों इस खण्ड का मुकुटमणि लेख 'हिन्दी कविता : प्रवृत्यात्मक विवेचन और मूल्यांकन' है जिसमें काफी छुआछुऔवल खेलने के बाद 'नयी कविता' को ही मुख्य प्रवृत्ति माना गया है। या इस लेख के लेखक नयी कविता के सिद्धान्तशास्त्री आचार्य जगदीशगुप्त का यह पहला वाक्य ही अविस्मरणीय है; 'हिन्दी साहित्य में 'स्वतन्त्रता' जिस विधा में सबसे अधिक प्रतिफलित हुई है वह है कविता, परन्तु यह प्रतिफलन वस्तु के स्तर पर उतना नहीं हुआ जितना काव्य के निहित रूप तथा अभिव्यंजनाशक्ति के स्तर पर।' आचार्यपाद गुप्त ने 'वस्तु' और 'रूप', 'भाव-पक्ष' और 'कलापक्ष' का जो अन्तर किया है उससे तमाम छात्रों और अध्यापकों का कल्याण होगा। इसका मतलब यह हुआ कि **बूँद और समुद्र, मैला आँचल, उखड़े हुए लोग, झूठा सच** आदि के सन्दर्भ स्वतन्त्रता के यथेष्ट प्रतिफलन नहीं हैं तथा हत्यारे, बदबू, मलबे का मालिक, प्रश्नवाचक पेड़, महुए का पेड़ आदि कहानियों में स्वतन्त्रता का प्रतिफलन बहुत क्षीण है। यों सम्पादक महोदय से यह पूछना भी उचित होगा कि क्या बहुत से लोगों की तरह वे भी मानते हैं कि पन्त, बच्चन, नरेन्द्र, दिनकर आदि का स्वातन्त्र्योत्तर साहित्य मुख्य परम्परा न होकर प्रवाहप्रतीति जल है। क्योंकि प्रबन्ध काव्यों के प्रसंग को छोड़कर उनका कहीं नाम भी नहीं आता और प्रबन्ध विवेचन में भी सब से ज्यादा महत्त्व के अधिकारी भारती माने गये हैं।

आलोचना खण्ड को देखा जाय तो जहाँ हजारी प्रसाद द्विवेदी, नगेन्द्र, नन्ददुलारे वाजपेयी आदि का तो नामोल्लेख भी नहीं होता और प्रगतिवादी तथा 'नयी समीक्षा'

के दो फूहड़ खानों के भीतर दो मामूली से लेखों को भरा गया है। इनमें भी मानव जी का लेख न भूतो न भविष्यति ही है। उनके लेखे नयी समीक्षा का अर्थ है प्रयोगवादियों (या मार्क्सवाद-विरोधी) द्वारा लिखी गयी आलोचना।

स्वातन्त्र्योत्तर काल की कृतियों के मूल्यांकन के अन्तर्गत 'चाँद का मुँह टेढ़ा है' पर विष्णुचन्द्र शर्मा का लेख सचमुच ही पठनीय है—बाकी अंक में सूचनाएँ हैं या स्तुतियाँ और दिलचस्पी इन दोनों में से एक में भी नहीं है।

योजना देख कर ही मैंने इसमें सहयोग देना स्वीकार नहीं किया था। आज सोचता हूँ कि वह निर्णय ठीक था और आशंका के अनुकूल ही अंक निकला है। हिन्दी आलोचना में गतिरोध हो या नहीं पर चौहान साहब की 'आलोचना' में निश्चित रूप से मतिरोध है। लगता है कि उनकी पकड़ न अब रचना पर है और न 'आलोचना' पर।

जनयुग : 4 जुलाई, 1965

विवेचन

साहित्य का स्वरूप और प्रकृति

'साहित्य' शब्द इतने भिन्न-भिन्न अर्थों में प्रयुक्त होता है कि बहुधा यह प्रश्न उठता है कि क्या सचमुच ही उसका एक स्पष्ट स्वरूप निर्धारित भी किया जा सकता है? इस समस्या ने भारतीय और पश्चिमी सभी विद्वानों को प्रभावित किया है। अंग्रेजी में 'साहित्य' का समानार्थी शब्द 'लिट्रेचर' है। लिट्रेचर 'लेटर' या 'अक्षर' से सम्बन्धित है और इसी कारण अक्षरों में लिखी गयी प्रत्येक वस्तु लिट्रेचर कहलाने लगी। 'अक्षर' तो नहीं, पर सहित या एकीकरण की भावना से उद्भूत 'साहित्य' शब्द में भी किसी विशिष्ट 'प्रकार' की सीमा या मर्यादा नहीं है। परिणाम सामने हैं—हम यात्रा-साहित्य, अश्लील साहित्य, वैज्ञानिक साहित्य, धार्मिक साहित्य, राजनीतिक साहित्य, प्रचार साहित्य या कृषि साहित्य आदि साहित्यों की बात करते हैं। इसे यों भी कह सकते हैं कि अक्षर में आ गयी प्रत्येक वस्तु को साहित्य कहा जाने लगा है। एडविन ग्रीन लॉ ने तो यहाँ तक कह दिया है कि 'सभ्यता के इतिहास से सम्बन्धित कोई भी क्रिया हमारे प्रदेश से बाहर नहीं है।' पण्डित महावीर प्रसाद द्विवेदी ने 'ज्ञानराशि के संचित-कोश का नाम साहित्य' माना है। रुद्रधर ने 'श्राद्ध-विवेक' में कहा था—'परस्पर सापेक्षाणां तुल्यरूपाणां युगपदे क्रियान्वियित्वं साहित्यम्' यानी कि 'परस्पर सापेक्षिक तुल्य कोटि की वस्तुओं के संग्रह को साहित्य कहते हैं।' महाकवि कल्हण ने 'विक्रमांक देव-चरित' में 'भाषा विशेष के ग्रन्थ को साहित्य कहा है।'

इस सम्बन्ध में हमें इतना ही कहना है कि साहित्य का इतना व्यापक अर्थ स्वीकार करने पर अपने अध्ययन के लिए कोई निर्धारित क्षेत्र उपलब्ध नहीं होता। अतः जब हम लोग साहित्य शब्द की चर्चा करेंगे तब इस व्यापक अर्थ से हमारा सम्बन्ध न होगा। हम साहित्य को एक विशिष्ट अर्थ में सीमित कर लेंगे। यह सीमा निर्धारण प्राचीनकाल से चला आ रहा है। 'भामह' ने उसे 'काव्य' के अर्थ में सीमित कर दिया था। 'साहित्य' की व्युत्पत्ति की गयी थी—'सहितस्य भावः साहित्यम्'। परन्तु समस्या यह बनी हुई थी कि यह सहितत्व, एकीकरण एवं मिलन किसका? भामह ने उत्तर दिया कि शब्द और अर्थ का सह-भाव या सहितत्व होता है तथा इस सहितत्व को एक विशेष क्षेत्र में सीमित भी उन्होंने किया है एक अन्य समानार्थक

शब्द 'काव्य' द्वारा। भामह की काव्य परिभाषा है 'शब्दार्थौ सहितौ काव्यम्' अर्थात् शब्द और अर्थ का सहितत्व ही काव्य है। यह बात कालिदास ने भी संकेतित की थी। रघुवंश के आदि में की गयी वन्दना का उद्देश्य है "वागर्थाविव सम्पृक्तौ वागर्थप्रतिपत्तये जगतः पितरौ वन्दे पार्वती परमेश्वरी।" वाक् और अर्थ की प्रतिपत्ति शब्द और अर्थ की सम्पृक्ति ही है। परन्तु इस संकेतित अर्थ को काव्यशास्त्री भामह ने स्पष्ट रूप प्रदान कर दिया। साहित्य और काव्य इस प्रकार पर्यायवाची रूप में प्रयुक्त होने लगे। भर्तृहरि के प्रसिद्ध श्लोक 'साहित्य संगीत कला विहीनः' में साहित्य काव्य का पर्याय ही है। राजशेखर ने काव्य पुरुष का शरीर शब्द और अर्थ माना है। साहित्य काव्य है और उसमें शब्दार्थ का सहभाव है, यह मान लेने के बाद भी इस सहभाव का अपना विशिष्ट गुण या प्रकार हमें उपलब्ध नहीं होता। शब्द और अर्थ का सहभाव तो प्रत्येक सार्थक शब्द में होता है। वाचक और वाक्य के सम्बन्ध की इस अनिवार्यता का अनुभव विचक्षण काव्यशास्त्री कुन्तक को हुआ था। कुन्तक ने अपने ग्रन्थ 'वक्रोक्तिजीवितम्' में इस प्रश्न को स्पष्ट रूप से उठाया है। उन्होंने प्रश्न किया, वाच्य और वाचक के सम्बन्ध के (नित्य) विद्यमान होने से इन दोनों (शब्द और अर्थ) के साहित्य (सहभाव) का अभाव कभी नहीं होता। तब 'शब्दार्थौ सहितौ काव्यम्' यह कहने का क्या प्रयोजन? कुन्तक ने इसके बाद ही उत्तर देते हुए कहा है, 'सत्यमेतत् किन्तु विशिष्टमेवेह साहित्यमभिप्रेतम्' (सत्य है, किन्तु यहाँ विशिष्ट प्रकार का साहित्य (सहभाव) अभिप्रेत है।) यह विशिष्टता या अपूर्व रहस्य तत्त्व क्या है? वक्रोक्तिजीवितम् के प्रथम अध्याय की नौवीं कारिका में इसका उत्तर उन्होंने दिया है कि अनेक पर्यायवाची शब्दों के होते हुए भी उन सबकी अपेक्षा विलक्षणरूप से जो अर्थ को प्रकाशित कर सके, केवल वही शब्द काव्यमार्ग में शब्द कहा जाता है। इसी प्रकार सहृदयों को आनन्दित करने वाला अपने (स्पन्द) स्वभाव से सुन्दर (पदार्थ ही काव्य मार्ग में वस्तुतः) अर्थ (शब्द से व्यवहार) किये जाने योग्य होता है। इसी बात को और अधिक सुन्दर रूप में उपस्थित करते हुए कुन्तक ने साहित्य का स्वरूप निर्धारित करनेवाली प्रसिद्ध कारिका में बताया:

साहित्यमनयोः शोभाशालितां प्रति काप्यसौ।
अन्यूनानतिरिक्तत्वमनोहारिण्यवस्थितिः।। व.जी.1/17

—अर्थात् जिसमें शब्द और अर्थ दोनों की शोभा के प्रति न्यून और आधिक्य से रहित (परस्पर स्पर्द्धापूर्वक) मनोहारिणी श्लाघनीय स्थिति हो वह साहित्य है।

साहित्य के बारे में कुन्तक की इस परिभाषा से अधिक स्पष्ट एवं सारग्राहिणी मीमांसा दुष्प्राप्य है। इस बात को घुमा-फिराकर बहुधा विद्वानों ने स्वीकार किया है अथवा यों कहें कि इसी निष्कर्ष पर पहुँचे हैं। डिक्विन्सी ने विचार प्रकट करते हुए उस साहित्य को अपने क्षेत्र से बहिष्कृत कर दिया है जो केवल कथ्य (कुन्तक के शब्दों में 'अर्थ') पर जोर देता है एवं रीति (शैली) की उपेक्षा करता है।

सुमित्रानन्दन पन्त ने विभिन्न पर्यायवाची शब्दों (जैसे लहर, वीचि, उर्म्मि, तरंग, हिलोर अथवा पवन, समीर, वायु प्रभंजन, अनिल आदि) की सूक्ष्म अर्थच्छायों के अन्तर को स्पष्ट करते हुए उनकी व्याख्या के लिए उपयुक्तताओं का संकेत किया है।

"भिन्न-भिन्न पर्यायवाची शब्द प्रायः संगति भेद के कारण एक ही पदार्थ के भिन्न-भिन्न स्वरूपों को प्रकट करते हैं। तथा कविता के लिए चित्रभाषा की आवश्यकता पड़ती है, उसके शब्द सस्वर होने चाहिए, जो बोलते हों, सेब की तरह जिनके रस की मधुर लालिमा भीतर न समा सकने के कारण बाहर झलक पड़े। जो अपने भाव को अपनी ही ध्वनि में आँखों के सामने चित्रित कर सके...। भाव और भाषा का सामंजस्य उसका स्वरैक्य ही चित्रराग है। जैसे भाव ही भाषा में घनीभूत हो गये हों, निर्झरणी की तरह उनकी गति और रव बन गये हों, छुड़ाये न जा सकते हों...।

"जहाँ भाषा और भाव में मैत्री अथवा ऐक्य नहीं रहता, वहाँ स्वरों के पावस में केवल शब्दों के 'बटु समुदाय' ही दादुरों की तरह, इधर-उधर कूदते, फुदकते तथा साम-ध्वनि करते सुनाई देते हैं।" ('पल्लव' की भूमिका से)

वेलेक और वॅरिन ने अपने प्रसिद्ध ग्रन्थ 'थ्योरी ऑफ लिट्रेचर' (साहित्य के सिद्धान्त) में शब्द और अर्थ के इस विशिष्ट सहभाव को अनुभव किया है। उनके अनुसार 'शास्त्र-विज्ञान' की भाषा विशुद्ध रूप से अभिधामूलक और पारदर्शिनी होती है। वहाँ हम शब्द पर नहीं रुकते। (पवन, समीर और अनिल की विभिन्न अर्थच्छायों पर न रुक कर एक सामान्य वायुतत्त्व तक हम पहुँच जाते हैं।) वहाँ न शब्द का सौन्दर्य है और न उसके संगीत का। मुख्य बात 'वाक्य' है। इसलिए शास्त्रीय या वैज्ञानिक विवेचन का अनुवाद, एक से दूसरी भाषा में अपेक्षाकृत सरल होता है। परन्तु साहित्य की भाषा वेलेक और वॅरिन के अनुसार अस्पष्टताओं से भरी पड़ी होती है।

(1) उसमें भिन्नार्थक, पर एकस्वरूपी शब्द होते हैं जैसे :

'कनक कनक ते सौ गुनी मादकता अधिकाय।
वा खाये बौराए जग वा पाये बौराय।।'

'कनक' शब्द दो भिन्नार्थों में—सोने और धतूरे के लिए प्रयुक्त हुआ है। अन्य क्षेत्रों में ऐसा नहीं होता।

(2) उसमें कितनी ही अतर्कसिद्ध मनमानियाँ भी रूढ़ हो जाती हैं, जिन्हें कि तोड़ा नहीं जा सकता। जैसे कि व्याकरण का लिंग या काल। उदाहरणार्थ—'अनिल डोल रहा है', 'वायु बह रही है' में लिंग के अन्तर मनमाने हैं। या फिर 'मैं कल आऊँगा', 'मैं कल आ रहा हूँ' में काल-वाची क्रियाएँ भी रूढ़ि सिद्ध प्रयोगों पर अधिक आश्रित हैं, तर्क पर कम।

(३) इस भाषा में ऐतिहासिक घटनाओं, स्मृतियों एवं आसंगों का गहरा प्रभाव होता है। अनेक प्रकार के कवि समय, कवि प्रसिद्धियाँ, कथानक रूढ़ियाँ इन्हीं का परिणाम हैं।

सब मिलाकर साहित्यिक भाषा का स्वरूप अत्यधिक लाक्षणिक होता है। फिर साहित्य की भाषा मात्र वाच्यतत्त्व व्यंजक ही नहीं होती है विज्ञान की भाँति, इसका अपना अभिव्यंजनात्मक पहलू भी होता है। यह लेखक के टोन एवं झुकाव को भी वहन करती है। इस प्रकार मात्र कथन या निरूपण ही नहीं इसके द्वारा प्रभावन भी होता है। इन कार्यों के लिए साहित्यिक भाषा में छन्द, प्रास, ध्वनि पैटर्न आदि विविध रचनातन्त्रों का भी कम-अधिक मात्रा में सचेष्ट उपयोग होता है।

वेलेक और वॉरेन शब्द और अर्थ के इस सहभाव की ओर ही उपयुक्त मन्तव्य में ध्यान दिला रहे हैं। हम फिर से एक बार कुन्तक को याद कर लें कि साहित्य में शब्द और अर्थ न्यून एवं आधिक्य से रहित होते हैं। उसके लिए दोनों ही महत्त्वपूर्ण हैं, कोई किसी से घटकर या बढ़कर नहीं है। प्रसाद के 'श्रद्धा-रूप-वर्णन' की ये पंक्तियाँ लीजिए :

"कुसुम कानन-अंचल में मन्द,
पवन प्रेरित सौरभ साकार।
रचित परमाणु पराग शरीर,
खड़ा हो ले मधु का आधार।।"

इसमें विभिन्न शब्दों के स्थान पर पर्यायवाची शब्द रख कर देखिए तो ज्ञात होगा कि काव्य का सारा सौन्दर्य तिरोहित हो गया है। इसी बात को वामन, राजशेखर आदि साहित्याचार्यों ने 'काव्यपाक' और 'वाक्यपाक' कहा है। प्रत्येक शब्द अनिवार्य होता है। परन्तु शब्द और अर्थ के 'अन्यूनातिरिक्तत्व' में भी कुछ स्खलन मिल सकते हैं। कुन्तक ने अपनी परिभाषा में इन स्खलनों को पूरी तरह समाप्त कर दिया है। उन्होंने प्रश्न किया है कि इस प्रकार का साम्य दोनों दूषित (शब्दार्थ) में भी हो सकता है। (तो क्या उसको भी साहित्य कहा जा सकता है? आचार्य का उत्तर है, नहीं।) शब्द और अर्थ का परस्पर स्पर्द्धि समभाव 'शोभाशालितां प्रति' है। शोभाशालिता यानी सौन्दर्यशालिता के प्रति यह सद्भाव है—दूषित के प्रति नहीं। यह सौन्दर्यशालिता ही सहृदयों को आह्लाद देनेवाली है। इसी प्रकार वक्रोक्तिजीवितकार ने एक शब्द का दूसरे अर्थ के साथ और एक अर्थ का दूसरे शब्द के साथ साहित्य मानने का भी विरोध किया है। कुन्तक ने जिस मनोहारिणी एवं सहृदयों को आनन्द देनेवाली (तद्विदाह्लादकारिणी) स्थिति का निरूपण किया है, वह साहित्य के प्रयोजन को भी स्पष्ट करती है। यह प्रयोजन (आह्लाद) तिल में तेल के समान ही साहित्य में रहता है। इस प्रकार उनकी परिभाषा मात्र अभिव्यंजनामूलक ही नहीं है, वह प्रयोजन (आनन्द देना) की ओर भी स्पष्ट निर्देश करती है। उन्होंने 'पदादिवाक्यपरिस्पदसारः साहित्यमुच्यते' में वाङ्मय का सार साहित्य को कह कर उसकी महिमा भी प्रतिष्ठित की।

परन्तु ऐसे महिमा प्रतिष्ठापनों एवं साहित्य की अपनी विशिष्ट स्थिति का एक परिणाम हुआ कि उसका क्षेत्र और सीमित करते हुए उसे श्रेष्ठ लेखन के पर्याय के रूप में देखा जाने लगा। फलाँ व्यक्ति साहित्य बोल रहा है अथवा आप क्या खाक लिखेंगे, साहित्य तो मैं लिखता हूँ, आदि कथन लेखक के एक 'प्रकार' विशेष की अपेक्षा उसके गुण की ओर इंगित करते हैं। इसी प्रवृत्ति का बढ़ाव है मात्र महान् पुस्तकों को साहित्य के क्षेत्र में गिनना। इसमें साहित्य को अत्यधिक पूज्य, विरल और श्रेष्ठ वस्तु माना जाने लगता है। 'एनसाइक्लोपीडिया ब्रिटैनिका' में 'लिट्रेचर' की परिभाषा में 'उत्तमोत्तम विचारों की लिपिबद्ध अभिव्यक्ति' कह कर इसी बात को घोषित किया गया है। यदि आप इन्हें उचित मानें तो शंकर के दार्शनिक विचार, चाणक्य के राजनीति सम्बन्धी चिन्तन अथवा मार्क्स के द्वन्द्वात्मक भौतिकवाद को भी साहित्य के अन्तर्गत मानना पड़ेगा। या यदि इन व्यापक धारणाओं में न जाकर अपने मर्यादित अर्थ (काव्य के समानार्थक) में भी साहित्य को हम लें तो इस परिभाषा के अनुसार मात्र महान् पुस्तकें ही साहित्य के अन्तर्गत गिनी जावेंगी। पृथ्वीराज रासो, पद्मावत, सूर सागर, रामचरित मानस, बिहारी सतसई, कामायनी, गोदान, पल्लव, राम की शक्ति पूजा आदि जैसी कृतियाँ ही परिगणन योग्य सिद्ध होंगी।

परन्तु साहित्य के इतिहासकार के लिए न तो चाणक्य, शंकर, वल्लभ या मार्क्स विवेचन के लिए परिगणनीय है। और न मात्र तुलसी, सूर, बिहारी या प्रसाद। पहला वर्ग हमें साहित्य की विशिष्ट सीमा से बाहर ले जाता है और दूसरे वर्ग का महत्त्व शैक्षिक दृष्टि से चाहे जितना हो पर सब मिलाकर साहित्यिक परम्परा को यह दृष्टिकोण दुर्बोध बना देता है। कोई कृति अपने आप में एकान्त सत्य नहीं होती है, वह अपने समय तक की परम्परा की अन्तिम कड़ी भी होती है। यदि हम मात्र महान् पुस्तकों तक ही अपने को सीमित कर लेंगे तो तमाम काव्य रूपों के विकास एवं काव्य प्रक्रिया का वास्तविक स्वरूप अस्पष्ट रह जायेगा। साहित्य को सामाजिक, भाषिक, वैचारिक तथा अन्य परिस्थितियाँ नियमित एवं अनुकूलित करती रहती हैं। ये सभी महान् पुस्तकों को साहित्य मान लेने पर हमारे दृष्टिपथ से ओझल हो जायेंगी। रामचरितमानस की शैली और शिल्प के पीछे सिद्धों और योगियों से लेकर प्रेम गाथाएँ लिखने वाले सूफियों की परम्परा विद्यमान है—यह बात कैसे स्पष्ट होगी, यदि हम मात्र 'मानस' को ही साहित्य की पुस्तक मान कर अन्य कृतियों की उपेक्षा कर देंगे? अतः यह स्पष्ट रहना चाहिए कि "साहित्य एक प्रकार का लेखन है, जो अच्छा भी हो सकता है, बुरा भी, महान् भी हो सकता है और क्षुद्र भी।" कोई कृति साहित्यिक कृति है, यह कहने का अर्थ श्रेष्ठता निर्धारण नहीं है। उसके पैमाने दूसरे होते हैं, जिन पर अलग विचार होना चाहिए।

ऊपर हमने शास्त्र या विज्ञान से साहित्य की भाषा का अन्तर स्पष्ट करते हुए उसकी लाक्षणिकता की ओर संकेत किया था। बहुधा हम अपने दैनिक जीवन में

जिस भाषा का प्रयोग करते हैं, उसमें भी लाक्षणिकता, अलंकार-योजना एवं प्रभावन प्राप्त होता है, ऐसी स्थिति में क्या दैनिक बोलचाल को 'साहित्य' की संज्ञा दी जानी चाहिए? स्पष्ट है कि दैनन्दिन व्यवहार की प्रत्येक अभिव्यक्ति को साहित्य मान लेना न तो उचित है और न सम्भव। इस स्थिति में तो क्षेत्र 'ज्ञानराशि के संचित कोष' से भी अधिक व्यापक हो जाता है। इस सम्बन्ध में यह याद रखना चाहिए कि दैनन्दिन भाषा की कोई एक निश्चित धारणा या स्तर नहीं है। विभिन्न स्तर, विभिन्न पेशों एवं विभिन्न कार्यों में लगे व्यक्तियों की बोलचाल की भाषाएँ नितान्त भिन्न होती हैं। विद्यार्थी की भाषा, दुकानदार की भाषा, क्लर्क की भाषा और किसान की भाषा आदि अनेक बोलचाल की भाषाएँ होती हैं। उसके अतिरिक्त दैनन्दिन भाषा यदि एक समय लक्षणा और अलंकार मूलक होगी तो दूसरे क्षण विशुद्ध पारदर्शिनी एवं तथ्यपरक भी हो जायेगी, ठीक विज्ञान की भाषा की भाँति। परन्तु साहित्यिक भाषा एक युग में बहुत कुछ स्थिरीकृत (Standardized) होती है और उसके बारे में एक सामान्य धारणा होती है। दोनों प्रकार की भाषाओं के बीच एक बड़ा अन्तर और होता है : शब्द शक्ति, अलंकार-विधान, छन्द-योजना, वर्णचयन, ये सभी साहित्यिक भाषा में सचेष्ट रूप से प्रयुक्त होते हैं, जबकि दैनन्दिन की भाषा में इनका स्वतः स्फूर्त प्रयोग ही अधिक होता है। इन दोनों के मध्य इन रचनातन्त्रों के प्रयोग में मात्रा का अन्तर इतना बढ़ जाता है कि वह गुण का अन्तर हो जाता है। यह ध्यान रहे कि परिमाण का अन्तर जब बढ़ जाता है तो वहाँ गुणात्मक परिवर्तन उपस्थित हो जाता है। 100 डिग्री सेंटीग्रेड पर पहुँच कर गरम पानी भाप बन जाता है और भाप तथा पानी में तापक्रम का ही अन्तर नहीं रह जाता, गुण का भी अन्तर हो जाता है।

ऊपर के विवेचन के बाद अब हम इस स्थिति पर आ गये हैं कि साहित्य के कतिपय लक्षणों का निर्धारण कर सकें। परन्तु यह बात फिर याद दिला देना आवश्यक है कि ये लक्षण मूल्यांकन के मापदण्ड नहीं हैं, मात्र स्वरूप का निर्धारण या निर्देश करते हैं।

1. सरसता (रोचकता और आनन्ददायकता) : प्रयोजन की दृष्टि से साहित्य का सबसे प्रधान लक्षण उसकी आनन्ददायकता है। पाठक इस आनन्द एवं आह्लाद देने वाले तत्त्व की ओर कृति की रोचकता के कारण बढ़ता है। 'कुन्तक' ने भी 'तद्विदाह्लादकारिणी' एवं 'मनोहारिण्यवस्थितिः' कह कर इसी तत्त्व की ओर संकेत किया है। पर हम कुन्तक की बात को और विस्तार देना चाहते हैं। उसने आह्लाद या आनन्द को काव्यमर्मज्ञ (तद्विद्) तक सीमित कर दिया है। हम कहना चाहेंगे कि काव्य सर्वजन रुचिर होता है। इतिहास की पुस्तक प्रत्येक व्यक्ति नहीं पढ़ेगा, गणित एवं भौतिक शास्त्र हर एक को नहीं आकर्षित करते, समाज शास्त्र एवं मनोविज्ञान कुछ ही लोगों को मोहते हैं। पर शायद ही कोई व्यक्ति ऐसा मिले जिसने कलाकृति से आनन्द न प्राप्त किया हो, उसके निकट न आया हो। यह बात दूसरी है कि

उसका मर्मज्ञ अधिक गहरा आनन्द ले पाता है, पर आनन्द प्रत्येक व्यक्ति लेता है। डीक्विन्सी ने इस तथ्य को ही उजागर करते हुए लिखा है—

"साहित्य उन्हीं और केवल उन्हीं कृतियों का समुच्चय होता है जो प्रथमतः अपने कथ्य एवं शिल्प के ढंग के कारण सामान्य मानवीय रुचियों की होती हैं, तथा द्वितीय उनमें रूप विधान का तत्त्व तथा आनन्द जो उस रूप विधान से प्राप्त होता है, अनिवार्य माने जाते हैं।"

सर्वजन रुचिरतावाली बात को अत्यधिक सरलीकृत रूप में न देखना चाहिए। इस रोचक गुण के होते हुए भी उसके प्रयोजन एवं आनन्द को पूरी तरह से ग्रहण करने के लिए तैयारी करनी होती है। गेटे ने 80 वर्ष की आयु में दुःख प्रकट करते हुए कहा था कि प्यारे अच्छे आदमी यह नहीं जानते कि पढ़ना सीखना कितना कठिन होता है। उसने कहा कि मैं सारे जीवन प्रयत्न करने के बाद अब कुछ सीख पाया हूँ। सत्य ही, गीता और समाचार-पत्र एक ढंग से नहीं पढ़े जा सकते। इसके लिए काव्यानुशीलन के अभ्यास से मनोमुकुर को विशदीभूत करके वर्णनीय तन्मयीभावन योग्य (अभिनवगुप्त) बनाना होता है। बहुधा पाठक अपने पूर्वग्रहों, अज्ञात, सहस्मृतियों आदि की समस्याओं के कारण एक कृति को उचित परिप्रेक्ष्य में पढ़ नहीं पाता। उससे तो वास्तव में आधे रास्ते पर चल कर मिलना होता है। (रास्ते पर चलने की यह योग्यता, 'समीक्षाशास्त्र' भी देता है।) ऐसी स्थिति में लोग पूछ सकते हैं कि जब पढ़ना इतना कठिन होता है तो फिर क्यों इतना परिश्रम किया जाय? पर वास्तव में पढ़ने से छुटकारा नहीं मिल सकता, वैसे ही जैसे कि जीने से छुटकारा नहीं मिलता। सैमुअल बटलर ने एक बड़ी अच्छी बात कही है कि—"जीवन क्या जीने लायक है। यह प्रश्न मात्र गर्भस्थ शिशु पूछ सकता है।" वास्तव में लेखक अपनी कृति द्वारा जिन्दगी में हिस्सा बाँटने-बँटाने के लिए जो हमें आमन्त्रित करता है, उसे हम ठुकरा नहीं सकते। हमारी रुचि उधर ले ही जायेगी। फिर यदि पढ़ने में दाँव बड़ा है तो उसका पुरस्कार भी कम महत्त्वपूर्ण नहीं। मनुष्य में गहरे में एक जिजीविषा होती है और अध्ययन उसे उकसाता है। जिस व्यक्ति ने जितना ही अधिक पढ़ना सीखा, उतना ही वह पुस्तकीय-निधि के माध्यम से कहीं अधिक गहरा और व्यापक जीवन जी सकेगा। कलाकृति जीवन से सीधे उगती है और उसके द्वारा हम जीवन के अधिक समीपी और ताजे सम्पर्क में आते हैं।

2. शक्ति प्रदायकता : इस आनन्ददायक गुण के लिए डीक्विन्सी ने एक दूसरे शब्द का भी प्रयोग किया है—शक्ति। उसके अनुसार—"जो कुछ भी साहित्य है 'शक्ति' प्रेषित करने का प्रयास करता है और जो साहित्य नहीं है वह ज्ञान देने का।" वास्तव में इसका कारण अंग्रेजी का 'प्लेजर' (शब्द) है। अंग्रेजी में यह शब्द हल्के मनोरंजन से सम्बन्धित है। जबकि भारतवर्ष में 'आनन्द' एक श्रेष्ठ स्थिति का सूचक है। भारतवर्ष में 'उपनिषद्' में कहा गया है—

"आनन्दाद्ध्येव खल्विमानि भूतानि जायन्ते, आनन्देनैव जातानि, आनन्दं सम्प्रयन्त्यभिसंविशन्ति।" (सब कुछ आनन्द से ही उत्पन्न है, सब कुछ आनन्द में ही जीवित है और सब कुछ आनन्द में ही लय हो जायेगा)

परन्तु साहित्य हल्के अर्थ में मनोरंजन नहीं है। इसी कारण पश्चिमी विचारक ने उसके लिए 'शक्ति' शब्द का प्रयोग किया है। बताया है कि ऐसे साहित्य का कार्य आन्दोलित करना है। 'शक्ति' को जिस अर्थ में डीक्विन्सी ने प्रयुक्त किया है, उसे ठीक उसी रूप में आचार्य रामचन्द्र शुक्ल ने भी स्वीकार किया है। उनके अनुसार–

"मनुष्य की सजीवता मनोवेग या प्रवृत्ति में, भावों की तत्परता में है। नीतिज्ञों और धार्मिकों का मनोविकारों को दूर करने का उपदेश घोर पाखण्ड है। इस विषय में कवियों का प्रयत्न ही सच्चा है जो मनोविकारों पर सान ही नहीं चढ़ाते बल्कि उन्हें परिमार्जित करते हुए सृष्टि के पदार्थों के साथ उनके उपयुक्त सम्बन्ध निर्वाह पर जोर देते हैं। यदि मनोवेग न हों तो स्मृति, अनुमान, बुद्धि आदि के रहते भी मनुष्य बिल्कुल जड़ है। प्रचलित सभ्यता और जीवन की कठिनता से मनुष्य अपने इन मनोवेगों को मारने और अशक्त करने पर विवश होता है। इनका पूर्ण और सच्चा निर्वाह उसके लिए कठिन होता है और इस प्रकार उसके जीवन का स्वाद निकल जाता है।"

डीक्विन्सी कहता है कि–

"अब अगर यह पूछा जाय कि 'शक्ति प्रेषण' के क्या अर्थ हैं तो अपनी बारी में, मैं पूछूँगा कि उस स्थिति को आप क्या नाम देंगे जिसमें कि अत्यन्त सान्द्र रूप से और एक बलशाली चेतना के साथ मैं संवेगों को अनुभव करने के लिए तत्पर कर दिया जाऊँ जिन्हें कि सामान्य जीवन उद्दीप्त करने के लिए या तो कभी नहीं या विरल अवसर देता है, और जो पहले सुप्त पड़े थे तथा चेतना के प्रभात के निकट कठिनता से थे–ऐसे अनुभव के असंख्य प्रकार इस क्षण हर मानव मस्तिष्क में इस 'अभाव में पड़े हैं कि कोई कवि उन्हें संयोजित (उद्‌बुद्ध) कर दे।" ('कंसर्निंग लिट्रेचर' नामक निबन्ध से)

यदि सरसता का तात्पर्य भारतीय काव्यशास्त्र की रसात्मकता से लिया जाय तो उपर्युक्त दोनों गुणों–आनन्द और शक्ति का 'रस' में अन्तर्भाव हो जाता है।

3. व्यावहारिक उद्देश्य का अभाव : किसी भी प्रबुद्ध पाठक के सम्मुख यदि नीचे लिखी पुस्तकों की सूची उपस्थित कर दी जाय तो कुछ पुस्तकों का व्यावहारिक उद्देश्य तत्काल बताया जा सकता है और कुछ का नहीं। सूची निम्न प्रकार है :

(1) एशिया का भूगोल–डडले स्टाम्प।

(2) भारतीय इतिहास का सर्वेक्षण–के.एम. पनिक्कर।

(3) गोदान–प्रेमचन्द।

(4) हैमलेट–शेक्सपीयर।

(5) रामचरित मानस—तुलसीदास।

(6) बिहारीसतसई—बिहारीलाल।

(7) रसायन शास्त्र—रामचरण मेहरोत्रा।

उपर्युक्त सूची को देखते ही पहली, दूसरी और सातवीं पुस्तकों का उद्देश्य तत्काल बताया जा सकता है कि एशिया के भूगोल, भारतवर्ष के इतिहास, अर्थशास्त्र, एवं रसायनिक क्रियाओं के बारे में यह ज्ञान देंगी। परन्तु मानस, गोदान, हैमलेट या सतसई के बारे में आप ऐसे ही किसी उद्देश्य को नहीं कह सकते। गोदान को हम केवल किसान का चरित्र जानने के लिए नहीं पढ़ते, उसकी आर्थिक अवस्था जानने में भी अर्थशास्त्र की पुस्तक अधिक सहायक होगी। इसी प्रकार 'सतसई' से भी शृंगार की चेष्टाएँ ही यदि जाननी हों तो 'कामसूत्र' का अध्ययन अधिक उपादेय होगा। परन्तु इसका तात्पर्य यह नहीं कि साहित्य प्रयोजनहीन होता है। पर उसका कोई स्पष्ट भौतिक उपयोगी प्रयोजन मुख्य नहीं होता।

4. वैयक्तिक अनुभव और आत्मबोध : सृजन के मूल बिन्दु की दृष्टि से यदि विचार किया जाय तो साहित्य का अन्य लेखन प्रकारों से एक मौलिक अन्तर है कि उसमें वैयक्तिक अनुभव का प्रकाशन होता है और उस अनुभव को लेखक बोध-प्रक्रिया से होकर गुजारता है। अन्य किसी भी लेखन में विषय का अनुभव विषय की दृष्टि से ही अभिव्यक्त होता है, पर साहित्य में साहित्यकार विषय का स्वयं जैसा भावन या अनुभव करता है, वही व्यक्त होता है। उसके व्यक्तित्व के प्रिज़्म' पर वस्तु का यथार्थ विविध रंगीन किरणों का रूप धारण कर लेता है। समाज, यथार्थ, वस्तु जो भी आप कहें, उसके व्यक्तित्व के माध्यम से ही सीमित और विशिष्ट होता है। फिर इस अनुभव को वह अपने चेतन एवं बोध की कसौटी पर कस भी लेता है। लेखन—'अचेतन-चेतन क्रिया' है इसी अर्थ में। वह अनुभव अचेतन रूप से अनजाने ही कर लेता है। पर जब अभिव्यक्ति की दुर्विचार समस्या आती है तब वह उसकी स्पष्ट, समुचित एवं मूल्यवान अभिव्यंजना के प्रति सचेत हो उठता है। इस सचेत आत्मबोध के कारण ही बहुधा सृजन-प्रक्रिया के दौरान में मूल अनुभूति का स्वरूप बहुत कुछ बदल भी जाता है, उसमें नये तत्त्व मिल जाते हैं। हर्बर्ट रीड ने कुछ अफसोस के टोन में "इस अनुभूति के स्फटिक के मलिन हो जाने की बात कही है।" पर यह विवाद की बात है कि यह स्फटिक मलिन हो जाता है या और अधिक मूल्यवान बन जाता है?

5. कल्पना का सन्दर्भ : सृजन बिन्दु से रूप-रचना प्रक्रिया की ओर आने पर साहित्य का सर्वाधिक प्रमुख स्वरूप-निर्देशक तत्त्व 'कल्पना का सन्दर्भ' सिद्ध होता है। एक भी कलाकृति ऐसी नहीं होगी जो यथार्थ की हूबहू प्रतिकृति हो। 'गोदान' को हम सब यथार्थवादी उपन्यास कहते हैं, पर ठीक 'होरी' जैसा एक भी किसान सारे भारतवर्ष में नहीं निकल सकता। इस कथन के बावजूद हम यह भी कहना चाहेंगे

कि 'होरी' ही वास्तविक भारतीय किसान का प्रतिनिधि है। पर यह विरोधाभास नहीं है—कल्पना शक्ति का चमत्कार है। विभिन्न किसानों में उपस्थित गुणों-अवगुणों, कमजोरियों एवं शक्तियों को लेखक ने अपनी कल्पना से एक स्थान पर एकत्र कर दिया है और यह पात्र अपने आप में स्वतन्त्र व्यक्तित्व भी है और प्रतिनिधि पात्र भी। इस कृति में लेखक ने यथार्थ की बिखरी वस्तुओं, परिस्थितियों या घटनाओं का ही नया संयोजन किया है। यों लेखक अपने श्रेष्ठ कलात्मक सृजन की स्थिति में प्रकृति या यथार्थ के विरुद्ध भी जा सकता है। गेटे ने एक बार एकरमान से बातचीत करते हुए उसे प्रसिद्ध चित्रकार रूबेन का एक लैण्डस्केप दिखाया। चित्र में गोधूलि वेला में नगर, ग्राम, पेड़, पशु, मनुष्यों का चित्रण किया गया था। सब कुछ एकदम प्रकृत और यथार्थ था। पर ध्यान से देखने पर एकरमान ने आश्चर्यचकित होकर लक्षित किया कि चित्र में पेड़ों की छायाएँ बाहर की ओर पड़ रही हैं और मजदूरों की भीतर की ओर। पेड़ों की छाया में मजदूरों की प्रकाशवान सूरतें उभारी गयी थीं और उन मजदूरों की छायाएँ भीतर दूसरी दिशा की ओर पड़ती दिखाई गयी थीं। स्पष्ट है कि भिन्न-भिन्न दिशाओं में छायाएँ दिखना प्रकृति विरुद्ध है। पर गेटे के अनुसार कलाकार की प्रतिभा इसी स्थान पर उभरती है। वह इसे प्रकृति के विरुद्ध नहीं प्रकृति के ऊपर जाना कहता है। उसके अनुसार,

> *"कलाकार प्रकृति के ऊपर खड़ा होकर उसे अपने श्रेष्ठ उद्देश्यों के अनुरूप व्यवहृत करता है।...वास्तव में कलाकार को विस्तृतियों में निश्चय ही प्रकृति का ईमानदारी और श्रद्धा के साथ अनुकरण करना चाहिए। परन्तु कलात्मक सृजन के उच्च-स्तरों में, जिनसे कि एक चित्र बनता है, उससे अपेक्षाकृत स्वातन्त्र्य है, और यहाँ पर वह कल्पना या झूठ का प्रयोग कर सकता है, जैसा कि रुबेन ने अपने लैण्डस्केप में दुहरे प्रकाश द्वारा किया है। ...कलाकार का प्रकृति से दोहरा सम्बन्ध होता है। वह साथ ही उसका मालिक भी होता है और गुलाम भी।"*

यहीं पर एक चेतावनी अति आवश्यक है कि कल्पना प्रयोग का तात्पर्य यथार्थ का बहिष्करण नहीं है, वह तो प्रत्येक कृति में ईश्वर की सत्ता की तरह व्याप्त रहता है, और इसी कारण उसे अलग से एक तत्त्व के रूप में हम दिखा नहीं रहे हैं।

6. रूपाकार एवं माध्यम का सचेष्ट उपयोग : साहित्य या कला में रूप, शिल्प, फार्म या एक साँचा अवश्य होता है। अन्य लेखन प्रकारों (शास्त्र-विज्ञान आदि) में इस बात का महत्त्व नहीं कि उन्हें कैसे लिखा गया है। अर्थशास्त्र की पुस्तक प्रश्नोत्तर शैली में भी लिखी जा सकती है, वार्तालाप के ढंग पर भी उसके विषय को समझाया जा सकता है, तथा उसका विवरणात्मक-तथ्यात्मक निरूपण भी हो सकता है। परन्तु इससे उस पुस्तक का न तो 'प्रकार' बदलता है और न इससे उसकी उकृष्टता या अपकृष्टता पर ही प्रभाव पड़ता है। पुस्तक 'अर्थशास्त्र' की

ही कही जायेगी। परन्तु साहित्यिक कृति में उसके रूपाकार का अत्यधिक महत्त्व होता है। यह बात हम पीछे भी कह चुके हैं। भावजगत की वस्तु को आकार देने का प्रयास, ऐसा आकार देने का प्रयास, जिससे कि वह भाव अधिक-से-अधिक सम्प्रेष्य बन सके और अन्य चित्रों में भी वैसी ही दीप्ति या द्युति उत्पन्न कर सके, कलाकार का लक्ष्य होता है। इसके लिए वह भाषा, छन्द, अप्रस्तुत विधान, वर्णयोजना आदि की सम्भावनाओं का अधिक-से-अधिक उपयोग करता है। अनेक चरित्रों, बिम्बों, प्रतीकों, घटनाओं, कथावस्तु के मोड़ों, संवाद की वक्रताओं आदि की खोज और प्रयोग करता है। रूप और माध्यम इस दृष्टि से भी महत्त्वपूर्ण होते हैं कि इनके द्वारा हम साहित्य की भी अनेक विधाओं को पहचानते और उनका वर्गीकरण करते हैं। गद्य, पद्य, कहानी, उपन्यास और नाटक के विभाजन रूपाकार एवं माध्यम के ही हैं। यों मूल रूप से वे कलाकृतियाँ, साहित्यिक रचनाएँ हैं। कुछ लोगों ने उसे विविधता में एकता स्थापित करने वाला कहा है तो कुछ ने उसे जैविक शरीर का रूपक दे दिया है। राजशेखर ने 'काव्य मीमांसा' में काव्य पुरुष का रूप बताते हुए कहा है–

> *"शब्द और अर्थ तेरे शरीर हैं। संस्कृत भाषा मुख है। प्राकृत भाषाएँ तेरी भुजाएँ हैं। अपभ्रंश भाषा जंघा है। पिशाच भाषा चरण है। और मिश्र भाषाएँ वक्षस्थल हैं। तू सम, प्रसन्न, मधुर, उदार और ओजस्वी है। तेरी वाणी उत्कृष्ट है। रस तेरी आत्मा है। छन्द तेरे रोम हैं। प्रश्नोत्तर, पहेली, समस्या आदि तेरे वाग्विनोद हैं। और अनुप्रास, उपमा आदि तुझे अलंकृत करते है।..."*

पर काव्य पुरुष या साहित्य शरीर की कल्पना भी अनेकत्व में एकत्व की स्थापना का प्रयास ही है। इससे अधिक इसे घसीटना साहित्य का भी अपमान करना है और मनुष्य शरीर का भी।

साहित्य के स्वरूप सम्बन्धी विवेचन को समाप्त करने के पूर्व एक बात की ओर ध्यान दिलाना आवश्यक है और वही बात वास्तव में साहित्यिक अध्ययन की आधारशिला है। कोई भी साहित्यिक कृति केवल सतह पर से समझी नहीं जा सकती। वह बहुस्तरीय ही नहीं होती, बल्कि उसका अत्यन्त जटिल स्तर विधान होता है। जो कृति जितने ही जटिल-स्तरों पर आधृत होती है, वह उतने ही अधिक व्यक्तियों एवं युगों में प्रिय होती है। अतः साहित्यिक अध्ययन का प्रारम्भ कृति के इन विविध-स्तरों के विश्लेषण द्वारा होना चाहिए। ये स्तर रूप और शिल्प के भी होते हैं। और उसको अभिव्यक्त करनेवाली जीवन और जगत् की छवियों के भी।

साहित्य के ऊपर उल्लिखित तत्त्व कृतियों में भिन्न-भिन्न मात्रा में मिलते हैं। कभी-कभी कुछ कृतियाँ ऐसी भी होती हैं कि हम उन्हें ललित साहित्य (साहित्य का हम जिस अर्थ में उपयोग कर रहे हैं) या शक्ति-साहित्य के अन्तर्गत रखें अथवा

ज्ञान और शास्त्र के अध्ययन सिलसिले में, हमें ऐसी कृतियों के साहित्यिक क्षेत्र में, ऐसी कृतियों में दोनों तत्त्व मिले होते हैं। हमारा विचार है कि अपने साहित्यिक या कलात्मक तत्त्वों को ही ध्यान में रखना चाहिए। यदि इतिहास उपन्यास की रोचकता लेकर लिखा गया है तो हमारा कर्म उसके औपन्यासिक गुण का अध्ययन या आकलन होगा, ऐतिहासिक तथ्यों की प्रामाणिकता या अप्रामाणिकता का निर्णय इतिहासज्ञ के अध्ययन का क्षेत्र है।

लहर : जुलाई, 1960

आलोचना की विविध परिभाषाएँ और उसका स्वरूप

प्रत्येक प्रौढ़ व्यक्ति आलोचक होता है। यह बात चौंकानेवाली नहीं है। किसी भी वस्तु, विषय या व्यक्ति के सम्पर्क में आने पर मनुष्य उसका कुछ-न-कुछ प्रभाव ग्रहण करता है। यह प्रभाव ग्रहण अत्यधिक प्रवृत्तिमूलक अथवा भावात्मक होता है। तत्पश्चात्, उस विषय या वस्तु का सज्ञान अथवा अचेतन रूप से मनुष्य कुछ-न-कुछ विश्लेषण भी करता है—यह क्रिया बौद्धिक अधिक होती है। अन्त में हम उसकी अच्छाई-बुराई आदि के बारे में एक निश्चित मत भी बना लेते हैं। उदाहरण के लिए एक व्यक्ति एक दुकानदार के यहाँ एक कपड़ा देखता है। कुछ कपड़ों को देखते ही वह उनकी ओर आकर्षित होता है। आकर्षित होने के बाद कपड़ों को हाथ में लेकर अधिक निकट से उनके रंग, डिजाइन, बनावट, टिकाऊपन, मूल्य आदि की परीक्षा करता है। इस परीक्षण में वह अपनी बुद्धि का भी उपयोग करता है और साथी या दुकानदार या अन्य किसी ग्राहक की भी राय लेता है और प्रभावित होता है। अन्त में वह एक या कुछ कपड़ों को अच्छा या बुरा निर्णय देते हुए खरीदता या अस्वीकृत करता है। यानी कि समीक्षा के मूल में अन्तर कर सकनेवाली शक्ति निहित होती है। जब हम बताते हैं कि कौन-सी मिठाई क्यों श्रेष्ठ है तब अपनी अन्तर कर सकनेवाली स्वादुशक्ति का परिचय देते हैं, जब हम यह कहते हैं कि क्यों एक मिठाई अधिक श्रेष्ठ है तब और भी ऊँची कोटि के स्वाद अनुभव को व्यक्त किया जाता है। जीवन में हम शीत, उष्ण, लाल, पीले के अन्तर से समीक्षण क्रिया का प्रारम्भ करते हैं। धीरे-धीरे सुन्दर-असुन्दर, मधुर-कर्कश के अन्तर को स्पष्ट करते हुए हम इस वृत्ति का इतना विकास कर लेते हैं कि अपनी सम्पृक्ति में आनेवाली हर घटना, प्रत्येक पदार्थ एवं व्यक्ति की जाने-अनजाने समीक्षा करने लगते हैं। इसी अर्थ में प्रत्येक प्रौढ़ व्यक्ति आलोचक होता है पर यह समीक्षावृत्ति अत्यधिक रूप से प्रभावपरक होती है। परिणामस्वरूप अपने दैनिक व्यवहार में प्रयुक्त होनेवाली अपेक्षाकृत कम भाव-प्रतिक्रिया जगानेवाली कृतियों की उत्कृष्टता, अपकृष्टता, टिकाऊपन या निर्बलता का निर्णय करने में वह समर्थ हो जाता है। पढ़ते समय, चित्र देखते समय, काव्य सुनते समय अपनी तीव्र भावोन्मेषिनी शक्ति के कारण पाठकों को कला-कृतियाँ अपने साथ बहा

ले जाती हैं। मनुष्य कुछ क्षणों के लिए उन्हीं के मध्य जीने लगता है (यानी कि वह मिठाई तो खाता रहता है, पर यह नहीं बता पाता कि क्यों यह इतनी सुस्वादु है।) पाठक स्वाद या रस लोभ एवं कृति के प्रभाव में कुछ इतना बह जाता है कि उस समय कृति से पृथक् खड़े होकर उसका वस्तुपरक विवेचन नहीं कर पाता। किसी कथा के मूल्य संघर्षों के बीच से भावात्मक रूप से गुजरना तथा उनका बौद्धिक रूप से महत्त्व अनुभव करना या किसी पात्र की पात्रता, उपयुक्तता आदि को दृष्टि पथ में रखना, भिन्न-भिन्न क्रियाएँ हैं। आत्मपरक अनुभूति और वस्तुपरक परख जितनी कृतिकार के लिए आवश्यक है, उतनी ही समीक्षक के लिए भी। पर पाठक कृति के तात्कालिक प्रभाव में इतना बह जाता है कि वह अपनी समीक्षण वृत्ति को भी कुण्ठित हो जाने देता है। यहीं पर कला समीक्षक उभर कर आता है। वह प्रभाव भी ग्रहण करता है तथा कृति का सर्वेक्षण करते हुए एक प्रकार की विवेचनपरक स्वीकृति भी प्रदान करता है। उसमें व्यक्त मूल्यों का उसे आकलन ही नहीं कृति के सर्वांगीण प्रभाव का मूल्यांकन भी करना होता है। कृतिकार के पुण्य अनुभव का मात्र भावन करना पर उसकी परीक्षा न करना जीवन में अन्धभाव से चलना है। लेखक जिन धारणाओं को पाठक समूह तक पहुँचाना चाहता है, उसके प्रति पूर्ण जागृति बोध प्राप्त करना या कराना कलाकार के ही कार्य को पूरा करना है।

साहित्य, पदार्थ जगत् से परे भाव एवं विचारों का क्षेत्र है। समीक्षा इन अनिन्द्य ग्राह्य पदार्थों का लेखा-जोखा लेने का प्रयास करती है, अतः उसे स्थूल व्यावहारिक, उपादेयताओं के मापदण्डों का परित्याग कर साहित्य दर्शन या जीवन दर्शन की सूक्ष्म प्रणालियों का अवलम्ब ग्रहण करना होता है।

ऊपर समीक्षण क्रिया के प्रसंग में हमने तीन स्थितियों का संकेत किया है—कपड़े का प्रभाव, कपड़े की पूरी जाँच-पड़ताल और फिर खरीदने, न खरीदने के निर्णय। साहित्यिक समीक्षा के क्षेत्र में भी ठीक यही स्थिति है। इन तीन क्रियाओं को लेकर ही समीक्षा की तीन प्रमुख शैलियाँ भी बन गयी हैं : प्रभावाभिव्यंजक, व्याख्यात्मक एवं निर्णयात्मक। तथा इन्हीं तीन क्रियाओं में से एक, दो अथवा तीनों के आधार पर समीक्षा सम्बन्धी परिभाषाएँ भी विचारकों ने दी हैं। नीचे हम उन्हीं की परीक्षा एवं विमर्श करेंगे। डिक्शनरी ऑफ वर्ल्ड लिटरेचर में कहा गया है : "That is the ideal order in structure responses, voluntary understanding, final evaluation."

स्पष्ट है कि भाव के मनोवैज्ञानिक विकास क्रम में पहली स्थिति स्वाभाविक प्रभावगत प्रतिक्रिया की होती है। जहाँ पाठक अपने इस प्रभाव की बिना किसी तटस्थ विश्लेषण एवं व्याख्या के मात्र भावाभिभूत अभिव्यक्ति प्रस्तुत करता है, वहीं प्रभावाभिव्यंजक (या रचनात्मक) समीक्षा का उदय होता है। कार्लाइल ने अपनी परिभाषा में इसी का संकेत किया है : "Literary criticism is nothing and should be nothing but the recital of one's personal adventures with a book." अर्थात्

"समीक्षा न तो और कुछ है तथा उसे न और कुछ होना चाहिए सिवाय व्यक्ति के किसी पुस्तक के प्रति निजी प्रयत्नों की गाथा के।" इसी को और स्पष्ट करते हुए कार्लाइल ने कहा है : "To have sensations in the presence of a work of art and to express them that is the function of criticism for the impressionistic critic." यानी "प्रभाववादी समीक्षक का व्यापार मात्र इतना है कि किसी कलाकृति के समक्ष संवेदन का अनुभव और उन संवेदनाओं की अभिव्यक्ति करे।"

पर वैयक्तिक संवेदनों की अभिव्यक्ति के बारे में यह ध्यान में रखना चाहिए कि मनुष्य की रुचियाँ इतनी भिन्न होती हैं कि यदि उन्हें ही आधार मान लिया जायेगा तो कृतियों का वास्तविक मूल्यांकन सम्भव नहीं होगा। वैयक्तिक रुचियाँ समाज की स्थापित परम्परा से लेकर पागलपन की सनकों तक फैली होती हैं—ऐसी स्थिति में किसे प्रमाण माना जाय, यह निश्चित करना असम्भव है। इस समीक्षा शैली द्वारा पाठक को रचना का वह सघन बोध नहीं प्राप्त होता, जिसकी समीक्षा से अपेक्षा की जाती है, क्योंकि समीक्षक यह बताने में अधिक दिलचस्पी लेता है कि रचना पढ़ कर उसके हृदय में कौन-से संवेदन जाग्रत हुए, अपेक्षाकृत यह बताने के कि रचना में ऐसा क्या है जो उन संवेदनों को उद्दीप्त कर रहा है। जब प्रभावाभिव्यंजक समीक्षा कृति की व्याख्या करने का प्रयास करती है, उस समय वह भी भावात्मक अनुभूति के वेग के कारण एक दूसरी कलाकृति बन जाती है[1], जो निश्चित रूप से पहले की अपेक्षा हीन होती है। मौलिक कलाकृति जहाँ जीवन के यथार्थ के आवेग से परिचालित होती है वहीं यह प्रभावपरक कलाकृति उस कृति से प्रभाव ग्रहण करती है। यथार्थ से जितना ही दूर का यह नाता होता जाता है, कलाकृति की शक्ति उतनी ही घटती जाती है। प्रभाववादी समीक्षक जब निर्णय या मूल्यांकन की ओर बढ़ता है, उस समय भी अहा हा, वाह-वाह, सुन्दर आदि भावोच्छ्वास एवं विरुदावली प्रकाशन ही अधिक होता है, बौद्धिक एवं मूल्यपरक निर्णय नहीं।

समीक्षण-प्रक्रिया का दूसरा चरण खोजबीन, विश्लेषण, व्याख्या, परीक्षण आदि की क्रियाएँ हैं। यहाँ अपने स्वाद या आनन्द मात्र से (व्यक्तित्व से) तटस्थ होकर कलाकृति के प्रकृत रूप पर समीक्षक की दृष्टि जमी है। कलाकृति क्यों प्रकाशित कर रही है; उसमें काव्यानुभूति का स्वरूप और प्रकार क्या है; किन ऐतिहासिक, सामाजिक परिस्थितियों या कलाकार के सर्जक व्यक्तित्व की कुण्ठाओं अथवा शक्तियों से वह परिचालित हो रही है; कृति के रूप और निर्णय के उपादान क्या हैं, इन उपकरणों की संयोजन विधि कैसी है—ये सभी प्रश्न व्याख्यात्मक समीक्षा से सम्बन्धित हैं। डब्ल्यू. एच. हडसन ने आलोचना की परिभाषा को व्याख्या क्षेत्र में सीमित करते हुए कहा है :

1. "Each of us if we are sensitive to impressions and express ourselves well, will produce a new work of art to replace the work which gave us sensations. That is the art of criticism." Spingarn—The New Criticism.

"If creative literature may be defined as an interpretation of life under the various forms of literary art, critical literature may be defined as an interpretation of that interpretation and of the forms of art through which it is given."

"सृजनात्मक साहित्य यदि विभिन्न साहित्य-कला रूपों में जीवन की व्याख्या कहा जा सकता है तो समीक्षात्मक साहित्य उस व्याख्या तथा उन कलारूपों की व्याख्या कहा जा सकता है।" बाबू श्याम सुन्दर दास ने इस तथ्य को हूबहू स्वीकार करते हुए कहा है: "यदि साहित्य जीवन की व्याख्या है तो आलोचना उस व्याख्या की व्याख्या।" व्याख्यात्मक समीक्षक न तो अपनी वैयक्तिक रुचियों को ही महत्त्व देता है और न ही किन्हीं मानदण्डों को ही उपयुक्त मानकर चलता है। प्रत्येक कृति अपने आप में एक स्वतन्त्र व्यक्तित्व रखती है, उसके इस व्यक्तित्व के विविध तत्त्वों की वह व्याख्या करता है। वह न तो उत्तम-मध्यम-अधम की श्रेणियाँ बनाता है और न तुलना करते समय श्रेष्ठता या निकृष्टता का निर्णय करता है। भिन्न-भिन्न कारणों से रचना पर प्रकाश डाल कर उसके विभिन्न पक्षों को उजागर करना ही व्याख्यात्मक समीक्षक का काम्य कर्म है। मोल्टन ने इसे स्पष्ट करते हुए कहा है—

> *"व्याख्यात्मक समीक्षक कृति की परीक्षा विशुद्ध परीक्षण की दृष्टि से करता है, कला को शेष प्रकृति के समान अन्तर विकास की वस्तु मानते हुए कलाकार के व्यवहार में कला के नियमों को देखता है..और जो कि तभी आत्मसात किये जा सकते हैं जबकि उस विशेष प्रकार (कला) के अनुकूल बिना किसी बाह्य हस्तक्षेप के मस्तिष्क का दृष्टिकोण हो।"*

बहुत से विचारकों (सेण्ट ब्यूर्व, ऑडेन, आर्नल्ड आदि) के अनुसार, आलोचना का सर्वोत्तम ध्येय सर्वोत्तम साहित्यिक एवं सांस्कृतिक परम्पराओं का पालन करना है। मानव जीवन की आधारभूत एकता, कलाकार के अनुभवों और उसकी कृतियों का पारस्परिक सम्बन्ध तथा कलात्मक मूल्यों एवं जीवन के अन्य मूल्यों से सम्बन्ध स्थापित करना आलोचना का पुनीत ध्येय है। स्पष्ट है कि ऐसी समीक्षा पाठकों, लेखकों सभी को रचना के प्रति एक जाग्रत बोध देती है। कृति के निहितार्थों, उसके अस्पष्ट रचना स्रोतों एवं प्रभाव की अरूप रेखाओं का स्फटिकवत् स्पष्टीकरण करने का उसका प्रयास स्तुत्य है। इसी कारण आचार्य रामचन्द्र शुक्ल जैसे विलक्षण समीक्षक ने भी प्रभावाभिव्यंजक और निर्णयात्मक समीक्षाओं की निन्दा करते हुए व्याख्यात्मक समीक्षाओं की ओर ही अपना झुकाव दिखाया है। उनके अनुसार—

> *"व्याख्यात्मक आलोचना किसी ग्रन्थ में आयी हुई बातों को एक व्यवस्थित रूप में सामने रखकर उनका अनेक प्रकार से स्पष्टीकरण करती है। यह मूल निर्धारित करने नहीं जाती। ऐसी आलोचना अपने शुद्ध रूप में काव्य वस्तु*

तक ही परिमित रहती है अर्थात् उसी के अंग-प्रत्यंग की विशेषताओं को ढूँढ़ निकालने और भावों की व्यवच्छेदात्मक व्याख्या करने में तत्पर रहती है। पर इस व्याख्यात्मक समालोचना के अन्तर्गत बहुत-सी बाहरी बातों का भी विचार होता है—जैसे सामाजिक, राजनीतिक, साम्प्रदायिक परिस्थिति आदि का प्रभाव।"
(हि.सा. का इतिहास, पृ. 484)

व्याख्या की परिणति किसी-न-किसी प्रकार के निर्णय या मूल्यांकन में अवश्य होती है। कपड़ा परीक्षित हो गया फिर खरीदना उचित है या नहीं, मूल्य ठीक है या कम-ज्यादा है, ये सभी नितान्त स्वाभाविक हैं। कलाएँ भी मानवीय कार्यवाहियों का ही प्रकाश हैं और कला समीक्षण भी मनुष्य की ही क्रिया है, ऐसी स्थिति में सामान्य प्रक्रिया से वह अलग नहीं हो सकती। अन्तर मात्र इतना है कि वह अपेक्षाकृत अधिक श्रमसाध्य, बोध साध्य (अथवा प्राचीन शब्दावली में तप-साध्य) श्रेष्ठतर क्रिया है। सम्पूर्ण मानवता जीवन में जो कुछ उपलब्ध करती आयी है उसका उसने सदैव मूल्यांकन किया है। जिसे उसने मूल्यवान समझा है उसे सूम के धन के समान वक्षस्थल में सँजो रखा है पर जो उसे अनुपयोगी लगा है उसे बिना किसी ममत्व के झाड़कर अलग हो गयी है। दुनिया सचमुच ही बड़ी भुलक्कड़ है, वह उतना ही याद रखती है जितना मूल्यवान होता है। अस्तु मूल्यांकन की यह स्वाभाविक प्रवृत्ति न चाहने पर भी व्याख्यात्मक कृतियों में झलक उठती है। वह मुखर भले न हो पर निर्णयपरक अर्थ उसमें निहित रहते हैं जिनकी ध्वनि सुनी जा सकती है। शुक्ल जी तुलसी को श्रेष्ठ कवि मान रहे हैं और सूर को अपेक्षाकृत छोटा, यह उनकी व्याख्याओं से स्पष्ट है। वास्तव में समीक्षक यदि मूल्यांकन से कतराता है तो इसका अर्थ है कि उसमें अपेक्षित प्रतिभा या साहस की कमी है जिसके कारण अपने उत्तरदायित्व को वह पूरी तरह निभा नहीं पा रहा है। आर्नल्ड, लेविसमन्फोर्ड जैसे व्यक्तियों ने इस उत्तरदायित्व को ध्यान में रखकर ही आलोचकों को युग से भी बड़ा कहा है। रिचर्ड्स के अनुसार—

"इस क्षेत्र (आलोचना) के व्यक्ति अपने युग की प्रथम श्रेणी की बुद्धि रहे हैं। कृति की विशेषताएँ (अन्तर या बाह्य) बता देना पर्याप्त नहीं है, वह कृति कितनी मूल्यवान है, उसकी अनुभूति मानवता के व्यापक विकास सन्दर्भ में कितनी महत्त्वपूर्ण है, यह बताना समीक्षा के प्रकृत क्षेत्र के भीतर ही रहना है।"

आचार्य शुक्ल के प्रिय समीक्षक आई.ए. रिचर्ड्स ने इस तथ्य को पहचान कर ही कहा था, आलोचक का तात्पर्य किसी वस्तु के मूल्यों का निर्णय करना है (To set up as critic is to set up as a judge of value)। ये मूल्य क्या हैं? क्या जीवन के मूल्य साहित्य के मूल्यों से भिन्न होते हैं (मेरा विचार है कि जीवन के श्रेष्ठतम मूल्य साहित्य पर भी लागू होते हैं) अथवा इन मूल्यों की कसौटी क्या है?

ये सभी अत्यन्त विवादास्पद प्रश्न हैं और उनका निर्णय करने में अनेक समीक्षा सम्प्रदाय उठ खड़े हुए हैं जो महत्त्वपूर्ण होते हुए भी एकांगी हैं। परन्तु हम इस स्थान पर इन प्रश्नों की छानबीन में प्रस्तुत नहीं होंगे अन्यथा हम अपने विवेच्य प्रसंग से च्युत होकर विपथगा भी बनेंगे।

एनसाइक्लोपीडिया ब्रिटेनिका में समीक्षा को मुख्यतः निर्णय मानते हुए घोषित किया गया है, "साहित्य या ललित कलाओं में एक सुन्दर विषय के गुणों एवं मूल्यों का निर्णय करने की कला ही समीक्षा है, इसमें निर्णय की निर्मिति तथा अभिव्यक्ति निहित है।" परन्तु जब विक्टर ह्यूगो कहते हैं, **"रचना अच्छी है या बुरी, यही समीक्षा का क्षेत्र है।"** तब वे नैतिक निर्णय पर पहुँच जाते हैं। अच्छाई-बुराई का निर्णय कर देना, नम्बर दे देना वास्तविक मूल्यांकन नहीं है। बहुधा लोग अच्छाई-बुराई का निर्णय अपनी वैयक्तिक रुचि (मूल में प्रभाववादी समीक्षा) के अनुसार दे बैठते हैं। शुक्ल जी ने ऐसी समीक्षा पद्धति के लिए अत्यन्त उपयुक्त टिप्पणी दी है–

"केवल निर्णयात्मक समालोचना की चाल बहुत कुछ उठ गयी है। अपनी भली-बुरी रुचि के अनुसार कवियों की श्रेणी बाँधना, उन्हें नम्बर देना अब एक बेहूदा बात समझी जाती है।"

यद्यपि यह सम्भव है कि आलोचक निर्णय देने के पूर्व अपने मन में ही व्याख्या कर ले। पर व्यापक साहित्यिक संस्कार के लिए आवश्यक है कि व्याख्या एवं निर्णय या आकलन समन्वित रूप में सामने आये। अंग्रेजी समीक्षक मोल्टन ने स्पष्ट रूप से कहा है कि **कोई भी निर्णयात्मक समीक्षा तब तक किसी मूल्य की नहीं होती जब तक कि व्याख्यात्मक समीक्षा उसके पूर्व न आयी हो।** प्रत्येक विवेकी समीक्षक ने इस बात का अनुभव किया है कि समीक्षा एक संश्लिष्ट तात्त्विक क्रिया है। उसकी प्रक्रिया ऋजु एवं सरल न होकर अत्यन्त जटिल एवं सूक्ष्म होती है। मैथ्यू आर्नल्ड ने यद्यपि व्याख्या एवं निर्णय के नाम नहीं लिए पर समीक्षा का जो भी स्वरूप उन्होंने प्रस्तुत किया है वह अत्यन्त संश्लिष्ट है–'संसार में जो श्रेष्ठतम जाना या सोचा गया है उसको पढ़ने एवं प्रचारित करने का तटस्थ प्रयत्न।' इस परिभाषा में भाव की तटस्थता (व्यक्तिगत रुचि ही नहीं वस्तुगत दृष्टिकोण), श्रेष्ठतम की पहचान, फिर उसकी समझ (पहचान और समझ में निर्णय एवं व्याख्या निहित हैं) तत्पश्चात् उसका प्रचार (अभिव्यक्तिकरण) आदि अनेक तत्त्वों पर बल दिया गया है। कुछ ऐसा ही समन्वयात्मक प्रयत्न शिप्ले द्वारा सम्पादित 'डिक्शनरी ऑफ वर्ल्ड लिट्रेचर' में किया गया है। उसके अनुसार–

"कलाकृति के उस सज्ञान मूल्यांकन या सराहना को समीक्षा कहते हैं जो या तो आलोचक की व्यक्तिगत रुचि के या किन्हीं स्वीकृत सौन्दर्यपरक धारणाओं के अनुसार किया गया हो।"

इस परिभाषा में व्याख्या एवं निर्णय ही नहीं प्रभावात्मकता को भी समेटने का प्रयास किया गया है परन्तु इस बात में एक बड़ा दोष यह है कि मूल्यांकन का पैमाना व्यक्तिगत रुचि को भी स्वीकार किया गया है। वैयक्तिक प्रभाव ग्रहण समीक्षा की प्रारम्भिक क्रिया और स्थिति है, निर्णय का मापदण्ड बन जाने पर वह लाभ की अपेक्षा हानि अधिक पहुँचाती है। साहित्य दर्शन एवं जीवन दर्शन की निश्चित धारणा के अभाव में समीक्षा का स्वरूप अत्यधिक अनिश्चित एवं तरल हो जाता है, उसमें वैयक्तिक पूर्वग्रहों की प्रधानता हो जाने का भय रहता है, जबकि टी.एस. इलियट के शब्दों में आलोचक को अकसर पहले अपने वैयक्तिक पूर्वग्रहों एवं सनकों को अनुशासित करने का प्रयास करना चाहिए। के. जामिया ने डिक्शनरी ऑफ वर्ल्ड लिट्रेचर में ऊपर कही गयी बात को ही अधिक सन्तुलित करने के लिए बताया है कि कृति की प्रेरक शक्ति, विकास की अवस्थाओं का पुनः भावन है तथा कृति के भाव सौन्दर्य एवं अभिप्रायों को यथासम्भव समझना एवं उनकी व्याख्या करना ही कलाकृति की समीक्षा है।

समीक्षा की एक अत्यन्त सटीक एवं व्यवस्थित परिभाषा डॉ. देवराज ने दी है—"आलोचना किसी कलाकृति में निबद्ध अनुभूति के विश्लेषण, व्याख्या और मूल्यांकन का प्रयत्न है।"

विश्लेषण, व्याख्या एवं मूल्यांकन की ये तीनों प्रक्रियाएँ सर्वथा सर्वतन्त्र स्वतन्त्र नहीं हैं। लेखक ने अपने मन्तव्य को स्पष्ट करते हुए बताया है कि कृति के उपादानभूत तत्त्वों का विश्लेषण ही प्रथम क्रिया के अन्तर्गत है। विश्लेषण का लक्ष्य आलोच्य कृति के उन तत्त्वों या अंशों का पृथक्करण है जो कृति की प्रभावात्मकता के हेतु हैं। प्रत्येक कृति में लेखक की अनुभूतियाँ निबद्ध होती हैं। जीवन के महत्त्वपूर्ण स्पन्दनों की अभिव्यक्ति के लिए कलाकार संगीत, चित्र, लय, वर्णयोजना, अप्रस्तुत विधान आदि अनेक उपकरणों का प्रयोग करता है। विश्लेषण के समय समीक्षक इस अभिव्यक्ति को संगठित एवं प्रभविष्णु रूप देने वाले तत्त्वों को विविक्त करता है। व्याख्या के द्वारा इन विश्लेषित तत्त्वों को कलाकार के परिवेश में स्थित अधिक व्यापक समदृष्टियों से सम्बन्धित कर दिया जाता है। वह उन समसामगिक तथा ऐतिहासिक प्रभावों की छानबीन करता है जिन्होंने कलाकार द्वारा विशिष्ट सामग्री के चयन और उस सामग्री के संगठन में निहित गौरव को निर्धारित किया। फिर कलाकृति स्वयं अपने समसामयिक जीवन से प्रभावित ही नहीं होती, प्रभावित करती भी है। इस प्रभाव के स्वरूप, प्रकार एवं गुण की व्याख्या भी समीक्षा की इस स्थिति में होनी चाहिए। किसी कलाकृति की व्याख्या का अर्थ है, उसे कार्य और कारण दोनों रूपों में रचयिता के युग, वातावरण और परिवेश से सम्बद्ध कर देना। व्याख्या के अन्तर्गत ही रचनाकार या मनोविज्ञान, रचना में उसकी अभिव्यक्ति की स्थितियों तथा कृति में आयी घटनाओं, चरित्रों आदि की मनोवैज्ञानिक या समाजशास्त्रीय परीक्षा भी सम्मिलित हैं।

परन्तु विश्लेषण और व्याख्या अपने आप में काम्य नहीं है। इनका चरम प्रयोजन कृति विशेष का मूल्यांकन है। मूल्यांकन में अर्थ या अभिप्राय का आकलन निहित है। इसमें कलाकृति के विभिन्न पहलुओं का अलग-अलग मूल्यांकन (चित्र विधान, संगीत योजना, चरित्र-चित्रण, कल्पना की व्यापकता, बौद्धिक या नैतिक स्वर का) भी सम्भव है, जैसे कि एक व्यक्ति का मूल्यांकन भी अनेक कारणों से सम्भव है। इसी कारण बहुधा विभिन्न समीक्षक विभिन्न कलाकृतियों में विभिन्न कोटियों के प्रभावों को देखते या स्वीकारते हैं तथा उनमें मूल्यांकन सम्बन्धी मतभेद हो सकते हैं।[1] कलाकृति के इन विभिन्न कोणों या विभिन्न प्रभावों में से जो समीक्षक अपनी दृष्टि के अन्तर्गत जितने अधिक को स्वीकार कर सकेगा, उसकी समीक्षा भी उतनी ही मूल्यवान बनेगी। हम यह पहले कह चुके हैं कि समीक्षा का रास्ता ऋजु और सरल नहीं, सूक्ष्म तथा जटिल होता है तथा कलाकृति भी अत्यधिक संकुल स्तरोंवाली होती है। ऐसी स्थिति में समीक्षा को इन विविध जटिल एवं संकुल स्तरों को विश्लेषित, व्याख्यायित एवं आकर्षित करना होता है। स्पष्ट है कि समीक्षा को अधिक-से-अधिक बहुमुखी होना पड़ता है। यों मूल्यांकन के सबसे अधिक आवश्यक पहलू पर विचार करते हुए डॉ. देवराज ने एक महत्त्वपूर्ण बात कही है, "कलाकृतियों की एक विशेषता की कभी उपेक्षा न होनी चाहिए...उनकी वह शक्ति जिसके द्वारा वे हमारे सचेत जीवन और अनुभूति को समृद्ध बनाती हैं।" मनुष्य के समसामयिक तथा ऐतिहासिक अनुभव से हमारा सम्बन्ध स्थापित करके कलाकृति इस कार्य को सम्पादित करती है। इसके लिए केवल यथार्थ का विश्लेषण या रचनातन्त्र की विवृत्ति ही यथेष्ट नहीं है। उसमें निबद्ध अनुभूति के महत्त्व का यह संकेत या स्पष्टीकरण नितान्त आवश्यक है कि प्रकाशित अनुभूति कहाँ तक स्वयं हमारी चेतना का विस्तार और संगठन करने में समर्थ है।

स्पष्ट है कि ऐसी समीक्षा साहित्य के पाठकों, लेखकों आदि को एक नयी चेतना एवं सजग बोध भी देती है और अपने आप में एक मूल्यवान अभिव्यक्ति बन जाती है।

मई, 1961

1. संस्कृति का दार्शनिक विवेचन—डॉ. देवराज के आधार पर।

गीत : नये अर्थ की खोज

किसी चीज के मूल्यवान होने के लिए 'नया' होना आवश्यक नहीं है और न ही 'नया' होकर कोई पदार्थ अनिवार्य रूप से मूल्यवान् माना जा सकता है। परन्तु ऐतिहासिक परिवर्तनों की प्रक्रिया जिस समय अत्यधिक त्वरित गतिशीला हो उठती है, उस समय बहुधा भाषा की असमर्थता के चलते अपरिभाषित मूल्यों या विशिष्टताओं के समुच्चय के लिए 'नया' शब्द सबसे अधिक नजदीक पड़ता है। अमरीका में राजनीति के क्षेत्र मैं रूजवेल्ट का 'न्यू डील' भी इसी प्रकार मूल्यवाचक ही था और हमारे साहित्य में 'नयी कविता' या 'नयी कहानी' भी इसी प्रकार की मूल्य-सत्ता की ओर इंगित करती हैं। इसी आधार पर कविता या कहानी का यह विशेषण सार्थक सिद्ध होता है, परन्तु यह प्रयोग जब अपनी इस मूल्य-सत्ता के स्थान पर 'नया शब्द' से लगे किसी फैशन या मात्र पुराने से अलगाव—ऐसा अलगाव जो किसी प्रकार के अन्य मूल्य-बोध से च्युत हो—के लिए प्रयुक्त होने लगे, तो शंकित ही नहीं, सावधान होने की आवश्यकता भी पड़ती है। मुझे लगता है कि 'नया गीत' शब्द ऐसी किन्हीं मूल्य बोधहीन स्थितियों में गढ़ा गया है। 'गीत' शब्द के साथ जब नया विशेषण लगाया जाता है, तो ऐसा लगता है कि 'गीत', कविता से भिन्न कोई अन्य साहित्यरूप है। जो लोग गीत को कविता से, कविता की कसौटी से, कविता के माध्यम या उपकरणों से अलग हटाकर देखते हैं, उनसे मुझे कुछ नहीं कहना। वे गीत के साथ जितने चाहें विशेषण जोड़ सकते हैं—किसकी हिम्मत है कि उन्हें टोके। ऐसे लोग नया गीत ही नहीं, नया महाकाव्य, नया खण्डकाव्य, नया मुक्तक आदि को भी नयी कविता से अलगा कर एक विधा के रूप में स्थापित कर सकते हैं। वस्तुतः जब 'कविता' में स्वरों का बदलाव हुआ, तो उसका प्रभाव सभी रूपों पर पड़ना था और गीतात्मक अभिव्यक्ति भी उससे वंचित नहीं रहती। इसलिए मेरा सुझाव है कि 'नये गीत' को 'नयी कविता' के समानान्तर किसी काव्यधारा के रूप में देखना अनुचित है। नयी कविता के भीतर ही वे स्वर भी हैं, जो मूलतः गीतात्मक हैं। उन कविताओं का गीतानुभव भी नयी व्यंजना से युक्त है। फिल्मी और कवि-सम्मेलनी मनोरंजक गीतों से भिन्न, शुद्ध गीति-स्वरों का सन्धान भी यहाँ पर है।

इसी सन्दर्भ में एक दूसरी महत्त्वपूर्ण बात कहना चाहूँगा कि कविता की मुख्य परम्परा, गीत नहीं है। भारत या पश्चिम के दो हजार वर्षों के साहित्य के इतिहास में गान-लेखक बहुत महत्त्वपूर्ण कभी नहीं माने गये। कालिदास या भवभूति के सामने जयदेव गौण कवि ही सिद्ध होंगे। फिर जयदेव भी शुद्ध गान-लेखक नहीं हैं—उनमें बराबर एक कथावृत्त विद्यमान रहा है। इसी प्रकार मध्यकाल में सूरदास या अन्य भक्त कवि लीला-गान करते हुए भी उस प्रकार के कवि निश्चित रूप से नहीं हैं, जिन्हें 'सांग-राइटर' कहा जाता है। उन लोगों के लीला-गानों का सन्दर्भ एक विशिष्ट गाथा का है और धर्म तथा इष्टदेव की वस्तुपरकता उन्हें शुद्ध गीति-संवेदना से परे हटा देती है। यहाँ गीत वस्तुतः भक्ति-भावना के वाहक हैं, माध्यम हैं और यह भावना एक आब्जेक्टिव स्तर पर बराबर विद्यमान है। वस्तुतः इस थीसिस की स्थापना करते हुए मेरे मन में गीत के दोनों अर्थ—गान और गीति-संवेदना का काव्य विद्यमान है। गान तो खैर, सभ्यता के विकास की अपेक्षाकृत प्रारम्भिक स्थितियों में साहित्य से अलग होने लगा था, पर गीति-संवेदना भी अपने समकालीन मनुष्य की प्रतिमा के निर्माण में अक्षम होती है। आज के युग को तो हम अत्यधिक जटिल, संकुल, बौद्धिक, यान्त्रिक आदि कहते हैं, पर अपेक्षाकृत सरल व्यवस्था वाले समाजों के भी सम्पूर्ण यथार्थ को व्यक्त करने के लिए प्रबन्ध-काव्य या नाट्य-काव्य की आवश्यकता पड़ती रही है, तथा जो मुक्तक भी लिखे जाते रहे, वे भी गीति-तत्त्व से अनिवार्य रूप से जुड़े नहीं रहे। मध्यकाल के अधिकांश कवित्त-सवैये गीति-तत्त्व रहित हैं।

आदिम समाज में गीत-गान को महत्त्वपूर्ण स्थान अवश्य प्राप्त था, परन्तु वहाँ परखने की बात यह है कि मिथ, संस्कार, संगीत, नृत्य आदि ज्ञान एवं कला के प्रकार भी उसी पंच में गुँथे हुए थे। और इस अर्थ में उसकी आत्मपरकता नहीं के बराबर रह जाती थी। उसकी परिणति और अभिव्यक्ति दोनों ही 'रिचुअल' में थीं। एक तीसरी बात इस सन्दर्भ में महत्त्वपूर्ण है कि ज्यों-ज्यों आधुनिकता के बढ़ाव के साथ हमारे जीवन में संकुलता, उलझाव एवं गाँठ-बहुलता आयी है, त्यों-त्यों आदिम जीवन के प्रति एक लालसा भी उभरी है। मार्क्स ने मध्यकाल में सामयिक असंगतियों के प्रति विद्रोह और चुनौती, धर्म को माना था, तो कहा जा सकता है कि वर्तमन की परम्परा ग्रथित रूढ़ियों, पाखण्डों, निरर्थक अनुशासनों, नैतिकता के रूढ़ प्रतिमानों आदि के प्रति अस्वीकार का भाव इस आदिम जीवन एवं परम्पराओं के आदि स्रोत की खोज में भी निहित है। यों आचार्य शुक्ल का सहारा लें, तो कविता का कार्य सभ्यता के आवरणों को उघाड़कर आदिम रूप-व्यापारों को सामने लाना होता है। आदिम रूप-व्यापारों की इस खोज का ही एक पड़ाव आदिम आवेगों का पुनर्ग्रहण भी हो सकता है। कवि ठाकुरप्रसाद सिंह की गवाही है कि सन् 50-51 के आसपास के अपने ही दुहराव से भयभीत किसी नये उद्वेग की खोज में थे। आकस्मिक नहीं है कि यही समय नवलेखन के प्रस्फुटन का भी है। चित्रकार गोगाँ को जिस आदिम

उद्वेग के लिए टाहिटी द्वीप में प्रवास करना पड़ा, वह ठाकुरप्रसाद को 'सन्थालों के बीच अनायास मिल गया।' ठाकुरप्रसाद तो खैर सन्थालों के बीच ही रम गये थे, पर इसी बीच अन्य कवि भी थे, जो आदिम उद्वेग की इस खोज में लोक-गीतों की ओर उन्मुख थे। केदार अग्रवाल, शम्भूनाथसिंह, गिरिजाकुमार, त्रिलोचन और 'नागार्जुन' ही नहीं, अज्ञेय तक इन लोक-गीतो की धुनों के सम्पर्क में आये थे। कथा-साहित्य में आंचलिकता भी इसी प्रवृत्ति का प्रकाशन है और अगर सम्पूर्ण सांस्कृतिक चेतना एक, और अखण्ड होती है तो इस तथ्य की ओर ध्यान दिलाना अप्रासंगिक न होगा कि इसी समय के आसपास लोकगीतों के संग्रह ही नहीं, अध्ययन-अध्यापन की ओर भी ध्यान गया था। पिछले दशक में दर्जनों शोध-प्रबन्ध लोक-साहित्य को लेकर लिखे गये हैं, बल्कि दशक का अन्त होते-होते उस ओर से ध्यान हटा है। जनतन्त्र की स्थापना के प्रयास के साथ ही 'जन-पद-जन' की ओर बौद्धिक एवं भावात्मक झुकाव या लगाव वस्तुतः एक आन्तरिक आवश्यकता थी। आवश्यकता है, अनुभव के नये क्षेत्रों, नये माध्यमों की खोज की; आवश्यकता है उस भाषा को पुनः खोजने की, जो छायावादी कल्पना-स्फीति एवं प्रगतिवादी नारेबाजी में अपना अर्थ खो चुकी थी। वस्तुतः भाषा—यानी कि बिम्ब, प्रतीक, उपमान, शब्द, रूपबन्ध आदि की खोज अनुभव के पूरे क्षेत्र का अन्वेषण है और इस प्रक्रिया का प्रारम्भ जिन विभिन्न क्षेत्रों से हुआ, उनमें लोक-गीत प्रभावी गीति-संवेदना भी एक है।

परम्परा के आदिम स्रोतों की खोज के माध्यम से एक नयी शक्ति अर्जित करने की चेष्टा के मूल में एक अन्य कारण यह है कि काव्य के क्षेत्र में प्रामाणिक अनुभूतियों का अभाव हो गया था। छायावाद ने कल्पना पर अधिक बल देकर अनुभूति के महत्त्व को अगर कम किया था, तो प्रगतिवाद ने जबरदस्ती ओढ़े वैचारिक लबादे के तले कृत्रिम काव्य को जन्म दिया। बच्चन, नरेन्द्र जैसे कवियों की गीति-संवेदना वैयक्तिक स्तर पर जवाब देने लगी थी और उनके अनुकरण पर कवि-सम्मेलनी गीतकारों का जो दल-बादल उठा था, वह अनुभूति नहीं अभिनय पर आश्रित था। भावना के स्थान पर भीड़ और भाड़ा ही उनके लिए महत्त्वपूर्ण हो गया था। इस प्रकार की स्थिति में वास्तविक काव्य का रास्ता ही रुक गया था। अनुभूति की इस अप्रामाणिकता को समाप्त कर काव्य में भावना को पुनः प्रतिष्ठित करने का बहुत बड़ा काम सामने था। और इसी तथ्य का दूसरा पहलू यह था कि इन झूठी कविताओं द्वारा जिस मानव-प्रतिमा को निर्मित किया गया था, वह भी अप्रामाणिक एवं कृत्रिम थी। इसलिए प्रामाणिक अनुभव और उसके साथ ही प्रामाणिक मनुष्य-प्रतिमा को प्रतिष्ठित करने का प्रयास नयी कविता में हुआ। पर इन दोनों में भी पहला काम सन् 1950 के आसपास अत्यधिक तात्कालिक महत्त्व का था। नयी कविता के कवियों ने प्रारम्भ से ही इस ओर ध्यान दिया और इसी ने उन्हें लोक-साहित्य और लोक-जीवन से जोड़ा। वस्तुतः यह एक ऐतिहासिक माँग थी,

जिसे नये कवियों ने पूरा किया। एक तात्कालिक अनुभव में जो सोचा, समझा, सुना या भावन किया जा सकता था, उसे इन गीति-संवेदनावाली कविताओं में वाणी मिली। इसे नाटकीयता की चरम स्थिति भी कहा जा सकता है, जिसमें कि अत्यन्त गहन तात्कालिकता व्यक्त होती है :

'आधी रात बाग में पिड़कुल
कुबुर डुबुर स्वर।
आधी रात
यहाँ मैं आकुल,
तुम आओ घर।'

ठाकुरप्रसाद के इस छोटे गीत में पिछले खेवे या समकालीन कवि-सम्मेलनी कवियों का घिसा-पिटा रूप तो नहीं ही है और एक हल्की-सी व्यंजना के माध्यम से जो प्रत्यक्ष एवं सहज स्वाभाविक है, वह पिछली तमाम अलंकृतियों एवं प्रणय के 'अंचल' आदि कवियों द्वारा लिखे गये लाउड-स्पीकरी गीतों से नितान्त भिन्न है। सचमुच ही क्या यही सीधा स्वर : 'तुम कहाँ हो नारि' की पुकार करने वाले 'अज्ञेय' में नहीं फूट पड़ता है। फिर इस लोक-गीतपरक स्थिति ने इन कवियों को जो लोक का अनुभव दिया, लोक-जीवन की विसंगतियों, स्थितियों आदि से परिचित कराया, उसने ही उन्हें वह बौद्धिक शक्ति दी, जिससे कि आगे चलकर नयी कविता में समसामयिक अनुभव का अधिक प्रामाणिक एवं पूर्ण बिम्ब उभर सका। जो लोग नयी कविता को बुद्धिवादी कहते हैं, बौद्धिकता की प्रतिष्ठा करने वाला कहते हैं, वे कहीं मूल में ही गलती करते हैं। बुद्धिपूर्वक दर्शन का आरोप तो छायावादियों ने शुरू कर दिया था और बच्चन, नरेन्द्र आदि भी '50 के आसपास बुद्धिपूर्वक कविताएँ रचने या घोषणाएँ करने लगे थे। इसलिए पन्त, बच्चन, नरेन्द्र, सुमन प्रभृति कवियों में भी धीरे-धीरे गीतितत्व तो गायब हो ही गया, साथ ही गीत का जो एक organic form था, वह भी तर्क-पद्धति के भीतर बढ़ाई जानेवाली कविताओं में समाप्त हो गया। स्वयं अज्ञेय तक में गीति-संवेदना एवं तर्क-पद्धति का यह खिचड़ी मेल अकसर कविताओं के रूपबन्ध को नष्ट करता है। इसके बजाय नये कवियों ने अनुभूति को प्रतिष्ठित किया। बौद्धिकता तो प्रबुद्ध व्यक्ति का लक्षण है और उसका भी प्रयोग वस्तुतः 1954-55 के बाद बढ़ा है, जबकि समसामयिक मनुष्य का सम्पूर्ण चित्र देने के लिए अधिक गहरी समझदारी का आग्रह बढ़ा। इस समसामयिक मनुष्य को उसके सम्पूर्ण जटिल, संकुल विविधस्तरीय रूप में उपलब्ध करने की प्रक्रिया के लिए गीति-संवेदना सदैव ओछी पड़ती है, यह पहले ही विवेचित किया जा चुका है। सम्भवतः इसी कारण पिछले दशक के परवर्ती वर्षों में 'गीतों' की मात्रा, नयी कविता के भीतर कम हुई है। मई '62 की वासन्ती में लिखते हुए नयी कविता के एक प्रमुख और गीति-संवेदना वाले कवि केदारनाथ सिंह ने जब लिखा था कि 'मैंने कई वर्षों से

कोई गीत नहीं लिखा। कारण जो भी हो, पर वह गीत के प्रति अनास्था तो निश्चित रूप से नहीं है। गीत लिखने की इच्छा अकसर होती है।' तब वस्तुतः कारण गीत का चलता हुआ पैटर्न नहीं है, उसे तो नये कवियों ने (केदार ने भी) बहुत पहले ही तोड़ दिया था। कारण उस प्रबुद्ध चेतना का है, जो सम्पूर्ण और संकुल को समेटना चाहती है। धर्मवीर भारती की दो कृतियों : 'अन्धा युग' और 'कनुप्रिया' की तुलना भी इस धारणा को प्रकट करती है। 'कनुप्रिया' जिस गीति संवेदना पर लिखा गया है, वह अतीत की उस कथा को प्रसंगानुकूल बनाकर समसामयिक मनुष्य की प्रतिमा के निर्माण में तो असफल रहती ही है, काव्य की कसौटी पर भी खरी नहीं उतरती, मात्र भावुकता की स्फीति ही उसमें अधिक दिखती है। पर 'अन्धा युग' एक प्रकार की महाकाव्यात्मक-नाटकात्मक अनुभूति के कारण इस कार्य में अधिक सफल होता है। स्वयं केदारनाथ सिंह के संकलन : 'अभी बिलकुल अभी' में भी यह दोनों प्रकार की उपलब्धियाँ और उनकी सीमाएँ देखी जा सकती हैं। यह जो पिछले एकाध वर्ष से 'गीत' की चर्चा जोर पकड़ रही है, इसे या तो इस बात का लक्षण समझा जा सकता है कि नयी कविता की गीति-उपलब्धि को मानने का समय आ गया है या फिर यह पुनः एक बार नयी जमीन तोड़ने का प्रयास है—नयी कविता में परिलक्षित होने वाले 'दुहराव से भयभीत होकर'।

गीत की उस सीमा को स्वीकार करते हुए भी यह कहना आवश्यक है कि गीत या अन्य किसी भी विधा को एकदम 'आउट ऑफ डेट' बनाकर फेंका नहीं जा सकता। अगर मैं यह कहता हूँ कि 'गीत' मुख्य परम्परा नहीं है, तो यह भी कहना चाहूँगा कि आधुनिक जीवन की तमाम संकुलता के बीच भी गीति-क्षण आ सकते हैं और उनको आधुनिक काव्य के स्तर पर ही अभिव्यक्त किया जा सकता है। 'गीत गाने दो, वेदना को रोकने को' जैसे निराला के परवर्ती गीत इस आधुनिक गीतिधर्मी काव्य-दृष्टि के द्योतक हैं। और हिन्दी में ही नहीं; अंग्रेजी के रॉबर्ट ग्रेव्स या थियोडोर रोए'क अथवा प्रख्यात स्पैनिश कवि गार्सिया लोर्का मुख्यतः गीति-संवेदना वाले कवि माने जाते हैं। इन सभी कवियों के गीत बराबर आधुनिक मानवीय परिस्थितियों से जुड़े दिखाई देते हैं। वस्तुतः हिन्दी में जो दो अतिवादी सीमाओं (गीतों का एकदम नकारना और गीत को ही सब कुछ मानना) का जो यह द्वन्द्व दिखाई देता है, उसके मूल में कवि-सम्मेलनी विकृति काम करती रहती है। 'गीत' शब्द का नया अर्थ ही यहाँ कवि-सम्मेलनी गीतों के कारण बहुत उभर नहीं सका। आवश्यकता अब इस नये अर्थ को उभारने की है, शब्द-मल्ल की।

लहर : जुलाई, 1965

सौन्दर्यानुभूति की प्रकृति

मैं कोई कलाकार नहीं हूँ। कला सृजन के रहस्यों और कलाकार की सौन्दर्यानुभूति की गूढ़ता की चर्चा मैं नहीं कर सकता। एक पाठक या अधिक-से-अधिक साहित्य के आलोचक के रूप में मैं अपनी अनुभूति के स्रोत और दृष्टिबिन्दु को परिभाषित करना हमेशा ही पसन्द करूँगा। इस अन्वेषण और प्रयत्न के क्रम में मैं निःसन्देह ही दर्शन के भाववादी सिद्धान्तों को अस्वीकार करूँगा जो विषय और विषयी, जो अन्तर और बाह्य के बीच द्वन्द्व या विरोध उत्पन्न करता है और जो लोकोत्तर जगत् की ओर ले जाना चाहता है। मेरे लिए सौन्दर्यानुभूति यथार्थ जगत् की लौकिक अनुभूति से भिन्न कोई अलग चीज नहीं है। अतः सौन्दर्यानुभूति को केवल 'सुन्दर' की अनुभूति तक सीमित करना मैं उचित नहीं मानता। विस्मय, भीषणता, गरीबी, विरूपता और यातना मानवीय अनुभूति के ठीक उसी प्रकार के अंश हैं, जैसे सुन्दरता, दिव्यता, भव्यता और प्रेम हैं।

कला के कुछ सिद्धान्तकार सौन्दर्यानुभूति की परिभाषा सिर्फ 'कला वस्तु' की अनुभूति के रूप में प्रस्तुत करते हैं। मैं इस स्थापना को भी स्वीकार नहीं करता। मेरी मान्यता है कि **सौन्दर्यानुभूति मानवीय अनुभव का हिस्सा है**। सचाई तो यह है कि उल्लिखित सिद्धान्तकार सुखवादी दर्शन की रूढ़ि से पीड़ित है। वस्तुतः आनन्द न देनेवाली जीवन स्थितियों से वे हमेशा परहेज करना चाहते हैं। तथाकथित रोजमर्रा की साधारण जिन्दगी या दैनिक अनुभव के दौरान यन्त्रणा, पीड़ा, रुदन, भय, चिढ़, शत्रुता, घृणा आदि हमारे करीब की चीजें हैं। यह भी सही है कि हम इन स्थितियों से बचना चाहते हैं। ठोस जीवन की तरह साहित्य और कलाओं में भी ये चीजें स्वतः कभी-कभी बड़ी प्रमुखता से आ जाती हैं। इस दुखदायी परिस्थिति से बचने के क्रम में सुखवादी दर्शन आ खड़ा होता है। इस सिद्धान्त के अनुसार किसी कलाकृति का अनुभव रोजाना के जीवन की कठोरताओं से मुक्त होता है, यह गुणात्मक दृष्टि से भिन्न अनुभव होता है। पर रोजमर्रे के जीवन का अनुभव और कला अनुभव गुणात्मक स्तर पर भिन्न-भिन्न चीजें नहीं हैं। भिन्न समझने वाले सिद्धान्तकारों से मैं असहमत हूँ।

सामान्य जीवन अथवा प्राकृतिक वस्तुओं से मुठभेड़ में हमें उसी स्तर की अनुभूति होती है जैसी किसी कलाकृति को देखने से। पर सामान्य मानवीय अनुभूति और सौन्दर्यानुभूति के बीच अन्तर अर्थवत्ता की तीव्रता में अन्तर्निहित है। पहली अनुभूति जीवन के व्यापक प्रसार में और मानवीय नियति (वैयक्तिक) के सन्दर्भ में कहीं अधिक व्यक्तिगत, क्षणिक, सीमित और कम अर्थवान है। अतः ऐसी अनुभूति सौन्दर्यानुभूति की संज्ञा तभी पाती है जब वह अर्थवत्ता को कहीं अधिक सोद्देश्यता के साथ संगठित कर पाती है। इस प्रकार की अनुभूति पर हम एक 'व्यवस्था', मानवीय मुठभेड़ के दृश्यों और परिस्थितियों पर एक 'रूप' का, आरोपण कर देते हैं। इस प्रकार की व्यवस्था या रूप आमतौर पर हम जो जीवन जीते हैं उसकी संरचना के भीतर से निकलता है। सौन्दर्यानुभूति का वास्तविक काम है सामान्य अनुभूति को कहीं अधिक अर्थवान ढाँचे में संगठित करना। इस प्रकार का कार्य चूँकि प्रकृति से घनिष्ठ रूप में सम्बद्ध है, अतः सौन्दर्यानुभूति सामान्य मानवीय अनुभूति से भिन्न हो नहीं सकती। चूँकि अनुभूति स्वयं एक 'मूल्य' है, अतः आनन्द या किसी और चीज को एक मूल्य के रूप में उस पर आरोपित क्यों किया जाय? उसका अभिप्रेत केवल कलाकृतियों तक सीमित नहीं है। कोई भी चीज, दृश्य या स्थिति सौन्दर्यानुभूति की मानसिक प्रक्रिया उद्दीप्त कर सकती है। हाँ, यह एक मानसिक (अगर बेहतर शब्द में कहें तो मनोवैज्ञानिक) प्रक्रिया है। यह न तो भावना है, न जन्मजात वृत्ति, न 'स्थायी भाव' और निश्चय ही यह कल्पना भी नहीं है।

पर यह तो सिर्फ एक मूलभूत समस्या है। इसके अलावा माध्यम आदि से सम्बन्धित अधिरचना की अन्य समस्याएँ हैं। अनुभूतियों पर एक प्रकार के ढाँचे के आरोपण का मतलब है दूसरे प्रकार के माध्यम का आरोपण। ऐसी स्थिति में किसी-न-किसी प्रकार के संघर्ष से बचा नहीं जा सकता। तब सवाल उठता है कि हम इसका समाहार कैसे करें?

यह लेख अंग्रेजी में लिखित 'नेचर ऑफ ऐस्थेटिक एक्सपीरिएन्स : एक्सपीरिएन्स एज वैल्यू' का हिन्दी रूपान्तर है। इस लेख को देवीशंकर अवस्थी ने दिल्ली विश्वविद्यालय के अंग्रेजी विभाग के एक सेमिनार में अपने वक्तव्य के रूप में पढ़ा था : 1965

अनुवाद : मुरली मनोहर प्रसाद सिंह

कवियों का कवि और वज़ीरे आज़म

'निराला'—जिन्हें हिन्दीभाषी युगप्रवर्तक भी कहते थे और महाप्राण भी—के प्राण चले गये। हिन्दी प्रदेशों में बहुत-सी शोकसभाएँ हुई हैं, प्रस्ताव पास हुए हैं, स्मारक बनाने की चर्चा चली है—ये चर्चाएँ शायद कुछ दिन और चलेंगी और फिर, हम गजगति से चलने लगेंगे। मेरा मन होता है कि कल्पना करूँ कि सन् 1998 (अब से 37 वर्ष बाद) आयेगा—शायद किसी राजनेता को याद आयेगी कि सौ साल पहले 'निराला' जैसा प्रतिभाशाली और तेजस्वी कवि जन्मा था और उसकी 'शतवार्षिकी' राष्ट्रीय स्तर पर मनाई जानी चाहिए। तब अन्तरराष्ट्रीय नहीं अन्तर्ब्रह्माण्डीय आयोजन किये जायेंगे, दूर नगर में 'निराला काव्य-मन्दिर' बनेंगे; उनकी रचनाओं के नये संस्करण निकलेंगे; लोग उनकी रचनाओं का अखण्ड पाठ करेंगे; उनकी कविताओं पर नृत्य-नाटक प्रस्तुत किये जायेंगे; लेख लिखे जायेंगे और फिर सबसे अधिक लिखने वालों को 'साहित्य अकादमी' का 'निराला' पुरस्कार दिया जायेगा। तब 'निराला' की विक्षिप्त आत्मा, शायद, शान्तिलाभ करेगी, उसकी यह शिकायत दूर हो जायेगी कि रवीन्द्र की शतवार्षिकी वाले साल मेरी मृत्यु हुई थी पर इस सुसंस्कृत देश में आयोजित राष्ट्रीय या अन्तरराष्ट्रीय समारोहों में मेरे प्रति एक शब्द भी (औपचारिक शोक प्रकट करने के लिए भी) नहीं कहा गया था।

पर निराला की शिकायत तक व्यर्थ में हम जाते हैं। वे तो मर कर चले गये। लेकिन अपने इन मित्र सम्पादक महोदय की शिकायत का क्या जवाब दूँ? ये कहते हैं कि 'निराला' की मृत्यु को इतने दिन हो गये पर हिन्दुस्तान के वज़ीरे आज़म के मुँह से एक शब्द भी नहीं निकला है। मैं उनके पत्र में यह वाक्य पढ़ कर कुछ क्षणों के लिए चकित रह गया। सोचता हूँ कि क्या यह आवश्यक है कि वज़ीरे आज़म (प्रधान मन्त्री) 'हरएक' की मृत्यु पर कुछ कहें ही। वे राजनेता हैं और प्रशासक हैं। कोई राजनीतिज्ञ या आई.सी.एस. अफ़सर मरता तो वे शोक भी प्रकट करते और, सम्भव होता तो, उसके घर भी हो आते—अन्यथा उसके नाम पर माला तो चढ़ा ही दी जाती। दूसरी बात यह कि प्रधानमन्त्री या किसी बड़े अधिकारी के शोक-सन्देश के लिए आखिर इतनी लालसा क्यों? क्या यह साहित्यिक मूल्यों की दृष्टि से अनुचित नहीं है?

पर तनिक ध्यान देने पर लगा कि मित्र की अपेक्षाएँ अनुचित नहीं हैं। वस्तुतः भारतवर्ष के प्रधान मन्त्री मात्र प्रधानमन्त्री नहीं हैं—वे कुछ और भी हैं। और हैं यानी कि वे जननायक हैं, कला पारखी हैं, स्वयं लेखक हैं, साहित्य अकादमी के अध्यक्ष हैं, टैगोर के अत्यन्त प्रशंसकों में हैं और उनकी 'शतवार्षिकी' के पीछे स्वयं प्रधानमन्त्री का बहुत बड़ा योगदान है। ऐसे प्रधानमन्त्री से यदि मेरे सम्पादक मित्र ने यह चाहा हो कि वे निराला जैसे आधुनिक भारत के श्रेष्ठतम कवियों में से एक की मृत्यु की क्षति का अनुभव करें तो उसे अप्रत्याशित कैसे कहा जाय? रवीन्द्रनाथ आधुनिक भारत के यदि श्रेष्ठतम कवि थे तो उनसे बादवाली पीढ़ी के यदि अन्यतम नहीं तो श्रेष्ठतम कवियों में से एक निराला भी थे। रवीन्द्र की शतवार्षिकी का एक ऐसा विराट् आयोजन जब सरकारी स्तर पर चल रहा हो, उस समय हिन्दी के इस श्रेष्ठतम कवि के निधन पर सरकारी (या वज़ीरे आज़म की) प्रतिक्रिया का अभाव देख कर मेरे मित्र का क्षुब्ध होना स्वाभाविक है। उस पर भी तब जब कि प्रधानमन्त्री एवं कवि दोनों एक ही नगर के निवासी थे। पर अपने सम्पादक मित्र को एक घटना और बताना चाहता हूँ जिसे मुझे हिन्दी के एक 'सीनियर' कवि ने (जो सरकारी क्षेत्रों में भी सम्मानित हैं।) बताई है। 'निराला' की मृत्यु के बाद हिन्दी प्रदेश के ही एक अन्य बड़े राजनेता ने (जो भारत के 'भाग्य निर्माताओं' की पहली पंक्ति में हैं) उनसे पूछा कि "अमा यह 'निराला' कौन थे, मैं तो इनको जानता भी नहीं हूँ।"

यह घटना आँखें खोलनेवाली है। हमारे यहाँ का शिक्षित एवं सुसंस्कृत (?) वर्ग अपनी वृत्तियों का परिष्कार अपने जातीय साहित्य से नहीं करता। उसकी जिन्दगी पर 'निराला' जैसे भारतीय भाषाओं के कवि अपना प्रभाव नहीं डालते। विश्वास कीजिए, यदि रवीन्द्रनाथ की रचनाएँ अंग्रेजी में अनूदित न हुई होतीं तो वे भी इतने ही अजनबी रह जाते जितने 'निराला' रहे या कि बंगाल के ही शरतचन्द्र हैं। देश के सांस्कृतिक जीवन में विद्यमान यह अन्तराय कि जनाभिव्यक्ति और बौद्धिक वर्ग भिन्न-भिन्न भूमियों पर हैं—अत्यधिक घातक है पर इसे पूरने की चेष्टा अभी तक बहुत कम हुई है।

पर यह अन्तराय ही नहीं, इस उपेक्षा का दूसरा कारण है कि निराला हिन्दी के कवि थे और हिन्दी कमजोर की उस जोरू के समान है जिसे 'भौजी' बना कर हरएक मजाक कर जाता है। उसमें भी बड़े कवि पैदा होते हैं, इसे, शायद, प्रधानमन्त्री और उनकी जैसी जहनियत वाले लोग मान ही नहीं पाते।

पर सबसे बड़ा तथ्य तो यह है कि 'निराला' स्वयं सारे जीवन अजनबी और विद्रोही हिन्दी में भी रहे। आज की जिन्दगी आदमी से समझौता कराना चाहती है, पर प्रतिभाशाली जल्दी समझौते नहीं किया करते। परिणामस्वरूप, वह विद्रोही बनता जाता है और अजनबी का स्वरूप ग्रहण कर लेता है।

'निराला' ऐसी ही प्रतिभा के स्वामी थे। वे टूट गये, झुके नहीं। चालीस वर्षों से अधिक समय तक वे सृजन में अदम्य शक्ति और कल्पना से लगे रहे। इस दौरान कितने अपमान, कितनी बाधाएँ, कितने कष्ट जीवन में आये पर वह नरपुंगव झुका नहीं—उसने आत्मा नहीं बेची। साहित्य अकादमी के पुरस्कार के लिए उसने तिकड़म नहीं लड़ाए, उपाधि के कलंक से वह बच गया, कह-कह कर अखबारों में 'अद्भुत' एवं 'माइलस्टोन' सिद्ध करनेवाली समीक्षाएँ नहीं प्रकाशित कराईं, पर भीतर ही भीतर इस चारित्रिक दृढ़ता, संघर्ष-क्षमता एवं अजनबी-विद्रोही व्यक्तित्व के कारण वह सामान्य जनता एवं सृजनरत कलाकारों के मन में घर करता चला गया है। मेरे एक मित्र, अभी, उस दिन याद दिला रहे थे कि जितनी मात्रा में एवं जितनी अच्छी कविताएँ जीते जी निराला के प्रति लिखी गयी हैं, उतनी सम्भवतः किसी भी आधुनिक कवि के प्रति नहीं लिखी गयीं। लगता है, अनजाने ही वे 'कवियों के कवि' स्वीकार कर लिए गये थे। 'प्रयोग' और परिपूर्णता का जैसा अद्भुत समन्वय उनके काव्य में मिलता है, उसने, ठीक ही, उन्हें यह पद दिला दिया है। केवल 'निराला' पर लिखी जानेवाली इन कविताओं का एक बढ़िया संकलन बन सकता है। यह तो 'कवियों के कवि' की बात हुई, पर मैंने उन्हें सामान्य जनता के मध्य प्रतिष्ठित भी उस दिन अनुभव किया जब मृत्युवाली साँझ को कानपुर में मेरे मुहल्ले के दुकानदार, बाबू लोग, अपेक्षाकृत कम पढ़े-लिखे लोग इस बात की चर्चा कर रहे थे कि निराला जी की मृत्यु हो गयी। उनकी बात का 'टोन' कुछ ऐसा था कि जैसे एक राष्ट्रीय व्यक्तित्व तिरोहित हो गया। सचमुच ही, निराला का व्यक्तित्व राष्ट्रीय व्यक्तित्व ही था—वज़ीरे आज़म भले ही उसे श्रद्धांजलि न अर्पित करें। मैं हिन्दी में उनकी अजनबी स्थिति की ओर संकेत कर रहा था। विश्वविद्यालयों के पाठ्यक्रमों से 'निराला' बराबर बहिष्कृत हो रहे हैं। अध्यापकों को शायद उनका काव्य (जो अजनबी और विद्रोही द्वारा रचित था) सदा दुरूह ही लगता रहा। यद्यपि उनके काव्य का एक बड़ा अंश नितान्त सरल भी है, पर वह भी उपेक्षित रहा। उनके काव्य के मूल्यांकन की ओर हिन्दी में ही बहुत कम ध्यान दिया गया है। उनकी कितनी ही पुस्तकों के दूसरे संस्करण भी नहीं हो सके। वस्तुतः ऐसा प्रतीत होता है कि उनके कृतित्व के आकलन में उनका व्यक्तित्व अबतक बाधक बनता रहा है। अब वे नहीं रहे तो शायद अधिक निष्पक्ष हो कर उन पर विचार किया जा सकेगा।

हिन्दी के साहित्यिक क्षेत्रों में, सोवियत रूस में जो 'गोर्की इंस्टीट्यूट' है उसकी भाँति 'निराला इंस्टीट्यूट' बनाने की चर्चा उठाई जा रही है पर हिन्दी की वर्तमान राजनीति में इस स्वप्न के साकार होने में हमें विलम्ब दिखाई पड़ता है। तब तक यदि कोई प्रकाशक उनके समग्र कृतित्व को एक या दो जिल्दों में प्रकाशित कर सके

तो वही बहुत अधिक होगा। यों, इलाहाबाद नगर निगम के प्रमुख श्री बालकृष्ण राव को यह सुझाने का मन होता है कि 'निराला' से अधिक सुगठित व्यक्तित्व एक आदमकद मूर्ति के लिए नहीं मिल सकता है। प्रयाग का ही यह विशेषाधिकार भी होना चाहिए कि उनकी एक कलात्मक प्रतिमा स्थापित की जाय और आवश्यक समझा जाय तो इसके लिए विदेश से हेनरी मूर जैसा कोई विख्यात शिल्पी यह कार्य करने के लिए राजी किया जाय।

कल्पना : जनवरी, 1962

मुक्तिबोध : अजनबी नहीं

भारतीय साहित्य ने मुक्तिबोध के निधन से एक अग्रणी व्यक्तित्व को खो दिया है। पिछले तीन वर्षों में निराला और सियाराम शरण गुप्त समेत हमारे अनेक प्रमुख कृतिकार हमसे विदा ले चुके हैं यद्यपि इनमें से कुछ ऐसे लोग भी थे जो व्यक्तित्व की दृष्टि से महान थे पर अपनी सृजनात्मक ऊर्जा निःशेष कर चुके थे। पर यह बात मुक्तिबोध के बारे में नहीं कही जा सकती। अपनी मृत्यु के समय वे अपनी सृजनात्मक शक्ति के शीर्ष पर थे। फरवरी में बीमार पड़ने के कुछ दिनों पहले 'अँधेरे में' शीर्षक 50 पृष्ठों की महान् कविता की रचना उन्होंने की थी। इसके कुछ दिन पूर्व ही दिनकर की 'उर्वशी' से सम्बन्धित एक विवाद में उन्होंने महत्तर योगदान किया था।

समकालीन संवेदना के जैसे कवि मुक्तिबोध थे वैसे बहुत कम ही भारतीय कवि हैं। प्रारम्भ में ही जिस रोमाण्टिक भावोच्छ्वास के विरुद्ध उन्होंने विद्रोह किया था, वह भारतीय कविता में अब भी शक्तिशाली है। यद्यपि हिन्दी में छायावाद नामक रोमाण्टिक आन्दोलन 1936 में समाप्त हो गया था पर उसका नशा पुरानी पीढ़ी के कवियों के अतिरिक्त मुक्तिबोध से कम उस के युवा कवियों पर अब भी छाया हुआ है।

विद्रोह : कुछ कवियों ने छायावाद की उस काव्यभाषा के विरुद्ध विद्रोह किया था जो एक रूढ़ि बन गयी थी और कुछ ने उसकी भावोच्छ्वासपूर्ण काव्यवस्तु के प्रति। मुक्तिबोध एकमात्र ऐसे रचनाकार थे जिन्होंने दोनों के प्रति विद्रोह किया था। इसके साथ ही उस आन्दोलन की सर्वोत्तम उपलब्धियों को आत्मसात् कर अपने शिल्प को उन्होंने परिपक्व बनाया था। मुक्तिबोध आमतौर पर लम्बी कविताओं के लिए जाने जाते हैं। इन कविताओं के काव्यगत मूल्यांकन में इनकी लम्बाई अकसर बाधा पहुँचाती है। कुछ युवा आलोचकों ने इन कविताओं की आलोचना करते हुए कहा कि इनमें व्यर्थ की पुनरावृत्ति और वाग्स्फीति है। हाँ, निराला की तुलना में मुक्तिबोध की लम्बी कविताएँ कहीं अधिक परिष्कृत हैं। रोमाण्टिक पुनरुत्थानी आन्दोलन के तहत निराला ने 'राम की शक्ति पूजा' और 'देवी सरस्वती के प्रति' कविताओं में समकालीन वास्तविकता को पौराणिक कथाओं के माध्यम से उद्घाटित किया है।

जबकि मुक्तिबोध ने पौराणिक कथा को तिलांजलि दे दी और वास्तविकता को आत्मसात् करने के लिए फैण्टेसी का सहारा लिया। इस माध्यम का उपयोग करने वालों में वे अकेले नहीं हैं। यद्यपि मध्यकाल के धार्मिक और रहस्यवादी साहित्य में रूपक का माध्यम अपनाया गया था। पर आज समकालीन वास्तविकता को व्यक्त करने की दृष्टि से फैण्टेसी एक लोकप्रिय माध्यम बन गयी है।

सम्भवतः मुक्तिबोध ने फैण्टेसी को एक अन्य कारण से भी अपनाया था। उनका मस्तिष्क मानवीय वास्तविकता की दो परस्पर संघर्षरत न भी कहें तो दो अन्तर्विरोधी व्याख्याओं की युद्धभूमि बना हुआ था। वे मार्क्सवाद के प्रबल समर्थक थे। वे वर्ग सिद्धान्त तथा कवियों के सामाजिक दायित्व में दृढ़ निष्ठा रखते थे। अपनी डायरी में एक बार उन्होंने लिखा था–"हमें अपने वर्ग का परित्याग नहीं करना चाहिए।" दूसरी तरफ अस्तित्ववादी विचार उन पर गहरा प्रभाव रखते थे और व्यक्ति उनके विचार के केन्द्र में था। ऐसे क्षण में फैण्टेसी ही उन्हें मदद पहुँचाती थी। उन्होंने छायावादी काव्यकृति 'कामायनी' को प्रासंगिक बनाने के लिए उसे भी एक फैण्टेसी के रूप में अपनी आलोचनाओं में प्रस्तुत किया था। 'उर्वशी' की व्याख्या में भी उन्होंने इसी पद्धति का उपयोग किया।

मार्क्सवादी मुक्तिबोध यद्यपि सामाजिक प्रतिबद्धताओं के प्रति जागरूक थे पर उन्होंने दलगत-प्रचार के लिए अपनी कविता का कभी इस्तेमाल नहीं किया। उनकी कविताएँ सामान्य कम्युनिस्ट शब्दावली में जनवादी नहीं हैं। यही कारण है कि रामविलास शर्मा उनके प्रति इतने कठोर थे। कुछ लोगों ने उनकी उपेक्षा की क्योंकि मुक्तिबोध जनकवि नहीं थे। वे लोकप्रिय नहीं हो सकते थे क्योंकि एक अत्यधिक जटिल मस्तिष्क और गूढ़ भाव-बोध के रचनाकार थे। उनकी फैण्टेसियों में जीवन के हर क्षेत्र से बिम्ब और प्रतीक आते हैं। यद्यपि उनकी भाषा अपरिष्कृत है और छन्द रचना एकरस है पर उनकी रचना के सर्वोत्तम अंश 'आदिम' कविता का लक्षण रखनेवाली जीवन्तता और शक्ति को व्यक्त करते हैं। आधुनिक बौद्धिक चेतना और संवेदनशीलता से संलग्न होने पर उनकी यह 'बीहड़ता' फैण्टेसी के स्वाभाविक ढाँचे का निर्माण करती है।

जटिलता : साधारण पाठक प्रायः ही यह अनुभव करता है कि मुक्तिबोध की कविता अर्थहीन तो नहीं है, पर बहुत ही ढीलेढाले तरीके से संगठित तथा अस्पष्ट है। उनकी कविता सामान्य पाठकों के लिए है ही नहीं। उनकी कविता समझने के लिए ऐसे मस्तिष्क की जरूरत है जो विचारों से उलझ सकता हो और जटिल भावानुभूति को आत्मसात् कर सकता हो। उनकी रचनाओं में क्लासिक कला, लोकगाथा और प्रकृति की सुषमा के साथ-साथ आधुनिक भारतीय समाज की गन्दगी और विपन्नता एकत्र रूप में मिलती है। इन दोनों स्थितियों का न तो स्पष्टीकरण होता है और न इनके बीच रिश्ता ही कायम हो पाता है। पद्य की रुक्ष परन्तु तीक्ष्ण पंक्तियाँ, वैकल्पिक

रूप में कभी उदात्त और कभी बेतुकी शब्दावली, वैविध्यपूर्ण और कभी-कभी बेमेल बिम्ब योजना सौन्दर्यानुभूति के स्तर पर झंझावात उत्पन्न कर देती है। परिणाम यह कि पाठक अपनी अनुभूति के स्तर पर एक आकृति और अर्थवत्ता गढ़ने लगता है और इस तरह कविता व्यंजना की सहायता से विशिष्ट बन जाती है।

खुला झरोखा : भारतीय बुद्धिजीवियों पर एडवर्ड शिल्स (Edwards Shils) की प्रस्थापना (प्रादेशिकता और महानगरीयता के बीच साँसत में पड़कर झूलना) मुक्तिबोध पर लागू करते वक्त निष्फल हो जाती है। वे कभी भी आधुनिक महानगर में नहीं रहे। अपने जीवन का अधिकांश समय उन्होंने एक पिछड़े हुए राज्य मध्य प्रदेश के आंचलिक कस्बों में बिताया। आधुनिक जीवन अथवा साहित्यिक दुनिया के घमासान में वे कभी न फँसे। उनका विश्वास था कि अच्छा साहित्य लिखने के लिए साहित्य मात्र से निर्वासन आवश्यक है (एक साहित्यिक की डायरी)।

उनके दिमाग के सभी झरोखे खुले हुए थे और वे कभी भी अजनबी न रहे। जिन्दगी की हर चीज से उनके गहरे ताल्लुकात थे और अपनी डायरी में उन्होंने आधुनिक हिन्दी कविता और कहानी में व्यक्त फूहड़ विरक्ति के प्रति अपना क्षोभ व्यक्त किया है। वे अपने प्रति और दुनिया के प्रति अत्यधिक गम्भीर रुख रखते थे और साहित्यिक फैशनों तथा भंगिमाओं से नफरत करते थे। यद्यपि वे स्वयं प्रतिपक्षी थे, पर प्रतिपक्षता के प्रदर्शन से लगाव कभी भी रख नहीं पाये।

अंग्रेजी साहित्य के डब्ल्यू.बी. येट्स के सदृश ही हिन्दी में मुक्तिबोध का स्थान है। एक आत्मनिर्वासित व्यक्तित्व, जो चुपचाप समकालीन विचारों को आत्मसात् कर रहा था और जिसने एक ऐसी शैली निर्मित की जो अनूठी और उसकी अपनी थी। इसमें हम सभी श्रेणियों की रंगमयता देखते हैं मानो किसी प्रतिबिम्ब में आधुनिक वास्तविकता के चौरस्ते अंकित हों।

लिंक : अक्टूबर, 1964

यह लेख अंग्रेजी में लिखित 'मुक्तिबोध : नाट एन आउट साइडर' का हिन्दी रूपान्तर है।

अनुवाद : मुरली मनोहर प्रसाद सिंह

पुस्तक-समीक्षा

(कविता, कथा, आलोचना एवं अन्य समीक्षा)

भारतीय कविता : 1953

कुछ दिनों पूर्व आचार्य हजारी प्रसाद द्विवेदी ने मध्यकाल का जिक्र करते हुए भारतवर्ष के विविध प्रान्तों के अन्तःसम्बन्धों की ओर इंगित किया था। इनके अनुसार एक प्रान्त का साहित्य, धर्म और तत्त्ववाद दूसरे के उन्हीं विषयों की जानकारी प्राप्त किये बिना समझा ही नहीं जा सकता। सूरदास को समझने के लिए द्विवेदी जी के अनुसारः विद्यापति, चण्डीदास, नरसी मेहता तथा अन्य वैष्णव कवियों का अध्ययन आवश्यक है। यह बात आज भी उतनी ही सत्य है। समस्त भारतवर्ष को आधुनिक युग में भी राष्ट्रीयता, स्वतन्त्रता, पुनर्जागरण, पश्चिमी संस्कृति तथा नव-निर्माण के विविध पहलुओं ने उसी प्रकार आन्दोलित और प्रेरित किया है जिस प्रकार कि मध्यकाल में भक्ति तथा अन्य धार्मिक साधनाओं ने सम्पूर्ण भारतीय साहित्य को प्रभावित किया था। आलोच्य संकलनों का इसी दृष्टि से सर्वाधिक महत्त्व है कि इनके माध्यम से विराट भारतीय साहित्य को उसकी व्यापक पृष्ठभूमि में रख कर देखा-परखा जा सकता है। इसी तथ्य की ओर संकेत करते हुए भूमिका लेखक हमारे प्रधानमन्त्री ने कहा है, "यह संकलन हमारे आन्तरिक सम्बन्धों को उजागर करके विभिन्न भारतीय भाषाओं को एक-दूसरे के निकट लाता है।"

प्रस्तुत समीक्षक ने बड़े विश्वास और अभिलाषा के साथ प्रस्तुत संकलन को समीक्षार्थ स्वीकार किया था; परन्तु पूरा संकलन पढ़ जाने के बाद उसे कुछ निराशा-सी हुई। उसे ऐसा लगा कि संकलनकर्ताओं में पर्याप्त उदारता, सहानुभूति एवं निष्पक्ष चयन की वृत्ति का अभाव-सा है। इस संकलन में जहाँ एक ओर कुछ भाषाओं की अत्यन्त श्रेष्ठ कविताएँ मिल जाती हैं, निकृष्ट कविताओं की भी कमी नहीं है। कन्नड़ भाषा में तो ऐसा लगता है कि हिन्दी का द्विवेदी युग चल रहा है। तमिल, गुजराती, कश्मीरी और पंजाबी आदि भाषाओं की कविताएँ ऐसा प्रतीत होता है कि छायावाद एवं छायावादोत्तर गीत काव्य की परम्परा में विद्यमान हैं। यद्यपि इनमें भी यत्र-तत्र आधुनिकतम भावनाओं और शिल्प की अनुगूँज विद्यमान है। दूसरी ओर असमिया, उड़िया, उर्दू, बंगला, और मराठी की सशक्त कविताएँ इस संकलन को सार्थक बनाती हैं। ये कविताएँ वास्तव में ऐसा प्रतीत

होती हैं कि '1953' की कविताएँ हैं। कतिपय उदाहरण देखें—उड़िया के दुर्गाचरण परिड़ा की एक छोटी-सी कविता है, पूरी उद्धृत करने का मन हो रहा है।

दुर्मद नदी के भँवरों में
छलाँग लगाता है एक फूल
एक तेजस्वी फूल, वह साहस का फूल।
उन्मत्त प्रभंजन के होठ चूमता है
एक पत्र
एक हरित पत्र, वह पत्र प्रत्यय का।
अन्धकार की बल्लरी पर
अंकुरित एक कली
वह कली आलोक की।

अथवा उड़िया के ही अनन्त पटनायक की कविता का यह गम्भीर ओजस्वी स्वर भी देखें। पूरी कविता इसी ऊँचे भावनात्मक स्वर पर रची गयी है—

मैं फसलों की शाश्वत वाणी हूँ मैं आदेश हूँ।
चिमनी की कालिख से लिख कर
कपास की छिन्न-भिन्न कन्था में
कौन खाँस रहा है? खाँसो,
तुम्हारे पिसे हुए मांस पिंडों में वज्र का विलाप बजने दो।
बुढ़ापे से पहले ही सफेद हो गये बालों
में रेशमी वस्त्र का स्पर्श लगने दो।
युग के वक्ष पर मैं अकाल वसन्त की तितिक्षा हूँ मैं पुरु हूँ।
मैं तुम्हारे कपाल का पसीना हूँ तुम्हारे होठों पर चूकर
मैं आया हूँ, मैं आया हूँ।
यन्त्र मुखर दिन की निर्निमेष नीरवता में खण्ड-खण्ड करके
मैं आया हूँ, मैं आया हूँ।

और यह हैं असमिया के सैयद अब्दुल मलिक। आज का निकृष्ट और उपेक्षित इन पंक्तियों को पढ़ कर भविष्य के प्रति कितना आस्थावान हो सकेगा—

हम—
जारजदल भविष्य के उत्तराधिकारी हैं।
जारज अशुचि हाथों में
गंगोदक नवशान्ति वारि—
उसकी एक अँगुली से आज के अपने परिचय की
कालिमा से धो लेंगे।
और एक अँजुली सिंचन करेंगे नूतन का

उर्वरा क्षेत्र में।
पृथ्वी श्यामला होगी।

परन्तु अन्य भाषाओं के बारे में हम कहने के अधिक अधिकारी नहीं हैं। प्रस्तुत समीक्षक हिन्दी के बारे में अधिक शक्ति के साथ कह सकने में सक्षम हैं। इसलिए भी कि वह हिन्दी पढ़ता-पढ़ाता भी है तथा इसलिए भी कि 'कविताएँ : 54 तो नहीं पर कविताएँ : 54' का उसने स्वयं सम्पादन भी किया था, अतः संकलन की कठिनाइयों एवं जिम्मेदारियों से भलीभाँति अवगत भी है। कहना न होगा कि सबसे बड़ी निराशा प्रस्तुत संकलन के हिन्दी-भाग से ही हुई। इस समस्त हिन्दी अंश को पढ़ जाने के पश्चात् यह समझना अत्यन्त कठिन है कि चयन की कसौटी क्या रही? यदि केवल बड़े नाम ही कविता की कसौटी होती तब भी कुछ सन्तोष किया जा सकता था पर मैथिलीशरण गुप्त, निराला, नरेन्द्र शर्मा, भगवती चरण वर्मा, उदयशंकर भट्ट आदि नामों का अभाव बताता है कि दिनकर जी ने इस कसौटी को नहीं ही अपनाया है। यदि हिन्दी कवियों की विविध पीढ़ियों को प्रतिनिधित्व देने की बात होती तो नयी पीढ़ी के नाम पर शून्य दृष्टिगत न होता। मुझे ऐसा लगता है कि दिनकर जी के मन में कुछ क्षेत्रीय प्रतिनिधित्व की बात रही है। इसलिए उत्तर प्रदेश के चार कवियों (बच्चन, नवीन, महादेवी और पन्त) के बाद दूसरे सबसे बड़े हिन्दी प्रदेश बिहार से तीन कवियों को लेना आवश्यक हो गया। मध्य प्रदेश से अंचल जी आ जाते हैं और मध्य भारत से मिलिन्द जी। बचे अज्ञेय तो उन्हें पैदा होने के नाते पंजाब का प्रतिनिधि माना जा सकता है और इस प्रकार पार्लियामेण्ट के सदस्य चयनकर्त्ता दिनकर जी ने समस्त हिन्दी प्रदेश की क्षेत्रीय आकांक्षाओं को सन्तुष्टि प्रदान कर दी (कलात्मक श्रेष्ठता का प्रश्न ही कहाँ उठता है?) दूसरी कसौटी यह भी हो सकती है कि साहित्य अकादेमी के समस्त कवि सदस्यों की कविताएँ अनिवार्य रूप से ले ली जायें, तथा अवशिष्ट में से प्रिय पात्रों को प्रसाद बाँट दिया जाय अन्यथा बालभारती के योग्य लिखी गयी रामदयाल पाण्डेय की कविता की अपेक्षा बिहार के ही हंसकुमार तिवारी ने 'सन् 53' में कितने ही श्रेष्ठ गीत लिखे हैं। तनिक इस कविता का मुलाहज़ा फ़रमाएँ—

ऊँचा है हौसला हमारा,
विन्ध्याचल हिमवानों से।
ऊंची है कल्पना हमारी,
अम्बर के अभिमानों से।
ऊँचा है बलिदान हमारा,
जीवन के अरमानों से।
हिम्मत की छाती ऊँची है,
पर्वत की चट्टानों से।

चट्टानों से टक्कर ले ले
कर नित आगे बढ़ना है
चढ़े हिमालय की चोटी पर,
फिर भी ऊपर चलना है।

–रामदयाल पाण्डेय

अब इसी से मिलाकर स्वयं दिनकर जी की कविता का यह अंश पढ़ें। मुझे स्वयं अपनी ओर से कुछ नहीं कहना है–

उठे जहाँ भी घोष शान्ति का,
भारत स्वर तेरा है।
धर्म दीप हो जिसके भी
कर में, वह नर तेरा है।
तेरा है वह वीर, सत्य पर
जो अड़ने जाता है।
किसी न्याय के लिए प्राण
अर्पित करने जाता है।
मानवता के इस ललाट
चन्दन को नमन करूँ मैं।
किसको नमन करूँ मैं भारत,
किसको नमन करूँ मैं।

नवीन जी का शब्द-कोश सामर्थ्य, बच्चन एवं अंचल जी की Rhetoric कविताएँ, द्विवेदी युग तथा छायावाद के सन्धिकाल की-सी मिलिन्द जी की कविता सभी इस संकलन में विद्यमान हैं। अब बचता है महादेवी का छायावादी गीत तथा अज्ञेय एवं जानकी वल्लभ शास्त्री की पठनीय कविताएँ। पन्त जी की कविता का नाम पता नहीं 'गीत' क्यों दिया गया है। वह तो एक प्रकार का दृश्य काव्य है। उसकी मूल संवेदना गीत-काव्य की अपेक्षा अधिक विराट धरातल पर स्थित है। यद्यपि उसके दार्शनिक पर्यवसान से सहमत होना न तो सबके लिए सम्भव ही है न आवश्यक ही। अज्ञेय की 'यह दीप अकेला' कविता संकलन की सर्वाधिक Significant कविता है। व्यक्ति के अखण्ड अपनापे (Personality) को समाज के लिए दान दे देने की महती भावनाओं से सम्पृक्त कविता जहाँ एक ओर प्रबुद्ध मानव मन के संघर्ष को अभिव्यक्त करतीं है वहीं दूसरी ओर सामाजिक आवश्यकताओं का भी स्मरण दिलाती है। इस कविता को अज्ञेय की ही नहीं, हिन्दी की श्रेष्ठतम कविताओं के साथ रखा जा सकता है–

यह वह विश्वास, नहीं जो
अपनी लघुता में भी काँपा।

वह पीड़ा, जिसकी गहराई
को स्वयं उसी ने नापा।
कुत्सा, अपमान, अवज्ञा के
धुँधुआते कड़वे तम में,
यह सदा द्रवित, चिर
जागरूक, अनुरक्त नेत्र
उल्लम्ब बाहु यह चिर अखण्ड अपनापा।
जिज्ञासु प्रबुद्ध सदा श्रद्धामय,
इसको भक्ति को दे दो!

सम्भवतः साहित्य अकादेमी इसी प्रकार के अन्य वार्षिक संकलन प्रकाशित करने जा रही है अतः एक सुझाव दे देना मैं अपना कर्तव्य समझता हूँ। कविताओं की संख्या या कवि संख्या निश्चित न होनी चाहिए। इसके स्थान पर हर भाषा की कविताओं के लिए पृष्ठों अथवा पंक्तियों की सीमा निश्चित रहे ताकि बड़े नामों को श्रद्धांजलि देने के पश्चात् भी श्रेष्ठतम कविताएँ संकलित की जा सकें।

इतने सस्ते मूल्य में इतनी अच्छी कविताओं का एकत्र संकलन अन्यत्र दुर्लभ है इसके लिए हम साहित्य अकादेमी को बधाई देते हैं। सारी कमियों के बावजूद संग्रह खरीद कर संग्रह करने योग्य है।

युग चेतना : नवम्बर, 1957

सूर्य का स्वागत

नयी कविता पर एक मुख्य आरोप दीक्षागम्यता एवं दुरूहता का लगाया जाता है। दुष्यन्त कुमार का प्रस्तुत संग्रह इस आक्षेप का सशक्त उत्तर है। दूरारूढ़ सांकेतिक व्यंजना का संग्रह में नितान्त अभाव है। शास्त्रीय शब्दावली में कहें तो यह अभिधा का काव्य है एवं अभिधा में काव्य सौन्दर्य की स्थिति आचार्य रामचन्द्र शुक्ल ने भी मानी है।

प्रस्तुत संकलन पढ़कर दुष्यन्त कुमार के कविकर्म की प्रक्रिया का अनुमान लगाना बहुत कठिन नहीं है। वे शीघ्रता के कवि हैं। जो कुछ उनके मन में आता है, परिवेश की जो सहज अथवा आकस्मिक प्रतिक्रिया उनके मन में होती है उसे वे तत्काल कह डालने में विश्वास करते हैं। उस अनुभूति को पकाने तथा अभिव्यक्ति को संयम के अनुशासन में बाँधने का धैर्य दुष्यन्त कुमार के पास नहीं है। उदाहरणार्थ 'दो पोज़' कविता को लें। सद्यःस्नाता प्रेयसी के कुन्तल ढँके मुख और केश झटक दिये जाने पर उन्मीलित मुख के बारे में कही गयी कविता आशुकविता-सी प्रतीत होती है। कवि भूल जाता है कि ऐसे खण्ड रेखाचित्र एक सम्पूर्ण कविता के अंश बन सकते हैं, स्वयं एक कविता नहीं बन पाते। ऐसी हल्की-फुल्की अनुभूतियाँ पक-पक कर अधिक प्रगाढ़ प्रेमानुभूतियाँ बन सकती हैं।

अतः धैर्य का यह अभाव या तो ऐसी कच्ची अनुभूतियों को जन्म देता है अथवा फिर कवि को चमत्कार की ओर घसीट ले जाता है। पर चमत्कार अभिव्यक्ति कौशलगत नहीं होता, क्योंकि जैसाकि मैं ऊपर संकेत कर चुका हूँ वे अभिव्यक्ति के संयम में बँधने को तैयार नहीं दिखते। अतः चौंकानेवाली उपमाएँ अथवा विचित्र एवं अपरिचित बिम्ब विधान की वह चेष्टा उनमें नहीं मिलती जो लक्ष्मीकान्त या सर्वेश्वरदयाल जैसे कवियों में मिल जाती है। केवल 'पुनःस्मरण' कविता का प्रथमांश ही उपमान बहुलता की ओर गया है, अन्यथा दुष्यन्त का काव्य-कौशल अप्रस्तुत विधान की अपेक्षा प्रस्तुत के सामान्य कथन द्वारा ही बिम्ब को जगा देता है। हर्बर्ट रीड ने जिस बात को कहा है कि आधुनिक कवि ने रूपक योजना से आगे बढ़कर बिम्ब निर्माण की नयी क्षमता या कौशल अर्जित कर लिया है।

दुष्यन्त में यह सामर्थ्य विद्यमान है, कभी-कभी वे रूपक योजना द्वारा बिम्ब जगाते हैं जैसे 'कुण्ठा', 'सत्यान्वेषी' अथवा 'मन्त्र हूँ' में कभी छोटे-छोटे दृश्य खण्डों और उपमाओं से जैसे कि 'अनुरक्ति' तथा केवल सामान्य कथन के द्वारा भी जैसे कि 'तीन दोस्त'। सामान्य कथन से मेरा तात्पर्य यह नहीं है कि अप्रस्तुत योजना इनमें है ही नहीं, तात्पर्य यह कि जोर अप्रस्तुत योजना पर नहीं है। कविता पढ़ते समय अप्रस्तुत दृश्य योजना पर ध्यान नहीं जाता बल्कि सम्पूर्ण प्रभाव प्रस्तुत पर ही केन्द्रित रहता है। एक-एक उदाहरण उनका देखें—

रूपक योजना द्वारा निर्मित बिम्ब—

मेरी कुण्ठा
रेशम के कीड़ों-सी
ताने बाने बुनती
तड़फ-तड़फ कर
बाहर आने को सिर धुनती,
स्वर से
शब्दों से
भावों से
औ वाणी से कहती सुनती,
गर्भवती है
मेरी कुण्ठा-क्वाँरी कुन्ती।
....
....
प्रसव काल है!
सघन वेदना!
मन की चट्टानो कुछ खिसको
राह बना लूँ;
ओ स्वर निर्झर बहो कि तुममें
गर्भवती अपनी कुण्ठा का कर्ण बहा लूँ,
मुझको इससे मोह नहीं है इसे विदा दूँ।
....
....
प्राप्य सत्य के लिये
महाभारत-सा जब जब युद्ध छिड़ेगा
यह कुण्ठा का पुत्र हमेशा

कौरव दल की ओर रहेगा,
और लड़ेगा।

दूसरा उदाहरण उपमान योजना का लें। नयी कविता के पैटर्न की एक बड़ी विशेषता है कि पूर्ववर्ती छन्द रूपों की भाँति उसके टुकड़े काट कर अलग नहीं किये जा सकते। पूरी कविता में बात फैल कर आती है, अतः प्रतिनिधि नये कवि के प्रस्तुत संकलन से लगभग पूरी कविताएँ उद्धृत करनी पड़ती हैं; जितना काटना पड़ता है स्थानाभाव से उतने में कुछ न कुछ कम अवश्य पड़ जाता है। बहरहाल ये उपमाएँ देखें, एक प्रकार का केन्द्रगामी बिम्ब-क्रम बनता जाता है यद्यपि ये बिम्ब छोटे-छोटे खण्डमात्र हैं पर एक काव्य तर्क (Poetic logic) उन्हें बाँधे है—

जब जब श्लथ मस्तक उठाऊँगा
इसी विह्वलता से गाऊँगा।
इस जन्म की सीमा-रेखा से लेकर
बालरवि के दूसरे उदय तक
हतप्रभ आँखों के इसी दायरे में खींच लाना
तुम्हें मैं बार-बार चाहूँगा।
सुख का होता होगा स्खलन
दुख का नहीं,

अधर पुष्प होते होंगे—
गन्धहीन, निष्प्रभाव, छूँछे... खोखले...अश्रु नहीं;
गेय मेरा रहेगा यही गर्व;
युग-युगान्तरों तक मैं तो
इन्हीं शब्दों में भरा हूँगा।

सामान्य कथन द्वारा बिम्ब निर्माण अनेक कविताओं एवं काव्यांशों में प्राप्त किया जा सकता है, स्थानाभाव से हम उदाहरण नहीं देंगे।

मैंने ऊपर कहा कि दुष्यन्त में तन्त्र-कौशल (Craft) का चमत्कार नहीं है, पर एक प्रकार के वैचारिक हेत्वाभास को उत्पन्न करके वे चमत्कृत करने का प्रयास अवश्य करते हैं। 'मैं और मेरा दुख', 'मोम का घोड़ा', 'दीवार' आदि ऐसी ही कविताएँ हैं—

दुख : किसी चिड़िया के अभी जन्मे बच्चे सा;
किन्तु सुख : तमंचे की गोली जैसा
मुझको लगा है।
आप ही बताएँ

कभी आपने चलती हुई गोली को चलते
या अभी जन्मे बच्चे को उड़ते हुए देखा है?

परन्तु जो प्रवृत्ति दुष्यन्त के कवि के लिए सबसे अधिक खतरनाक है वह है कवि सम्मेलनी गीतकारों की परम्परा वाली अहंकारमयी उपदेश अथवा उद्‌बोधन की शैली। ऐसे स्थलों पर कवि अपने से अथवा चतुर्दिक विकीर्ण परिवेश से साक्षात्कार करता नहीं दीख पड़ता, बल्कि स्वयंसिद्ध दार्शनिक या उपदेशक अथवा फिर निज सामर्थ्य विवेक बोध से रहित होकर आत्माशंसी प्रतीत होने लगता है। और ऐसी कविताओं की इस संकलन में कमी नहीं है। 'दिग्विजय का अश्व', 'दिन निकलने से पहले', 'प्रेरणा के नाम', 'अनुभवदान', 'समय' तथा 'तीन दोस्त' (के कतिपय अंश) ऐसी ही कविताओं के उदाहरण हैं। पता नहीं 'इनसे मिलिए' जैसे कैरीकेचर को इस संग्रह में रखने की आवश्यकता दुष्यन्त जी ने कैसे महसूस की?

दुष्यन्त की एक बहुत बड़ी शक्ति भी है : वे नितान्त मौलिक कवि हैं। पूर्व परम्परा उन्हें अध्ययन काल में जो मिल गयी यह उनकी आधार बनी, पश्चिम से उन्होंने सबसे कम लिया (नयी कविता को केवल पश्चिम की नकल कहने वाले समीक्षकों से मेरा अनुरोध है कि वे दुष्यन्त का प्रस्तुत संग्रह अवश्य पढ़ें) तथा यदि किसी से प्रभावित भी हुए हैं तो अपने समकालीन कवियों से ही, पर वह भी छिटपुट ही। भवानीप्रसाद मिश्र, अज्ञेय, भारती तथा कहीं-कहीं पर रघुवीर सहाय, कथ्य, छन्द या शिल्प में गूँजते प्रतीत होते हैं। पर यह सचेष्ट ग्रहण न होकर अप्रयास आ गयी ध्वनियाँ हैं जिन्हें कि दुष्यन्त ने अपनी शीघ्रता और अधैर्य की धुन में कभी दबाने की चेष्टा नहीं की है।

कहना न होगा कि 'सूर्य का स्वागत' संकलन में दर्जनों श्रेष्ठ कविताएँ जो झकझोरती नहीं तो अविचलित भी नहीं रहने देतीं। उनका कवि अत्यधिक आस्थावान और दृढ़ है। हर कविता से एक बात फूटती लगती है कि कवि में शक्ति और दृढ़ता का अभाव नहीं है और इस माने में वे निराला की प्रत्यक्ष परम्परा में हैं।

ज्योतिषी के आगे फैले हुए हाथ-सी
प्रश्न पर प्रश्न पूछती हुई,

कवि की जिन्दगी जो खण्ड-खण्ड होकर जीवन विष पीने में विश्वास करती है, उसकी यह बात हम स्वीकार करते हैं—

अगर इस लड़ाई में मेरी साँसें उखड़ गयीं,
मेरे बाजू टूट गये,
मेरे चरणों में आँधियों के समूह ठहर गये
मेरे अधरों पर तरंगाकुल संगीत जम गया

यों मेरे माथे पर शर्म की लकीरें खिंच गयीं
तो मुझे पराजित मत मानना,
....
....
परिचित उन राहों में एक बार
विजय गीत गाते हुए जाना है—
जिनमें मैं हार चुका हूँ।

कलजुग : जून-जुलाई, 1957

ऊर्म्मिला

'नवीन' जी द्वारा रचित यह महाकाय काव्यग्रन्थ है। लेखक ने भूमिका में प्रबन्धकाव्य, विराट्काव्य एवं महाकाव्य शब्दों का पर्यायवाची के रूप में प्रयोग किया है। हम इन तीनों शब्दों को छोड़ कर एक चौथे शब्द 'महाकाय' का प्रयोग सकारण कर रहे हैं। प्रबन्ध में जिस बन्ध की आवश्यकता होती है, घटनाओं, परिस्थितियों एवं मनःस्थितियों के जिस क्रम अथवा श्रृंखला की आवश्यकता होती है, उसका प्रस्तुत ग्रन्थ में प्रयोग कम-से-कम हुआ है। लेखक ने स्वयं बताया है कि उसने कथा का वर्णनात्मक ढंग न अपना कर 'इस ग्रन्थ को...मनःस्तर पर होनेवाली क्रियाओं और प्रतिक्रियाओं का दर्पण बनाने का प्रयास किया है।' ये मानसिक आन्दोलन भी प्रबन्ध के बन्ध से बहुधा स्वतन्त्र हैं—यह हम आगे कहीं देखेंगे। इसीलिए प्रस्तुत ग्रन्थ के लिए प्रबन्धकाव्य शब्द पूरी तरह उचित नहीं सिद्ध होता। जहाँ तक महाकाव्य का प्रश्न है, मेरा स्पष्ट विचार है कि यह ग्रन्थ उस गरिमा से युक्त नहीं है, जिससे महाकाव्य सम्पन्न होता है। यदि राम का आर्य-संस्कृति-प्रचार वह महाकार्य माना जाये, जिसके लिए ग्रन्थ लिखा गया है, तो स्पष्ट है कि प्रस्तुत ग्रन्थ का वह आन्तरिक भाग होने की अपेक्षा ऊपरी पैबन्द अधिक है एवं जैसा कि ग्रन्थ के नाम से प्रकट है, ग्रन्थ का मुख्य उद्देश्य 'ऊर्म्मिला' के स्तवन की लालसा है, स्वयं 'ऊर्म्मिला' का चरित्र 'लिरिकल' अधिक है महाकाव्योचित कम। लेखक की इस बात से हम सहमत हैं कि पुराने विषय भी काव्य के विषय बन सकते हैं, उन्हें 'नवीनता' से सुसज्जित किया जा सकता है। प्रस्तुत ग्रन्थ में 'नवीन' जी ने कितनी नवीनता सँजोयी है, इसका निर्णय हम आगे करेंगे—यहाँ केवल इतना याद दिला देना चाहते हैं कि प्राचीन ऐतिहासिक पात्रों को स्वीकार करने पर उनके स्थापित चरित्रों के कारण कलाकार की कल्पना बहुत कुछ बाधित हो जाती है एवं यदि उस विषय पर पूर्ववर्ती कुछ बड़े लोग रचना कर चुके होते हैं तब तो सीमा और संकुचित हो जाती है।

कवियों की चिर-उपेक्षिता 'ऊर्म्मिला' का उद्धार करने का प्रयास तो प्रशंसनीय हो सकता है, पर समीक्षक के सामने प्रश्न उठता है कि इस कार्य में वह कितना सफल हो सका है, तथा इस कथा के पूर्वगायकों का सन्दर्भ भी मन में बना रहता है।

वाल्मीकि, कालिदास, तुलसी आदि ने 'ऊर्म्मिला' को क्या यों ही भुला दिया था। इस अद्भुत त्यागमयी नारी का, मैं समझता हूँ, यों ही त्याग नहीं किया गया। वे लोग महाकाव्य लिख रहे थे, उनके सामने जो महत् उद्देश्य थे, ऊर्म्मिला उनमें समा नहीं पाती थी। उसकी करुणा, उसका मौन रुदन कुछ इतना तरल एवं तलस्पर्शी है कि ये कवि भी साहस नहीं कर सके। मैथिलीशरण जी ने भी उसे अपनी सहानुभूति दी एवं 'नवीन' जी ने भी, पर वास्तव में उसका भलीभाँति निर्वाह कोई नहीं कर सका। राम एवं राम का महत्कार्य दोनों के मन को घेरे रहे हैं, राम-कथा का स्थापित क्रम (पूर्ववर्ती कवियों द्वारा चित्रित किया गया) उनके मन में विद्यमान रहा है। इस कारण लक्ष्मण-ऊर्म्मिला की कथा का, न तो प्रबन्ध योग्य स्वतन्त्र विकास ये कर सके हैं और न ऊर्म्मिला का अपेक्षित गौरव-स्थापन ही। गुप्त जी ने सम्पूर्ण साकेत को कथाभूमि बना कर 'ऊर्म्मिला' की प्रतिष्ठा वहाँ करनी चाही, इसकी अपेक्षा 'नवीन' जी ने कुछ और आगे बढ़ कर ऊर्म्मिला के बचपन, विवाह, वनगमन, विरह और मिलन की कथा को अधिक विस्तार दिया। पर चूँकि राम और सीता सदैव लक्ष्मण और ऊर्म्मिला की अपेक्षा बड़े हैं, महान हैं, कवि उस प्रकाश को उन पर केन्द्रित नहीं कर सका जिसकी उससे अपेक्षा थी। परन्तु सब मिला कर गुप्त जी मूलतः वर्णनात्मक कवि हैं एवं 'नवीन' जी गीतात्मक। इस कारण अपेक्षाकृत कम स्थान देने पर भी लक्ष्मण-ऊर्म्मिला की कथा के मार्मिक अंशों को जितना गुप्त जी पहचान सके हैं उतना 'नवीन' जी नहीं। इसका एक कारण यह भी है कि 'नवीन' जी ने अपने काव्य को एक प्रकार का 'दर्शनाभास' बनाना चाहा है जिसके कारण ऊर्म्मिला या लक्ष्मण का मानवीय पक्ष दब गया है। 'टपक रही है शिला कुंजवाली शेफाली' अथवा 'मुझे फूल मत मारो' जैसी नितान्त मानवीय एवं मधुर अभिव्यक्तियाँ आलोच्य ग्रन्थ में सरलता से उपलब्ध न हो सकेंगी। यों सब मिला कर 'नवीन' जी की 'ऊर्म्मिला' अधिक भास्वर, उसका विरह अधिक गम्भीर एवं प्रसंगोचित हो सका है।

'साकेत' एवं 'ऊर्म्मिला' दोनों का सृजनकाल लगभग एक ही है—जबकि राजनीति में गाँधी एवं साहित्य में छायावाद का बोलबाला था। अतः दोनों ही ग्रन्थों में कुछ विचित्र समानताएँ भी हैं। नारी-जागरण, राष्ट्रीय आन्दोलन, गाँधीवादी आध्यात्मिकता- नैतिकता का दोनों में प्रबल स्वर है। भौतिकता का विरोध एवं आत्मिक उन्नति पर दोनों ही बल देते हैं। संयुक्त परिवार के मधुर चित्र दोनों में इतने प्रिय बन पड़े हैं कि लगता है कि लेखक उन्हें सुरक्षित रखने का अप्रत्यक्ष सन्देश दे रहा है। पति-पत्नी, सास-बहू, देवर-भाभी, ननद-भाभी, देवरानी-जेठानी आदि के कितने ही मनोहर चित्र 'साकेत' और 'ऊर्म्मिला' दोनों में ही प्राप्य हैं। दोनों ही ग्रन्थों में ऊर्म्मिला के विरह के लिए पूरे के पूरे सर्ग दिये हैं और इन सर्गों में पहुँचते-न-पहुँचते कवि 'लिरिकल' हो उठे हैं और प्रबन्ध दृष्टि को एकदम भुला दिया है। आलोच्य काव्य-ग्रन्थ के चतुर्थ और पंचम सर्ग ऐसे ही हैं।

इनके बीच से आप छन्द निकाल लें। कहीं कुछ घटा प्रतीत न होगा एवं वे काट कर निकाले गये अंश भी अपनी सरसता बनाये रखेंगे।

सब मिलाकर 'ऊर्म्मिला' एवं 'साकेत' समान स्तर के काव्य-ग्रन्थ हैं, परन्तु फिर भी जो ऐतिहासिक महत्त्व 'साकेत' को मिला, वह प्रस्तुत ग्रन्थ को फिलहाल उतना न मिल सकेगा। इसका विशिष्ट कारण है। समसामयिक सृजन का एक प्रकाशन-काल होता है। 'ऊर्म्मिला' सन् 1922 से लेकर 1934 तक लिखी गयी, पर उसका प्रकाशन 1957-58 में हुआ। इस दौरान हिन्दी कविता काफी आगे बढ़ चुकी है अतः उसकी अभिव्यक्तियाँ एक ओर बीसवीं शती के छठे दशक से पीछे की हैं, उसका दृष्टिकोण आर्य-समाजी एवं राष्ट्रीय संग्राम के आरम्भिक काल का है, वहीं वे इतनी पुरानी भी नहीं हैं कि अपेक्षित ऐतिहासिक परिप्रेक्ष्य में भी उन्हें तटस्थतापूर्वक रखा जा सके। उसका लेखक आज भी क्रियाशील है। 'साकेत' जहाँ परम्परा की कड़ी बन गया, वहीं 'ऊर्म्मिला' धार से असम्पृक्त हो गये जल की भाँति प्रतीत होती है। परन्तु मेरा विश्वास है कि सम्भवतः कुछ और दिन बीत जाने पर 'ऊर्म्मिला' अधिक महत्त्वपूर्ण स्थान का अधिकारी ग्रन्थ होगा।

ग्रन्थ में छह सर्ग हैं। प्रथम में जनकपुर में सीता और ऊर्म्मिला की बाल-क्रीड़ाएँ चित्रित हैं। चरित्रों का विकास वहीं से हमें दिखाई देने लगता है। एक गम्भीर, दूसरी चंचल; एक दृढ़ पर दूसरी अतिशय कोमल। इसी सर्ग में 'कपोत-कपोती' की कथा में वह 'नाटकीय-व्यंग्य' है जो आगे चलकर चरितार्थ होता है। दूसरे सर्ग में विवाह और परिवार के मृदु-मधुर चित्र, इस मधुर पीठिका पर आगे के सर्ग की वन-गमन की तैयारी, नियति का निर्मम व्यंग्य प्रतीत होती है पर जिसकी दाहकता 'आर्य संस्कृति' के प्रसार की बात उठा कर कम की गयी है; चौथे सर्ग में विरह की मीमांसा और पाँचवें में ऊर्म्मिला का ब्रजभाषा के दोहों-सोरठों में विरह-निवेदन एवं छठे सर्ग में विभीषण का राज्याभिषेक, राम का विराट चरित्र, उनके प्रति सभी की भक्ति एवं अयोध्या वापसी तथा ऊर्म्मिला-लक्ष्मण पुनर्मिलन चित्रित हैं। काव्य की दृष्टि से ब्रजभाषा के दोहों वाला पंचम सर्ग सर्वश्रेष्ठ है—यद्यपि प्रबन्ध कल्पना सबसे अधिक नष्ट भी यहीं हुई है। कवि ने ब्रजभाषा एवं दोहे के चिरपरिचित माध्यम से यहाँ पर कलाकुशलता का स्पष्ट प्रमाण दिया है—

सिहरि-सिहरि रहि जात हैं, वायु-विडोलित पात,
ज्यों उसाँस ते कँपत हैं, रोम-रोम सब गात।
पवन बीजना लगत ही, झरत विटप जल बिन्दु,
आह उठत ही झरत ज्यों, नयन बिन्दु मम सिन्धु।
मेरी हलकी चुनरिया, रँगी तिहारे रंग,
देखहु, इत उत चुअत है, अरुणा करुण उमंग।
नील गगन हिय में उड़े, दल बादल के ठाट
यों संकल्पन को उड़त, हिय बिच धूम्र विराट।

परन्तु ब्रजभाषा का जहाँ एक स्तर का अत्यधिक निखरा हुआ स्वरूप हमें प्राप्त होता है, वहीं नवीन जी की खड़ी बोली एकाधिक स्तरों की है। कभी वह हरिऔध जी की याद दिलाती है तो क़भी गुप्त जी एवं प्रसाद जी की। बीच-बीच में ऐसे प्रयोग बहुलता से मिलते हैं जो खड़ी बोली के 'स्टैण्डर्ड' प्रयोग में बुरी तरह खटकते हैं। 'जानू हूँ सोचू हूँ', 'परीं पाईं', 'नचीं', 'उमड़ाय हिया' जैसे प्रयोग विरल नहीं हैं। नवीन जी जैसे कवि की ऐसी भूलें बहुत क्षम्य भी नहीं हैं। यों अभिव्यक्ति के एकाधिक स्तरों का कारण लेखन का लम्बा समय है जिसमें रुक-रुक कर (बहुधा जेल के अवकाश में ही) ग्रन्थ लिखा गया है।

619 पृष्ठों के इस बड़े ग्रन्थ का स्वागत है। आवश्यकता इस बात की है कि इसे तीस वर्ष पूर्व के ऐतिहासिक परिदृश्य में रख कर पढ़ा जाय।

कल्पना : जून, 1960

अकेले कण्ठ की पुकार

तरुण कवि अजित कुमार की 45 कविताओं का यह प्रथम संग्रह है। अजित कुमार नये कवि हैं–नये इस अर्थ में कि वे गलदश्रु भावुकतावाली पुरानी कवि परम्परा से एकदम पृथक् हो चुके हैं। बुद्धि की कसौटी पर कसकर ही उनकी कविताएँ प्रकाश में आती हैं। शुद्ध संवेदना (Bare emotion) पर लिखी गयी एक भी कविता इनमें उपलब्ध नहीं होती है। इस उपलब्धि के लिए अजित कुमार को संघर्ष अवश्य करना पड़ा होगा–क्योंकि 'ब्याह की शाम', 'फैण्टेसी' जैसी कविताओं में कवि की यह भावुकता उमड़ी है पर दोनों स्थानों में उसने इसे रेशनलाइज किया है। इनमें 'ब्याह की शाम' का तर्क अधिक बचकाना (adolescent) है, पर मैं पाठकों का ध्यान फैण्टेसी के तर्क की ओर ले चलना चाहता हूँ। 'ला बेले डेम सैन्स मर्सी' की छाया में लिखी गयी इस कविता को कवि 'फैण्टेसी' का शीर्षक देकर अपनी बुद्धिवादिता का परिचय देता है तथा उसने प्रारम्भ में ही कह दिया है कि 'एक सपना आँख में झलका' एवं दो स्टैण्जा बाद 'बढ़ा सपना' कहकर बार-बार इस कविता की स्वप्न कल्पना (wishful thinking) कीह कल्पना पर जोर देता रहता है। रोमैण्टिक कवि इसी बात को कहता है पर कभी भी उसे अभिलषित चिन्तन (wishful think) नहीं कहता। इसके अतिरिक्त शीर्षक इस कविता का integral part बन गया है। इस रोमैण्टिक प्रवृत्ति से अलगाव का एक उदाहरण और लें। संग्रह की एक कविता है 'प्रतीक्षारत'। कविता के शब्द दृश्य-संयोजक (Texture) पर छायावाद का गहरा प्रभाव है, परन्तु अपने तर्क, इच्छा और अभिप्राय में यह नितान्त भिन्न हो गयी है। 'कुटिया में महल, विजन वन वल्लरी पर अगणित फूल खिले हैं। उन्हीं में से एक मैं हूँ।'

स्वप्न सर्जित, रागचर्चित पुष्प,
आकुल, चिर-प्रतीक्षारत कि
मेरी पंखुरी की भाग्य-रेखा पर लिखा है
नाम जिनका,
वे अपरिचित देव
जो अब विफलताओं से पराजित हो रहे होंगे–

किसी अज्ञात पथ-निर्देश से संकेत पाकर
यहाँ आयें
मुझे देखें देखते रह जायें,
तोड़ें सूँघ लें : मन में बसाकर गन्ध
मसलें : फेंक दें!

छायावादी जहाँ एक प्रकार की अतीन्द्रियता पा विश्वास करता था, वहाँ इस काव्य की अन्तिम पंक्तियों में तोड़ने, सूँघने, मसलने आदि के द्वारा स्पष्ट मांसलता एवं भौतिक उपभोग की माँग है।

बौद्धिकता को लेकर नयी कविता पर बहुधा आक्षेप किये जाते हैं। इसे आलोचकों ने बहुधा नीरसता एवं बोझिल तर्क का पर्याय माना है (इस भ्रम का प्रचार करने में 'नयी कविता' के व्याख्याताओं का कम हाथ नहीं रहा है।) पर वास्तव में बुद्धि यहाँ पर औचित्य की पर्याय है। हमारी समीक्षा के पीछे 'भावयोग' की जो भावधारा चल पड़ी उसने औचित्य के प्रश्न को बलाए ताक रख स्फीत कल्पना को ही सरसता का पर्याय मान लिया। नये कवि ने बुद्धि का अंकुश लगा इस प्रवृत्ति को रोका तो पुराने ढंग के पाठकों, आलोचकों एवं कवियों को इसमें नीरसता का संचार दिखाई पड़ा—जबकि यहाँ पर भावयोग की नयी डाइमेंशन मात्र थी जो कि यथार्थ का गहरा तकाजा भी है। यह बात अजित कुमार के प्रस्तुत संग्रह में और स्पष्ट है। इस बौद्धिकता ने नये कवियों को आज की जटिल और द्रुतगति से परिवर्तनशील परिस्थितियों में खड़े रहने की क्षमता दी है। अजित कुमार की तो यह शक्ति ही नहीं है वह आन्तरिक सूत्र भी है जो इन विभिन्न मनःस्थितियों में लिखी गयी कविताओं को एक में पिरोए रहता है। बहुधा अच्छी-अच्छी कविताओं से युक्त संग्रहों में भी किसी आन्तरिक सूत्र के अभाव के कारण पूरा संग्रह पढ़ जाने के बाद भी ऐसा लगता है, कि कुछ उपलब्ध नहीं हुआ—यद्यपि अच्छा-अच्छा बहुत कुछ लगा था। स्वयं अजित कुमार की बहिन कीर्ति चौधरी का संग्रह 'कविताएँ' इस दोष से ग्रसित हैं यद्यपि उसकी कुछ कविताएँ अजित की कविताओं से निश्चित रूप से श्रेष्ठ हैं। पर अजित कुमार के संग्रह की इस बौद्धिकता-जन्य एकसूत्रता ने उसे एक ऐसी समन्वित शक्ति दे दी है कि पूरा संग्रह पढ़ जाने के बाद लगता है कि कवि ने हमें किसी-न-किसी मात्रा तक कनविन्स किया है, अपनी विचारधारा के प्रति।

प्रश्न उठता है कि इस बौद्धिकता का रूप क्या है? आइए हम अजित कुमार की कुछ कविताओं का विश्लेषण करें। पुराने गीत, पुराना राग भी हम सँजोए रखते हैं पर हमें नया गान क्यों चाहिए? नये की सार्थकता पर यह प्रश्न हर समझदार आदमी के मन में आता है। अजित की 'दो बातें और एक तर्क' कविता के सारे सुपरस्ट्रक्चर के मूल में एक आइडिया है कि पता नहीं कब किस वेश में किस रूप में 'नव युग का मसीहा' मिल जाय इसलिए (सस्वर) न होने पर भी हर नये गाने से

नेह लगा लेना उचित है। इसी प्रकार 'आठ औरतें' कविता में बताया गया है कि कैसे एक ही व्यक्ति (या प्रिया) के रेसपान्स के अनेक शेड्स हो सकते हैं मनोविज्ञान में भी Multivalence की यह स्थिति मान्य है। यही बौद्धिकता है जो इस युग की स्वीकारोक्ति में रोमैण्टिक कवियों के अभिलषित चिन्तन का पर्दा उधारती है और 'कलाकारों' के संयुक्त वक्तव्य में उस कृत्रिम जीवन की ओर संकेत करती है जिसमें रहकर भी कवि सौन्दर्य-प्रेमी बनने की पाखण्डी वृत्ति को नहीं त्याग पाता। इस कविता का दूसरा पक्ष भी है—इसके द्वारा नयी कविना में आने वाले तथाकथित असुन्दर एवं जटिल दृश्यों की यथार्थता भी व्यंजित होती है। जिज्ञासा को शान्त करते चलिए तो वे और अधिक बढ़ती, मनुष्य मानता नहीं है जानता ही है, गोकि कभी-कभी उसके मन में यह बात उठती है कि अच्छा था कि इस चक्कर में हम पड़ते ही नहीं—सबसे भले विमूढ़ जिन्हें न व्यापइ जगत गति। अजित कुमार ने भी कुछ इसी प्रकार के विचार से प्रेरित होकर कहा है, पूछताछ के दफ्तर से लौटने पर—

अरे, लाये क्या—बस, अनुभव,
और भी जिज्ञासाएँ नव,
कि जिनके समाधान सब भ्रान्त
सभी कुछ मिध्या से आक्रान्त,
प्रश्न अनगिनती, उत्तर एक,
और अपने मन की यह टेक :
भला होता
जो रहते अपने ही घर में।
आह! क्यों? पूछताछ के दफ्तर में हम गये?

वह 'उजड़े मेले' की भाषा सुन लेता है तथा संक्रमण की स्थितियों का सचेष्ट अनुभाविक है तथा 'कभी पहले भी' जैसी अनूठी अनुभूतियों का भोक्ता और प्रकाशक है, जिनमें कि बहुधा नये दृश्य के पास जाकर भी परिचित-सी प्रतीत होनेवाली स्थिति का चित्रण है। हम अधिक विस्तार में न जावेंगे पर संग्रह की अधिकांश कविताओं के गूल गें एक आइडिया है जिस पर सारा स्ट्रक्चर खड़ा है।

परन्तु एक बात या एक आइडिया के पूर्व-निबद्ध सत्यों एवं अनुभूतियों के आधार पर रची गयी इन कविताओं की कमजोरी भी यही है। ये रचनाएँ planned अधिक हो गयी हैं Spontaneous कम। काव्य-सृजन प्रक्रिया में भी जिन अनुभव सत्यों का ग्रहण और प्रकाशन होता है, उनका इन कविताओं में नितान्त अभाव है। यद्यपि इसी कारण इनमें शिल्प का एक सचेष्ट प्रयोग है। अजित कुमार की किसी भी कविता पर छन्द-हीनता लयहीनता का आरोप नहीं लगाया जा सकता। विराम चिह्नों एवं कथन भंगिमाओं का उनमें सचेष्ट प्रयोग है। इलियट ने ब्राउनिंग में जिस ड्रैमेटिक मोनोलॉग को ढूँढ़ा है (और जिसे उसने काव्य की दूसरी आवाज कहा है।)

उसे अजित कुमार में स्पष्ट देखा जा सकता है। परन्तु इसी कारण 'नयी कविता' की रेटारिक विशेषता (जो उसे प्रगतिवाद से उत्तराधिकार में मिली है) भी उनमें यत्र-तत्र खूब उभरी है। अजित कुमार की भाषा और तुकों पर भवानी प्रसाद मिश्र का गहरा प्रभाव है—पर भवानी प्रसाद मिश्र में जहाँ तुकों का प्रयोग मैनिरिज्म तक पहुँच गया है वहीं अजित ने तुक की एकरसता को यत्र-तत्र तोड़ने की चेष्टा की है। 'आओ हम फिर से जिएँ' में तुकों के श्रेष्ठ प्रयोग के ही साथ तुक की मोनोटनी तोड़नेवाली वृत्ति का स्पष्ट उदाहरण है। इसमें तुकों का क्रम कुछ इस प्रकार है—a b c b c d a

वास्तव में अजित का सारा काव्य-सृजन एक 'हाइटेंड अवेयरनेस' (Hightened awareness) का परिणाम है। ऊपर जिस बौद्धिकता का जिक्र हुआ उसे इस सजगता (awareness) का ही एक अंग समझना चाहिए। इसमें अनुभूतियों एवं impressions की परिणति चिन्तन के रास्ते होती है। इसी कारण उनमें जहाँ आवेग की कमी है वहीं प्रभाव की परिपक्वता रक्षित है। वे बहुत कुछ वर्ड्सवर्थ की काव्य सृजन सम्बन्धी परिभाषा से प्रभावित लगते हैं जैसे कि 'विरत होओ' कविता से प्रतीत होता है। इस सम्बन्ध में वर्ड्सवर्थ के बारे में कही गयी कालरिज की बात उन पर भी लागू होती है, "यहाँ पर न तो विचार के दबाव के चिह्न हैं और न लादी गयी शैली ही है, बिम्बों की भीड़ या कोलाहल नहीं...।" इसी कारण उनके बारे में घोषित प्रकाशकीय विज्ञप्ति सही लगती है—यह बात दूसरी है, पर और भी कवि हैं जो सहज हैं जो काव्य की अभिधा पर विश्वास करते हैं। अजित की सहजता का एक कारण और है (जो उनकी निर्बलता है) उनके पास शब्द भण्डार की बेहद कमी है। शब्दों की यह कमी बिम्ब निर्माण को भी प्रभावित और सीमित करती है। परन्तु इस कमी को वे दूसरे ढंग से पूरा करते हैं—अनुभवों एवं प्रभावों को वे काव्यानुभूति के स्तर पर प्रभावित करके ही व्यक्त करते हैं; इसी कारण पूरे संग्रह में एक भी कविता स्तर से नीचे नहीं उतरती है।

पाठक को एक अतिरिक्त सजगता देने वाले इस संग्रह का मैं स्वागत करता हूँ। 'नयी कविता' के काव्य-संग्रहों में निश्चय ही यह 'सिग्नीफिकैण्ट' है।

वसुधा : 1960

एक हस्ताक्षर और

राजा दुबे हिन्दी के नये कवि हैं—एकदम नये; यानी कि पिछले दो-तीन वर्षों में ही ऊपर उठ कर आये हैं। कविताएँ यत्र-तत्र प्रकाशित होती रहीं और लोगों का ध्यान खींचती रहीं। पर इस प्रकाशनबहुल युग में बहुधा पत्रिकाएँ किसी के व्यक्तित्व को पूरी तरह से उभार नहीं पातीं, अलग-अलग प्रकाशित करने के कारण। इसीलिए कविताओं के संग्रह-संकलन उपस्थित किये जाते हैं, जो एक स्थान पर कवि के कृतित्व को व्यक्तित्व प्रदान कर सकें। इस संग्रह-प्रक्रिया के बहुधा दो परिणाम होते हैं। प्रथम तो यह कि बहुत से ऐसे कवि जो अलग-अलग कविताओं में बड़े चमकदार दिखाई देते हैं, वे अपने संगृहीत रूप में अपनी आभा खो देते हैं, पर कुछ कवि ऐसे होते हैं जो संगृहीत होने पर अपना एक सुदृढ़ व्यक्तित्व, अपनी तर्ज और अपने विचार उपस्थित करने में तथा इस तरह अपने को स्थापित कर सकने में समर्थ होते हैं। राजा दुबे दूसरे प्रकार के कवि हैं, जिनकी अलग-अलग प्रकाशित होनेवाली कविताओं से कभी तो मालूम पड़ता था कि वे एकदम नान-सीरियस किस्म के आदमी हैं तो कभी निराशा एवं असफलताजन्य प्रतिक्रियाएँ मात्र ही उनमें प्रतीत होती थीं। इसी के अन्तर्गत उनकी व्यंग्यात्मक कविताएँ भी थीं। परन्तु जब 'एक हस्ताक्षर और' नामक उनका प्रस्तुत संग्रह सामने आया तो ऐसा लगा कि इस कवि की प्रतिक्रिया के मूल में भी शक्ति और संवेदना है, तथा सर्वत्र अव्यवस्थित से दिखाई पड़ने वाले व्यक्तित्व के मूल में एक गढ़ा हुआ मन है, जो उसकी अभिव्यंजना को शक्तिहीन नहीं होने देता।

इतना सत्य है कि इन कविताओं का कवि मध्यमवर्ग की असफलताओं से आक्रान्त है। यह असफलता मुख्यतः अर्थ की है। यह बात कई कविताओं से व्यंजित होती है। सम्भवतः प्यार की ट्रेजेडी भी 'खाली जेबों' के कारण ही है। वह खीझता है, परेशान होता है; पर आधुनिक सचेत-सजग कवि यहीं उभरता है—वह अपनी इस बेतुकी जिन्दगी को उधेड़कर रख देता है। प्यार की भेंट स्वेटर को उकेल डालता है, पत्र और फोटो जला देता है। कृत्रिमता की दीवारों में कैदी उसका मन जो कौतुकपूर्ण

जिज्ञासा करता है उसमें नपी-तुली जिन्दगी के प्रति गहरी विरक्ति व्यंजित होती है। कभी वह सोचता है कि न तो कारों की बत्तियों को अब वह आश्चर्य से देखता है और न नाना प्रकार के फल उसके मुँह में पानी लाते हैं।

फिर मध्यवर्गीय जीवन की नाना अर्थच्छायाएँ भिन्न-भिन्न चित्रों के माध्यम से उठकर मानो इस प्रश्न का उत्तर देती हैं। वह सीढ़ियों चढ़ती शाम को नमस्कार करता है, क्योंकि तब तो हजार धन्धों से मुक्त होकर वह किसी को बहुत प्यार कर सकेगा। दिवस बन्धु की मृत्यु पर भगवान से प्रार्थना भी नहीं करता, उसी ने कौन उसे सुख दिया है? ऐसा कवि जब कहता कि कल तमाम रात किसी की याद उकेल बीनता-बाँटता रहा, किसी का दर्द कुरेद-छीलता-छाँटता रहा तथा

कल तमाम रात
तुम्हारा नाम उचार–
बार-बार
लिख-लिख
गूदता-काटता रहा।
कल तमाम रात
तमाऽऽम राऽऽत

अन्तिम शब्दों की विलम्बित गति में पुनरुक्ति तथा नाम लिख-लिख कर गोदने-काटने की क्रिया अपनी तरल संवेदना में डुबो-सी जाती है।

पर नहीं, राजा दुबे के प्रस्तुत संग्रह की कविताएँ डुबोती या छूती कम हैं–झकझोरती बहुत हैं। झकझोरती इसलिए हैं कि ये कविताएँ प्रतिदिन के अत्यन्त साधारण मध्यवर्गीय जीवन की अत्यन्त साधारण-सी बात को बड़े ही सहज लहजे में उपस्थित कर देती हैं। इन बातों को या इस लहजे को हम सामान्यतः कविता के लिए उपेक्षणीय समझते हैं, पर जब प्रस्तुत कवि इस जाने-पहचाने यथार्थ के आमने-सामने हमें खड़ा कर देता है तो जैसे हम अपने इस प्रतिरूप को देख कर स्तम्भित हो उठते हैं। संग्रह में मुख्य रूप से दो प्रकार की कविताएँ हैं : एक तो कवि-व्यक्तित्व को प्रस्तुत करनेवाली कविताएँ तथा दूसरे कवि की प्रेम सम्बन्धी उक्तियाँ। एक तीसरे प्रकार की कविताएँ और हैं जो विशुद्ध व्यंग्य हैं। विशुद्ध व्यंग्य इसलिए कहता हूँ कि व्यंग्य-विद्रूप का टोन यों तो अधिकांश कविताओं में विद्यमान है पर कुछ कविताएँ ऐसी हैं जहाँ कवि ने निर्वैयक्तिक होकर केवल व्यंग्य ही किये हैं। इन तीनों प्रकार की कविताओं में समसामयिक जीवन का यथार्थ ही नहीं, पूरी पीढ़ी का दर्द सम्मिलित है।

जब वह जो अपनी हो न सकी को पत्र लिखता है तो 'डेली रुटीन' के जाल में बँधी इस रसहीन जिन्दगी का चित्र मुखर हो उठता है।

'नींद उचटने', 'वर्षारम्भः', 'कवि का धन्यवाद', 'विभ्रम हार स्वीकार', 'मध्यमवर्ग की ट्रेजेडी', 'परवशता', 'रेखापुत्र', 'मुझमें', 'सर्पआवाहन' जैसी अनेक कविताएँ नयी पीढ़ी के दर्द और क्षोभ की ही व्यंजक हैं।

मध्यमवर्ग में आज प्यार और रोमांस भी विचित्र स्थिति में पड़ गये हैं। कवि ने प्यार किया है, उस प्यार की रूपरेखाएँ भी उसने स्पष्ट की हैं। कविताओं के माध्यम से मुझे उसकी यह प्रेमकहानी नहीं जोड़नी, देखना यह है कि इस तथाकथित प्यार का रूप इस समय क्या है। स्व. मित्र की भूतपूर्व प्रेमिका के नाम लिखी गयी कविता इस प्रकार के प्रेम को पूरी तरह से उपस्थित कर देती है। यह लड़की, स्त्री, सुन्दरी या प्रेमिका (जो भी आप चाहें कहें) अन्य लड़कियों की तरह ही एक खास उम्र के दौरान सिनेमा, सस्ती किताबों या देखादेखी एक लड़के से प्रेम करती है; खास मोड़ पर किसी-न-किसी दबाव में आकर शादी पक्की हो जाने या अन्य कारण से अन्य लड़कियों के समान ही प्रेमी का दिल तोड़ देती है। और कवि का वह दिलटूटा प्रेमी मित्र रेल से कट कर मर जाता है और एक कागज का टुकड़ा छोड़ जाता है जिसमें लिखा है 'कि जब भरोसा ही उठ गया, हम जी के क्या करेंगे।' इतने अंश तक तो कवि आज के प्रणय की गहराई (?) को दिखाता है। पर इस साधारण-सी बात को वह जिस नये कोण में रख देता है वह महत्त्वपूर्ण है और नयी कविता की अपनी उपलब्धि है। वह कहता है—

उसके मरने का दोष या दायित्व
मैं तुम्हारे माथे नहीं मढ़ता
बल्कि वह मूर्ख था
जो इतनी छोटी-सी बात पर आत्महत्या जैसी
चीज का शिकार हुआ यों

प्रेम के नाम पर शहीद होने को मूर्खता कहने का साहस आज का ही कवि कर सकता है। पर इतना ही नहीं आगे जो सवाल करता है वह आज के नारी-जीवन ही नहीं पूरे समाज के द्विधा विभक्त जीवन की ट्रेजेडी है।

यद्यपि कवि का क्रोध स्त्री पर, लड़की पर उतरा है पर वास्तव में यह भी तो मध्यवर्ग की ही ट्रेजेडी है। और इतनी ही गालियाँ लड़कों को भी दी जा सकती हैं। मुख्य बात वह मध्यवर्गीय नैतिकता का खोखलापन है जिसमें बनिया की बिटिया शादी के पहले 'मेरा लाल दुपट्टा' गाती है और शादी के बाद ब्रह्म मुहूर्त में 'मेरा तो गिरिधर गोपाल' गाती है या शादी हो जाने के बाद पति के साथ रसमग्न हो पूर्व प्रेमी को देखकर भी नहीं देखती और अपनी सुराहीदार गर्दन घुमा कर बढ़ जाती है।

इस खोखली संस्कृति पर उसके प्रहार अत्यधिक तीव्र हैं। हम अंग्रेजी तस्वीरें उनके चुम्बनों के कारण देखते हैं। इसलिए नहीं कि हम पूर्वजों की अपेक्षा अधिक माडर्न या अभिरुचि वाले हैं। हम छुरी काँटे से, कल्चर्ड समझे जायें, इसलिए खाते हैं।

न कि अपनी भोजन-पद्धति अवैज्ञानिक है। हम लव मैरिजें इसलिए नहीं करते कि हम जाति-उन्मूलन और प्यार के कायल तथा रूढ़िविद्रोही हैं, पिछली पीढ़ी की अपेक्षा, बल्कि इसलिए कि लड़कियाँ क्लब में आकर हमारे साथ नाचें–

अन्यथा हिन्दी में इतनी सारी
सेक्सी और गन्दी फिल्में नहीं बनतीं।
भारतीय नारियाँ साँप से भी बढ़कर
खतरनाक मानी जातीं!
और जेलों के बाद सबसे ज्यादा ऊँची दीवारें
हिन्दुस्तान में तो कम-से-कम
विमेन्स कॉलेजों की नहीं होतीं।

इन व्यंग्यों में ही नहीं सम्पूर्ण कविताओं में एक तल्खी है। पर यह तल्खी भी शक्तिपूर्ण है। इनकी तल्खी पराजित की नहीं प्रतीत होती। अन्तिम पंक्ति के आस्थावाद से यह अनास्था भी अधिक मजबूत है। लगता है कि कवि चक्रव्यूह में पड़ अवश्य गया है, पर उसके हाथों में रथ का टूटा पहिया नहीं शर और शरासन दोनों हैं। इसी कारण सारी निराशाओं के बीच भी साहस और विश्वास के स्वर पूरे तौर पर उभरते हैं। समय की रौंद में पड़ जाने के बाद भी–

अभी भी पहले जैसा
कुछ बचा है, जो पूरी तरह
समय रौंद नहीं पाया; कुचल नहीं गया।
या मैं ही अपने को मार नहीं पाया।

अथवा जीवन में, यात्राओं में, पथ में, बियाबानों में कितनी ही कठिनाइयाँ क्यों न उठानी पड़ी हों। नदियों ने तट ढहा दिये। अन्धड़ों ने पाल फाड़ दिये, मल्लाहों ने नौकाएँ डुबा दीं, पर इन बनजारे शिशुओं, कच्ची आयु के टूटे संवेदनों का कहना है–

पर ये बियाबान बन
सर्प डगरियाँ, अनछुए क्षितिज, प्रेतनुमा छायाएँ
फटे पाल, ढहते तट, डूबी नौकाएँ
साक्षी हैं कि
हमने आश्रय की भिक्षाएँ नहीं स्वीकारीं।
आस्थाओं का नीलाम नहीं बोला
यात्राएँ गिरवी नहीं रखीं।
अपने बूढ़े ऊँट नहीं बेचे
कुल की मर्यादा को नंगा नहीं किया।

इस सहिष्णुता का परिणाम हुआ कि 'केंचुलों की जगह आज आस्था के कवच हैं।' इसी आस्था के कारण उन सारे कष्ट देने वालों को वह प्रणाम करता है।

दीपक के हाथों से रोशन पतवारें छीनने वाले, बहार के पाँवों से प्रसून पायजेब उतारने वाले, आस्था की पुतलियाँ नोचने वाले, सपनों के गाँवों से सत्यों के पुखराज बीन कर पीर पिराने वाले, उन सबको मेरी श्रद्धा, विनत प्रणाम।

सरल सामान्य भाषा में साफ अर्थों को व्यंजित करनेवाली तथा युग की वेदना को समझनेवाली कविताओं के इस संग्रह का स्वागत होना चाहिए। नयी कविता के भी संग्रहों में संग्रह का इतना स्पष्ट व्यक्तित्व कम देखने को मिलता है।

कृति : जुलाई, 1960

शब्ददंश

कुछ संग्रहों की समीक्षा करते समय सबसे पहले कवि की ओर ध्यान चला जाता है। यह स्थिति समसामयिक जीवन में बहुधा कवि के स्थान एवं महत्त्व के कारण आती है। 'शब्ददंश' का कवि (जगदीश गुप्त) भी आधुनिक कविता (नयी कविता) के सन्दर्भ में महत्त्वपूर्ण है। वह 'नयी कविता' पत्रिका के सम्पादक के नाते तो यश अर्जित कर ही चुका है, इसके अतिरिक्त भी हम जानते हैं कि 'नयी कविता' का सम्पादक और कवि मध्यकालीन कवियों के से सवैये भी ब्रजभाषा में लिखता रहा है। फिर 'नाव के पाँव' संग्रह आया जिसका गीतों वाला भाग अधिक महत्त्वपूर्ण था और अब प्रस्तुत है 'शब्ददंश'। 'शब्ददंश' में मध्यकालीन रागात्मकता, समर्पण और अलंकृति छोड़ दी गयी है। 'स्तोत्र त्रय' इस बदली हुई मनःस्थिति के द्योतक हैं तथा छायावादोत्तर गीतों की रूमानी या अर्धरूमानी अभिव्यक्ति एवं सतही स्फूर्तन के स्थान पर एक गहरी जिज्ञासा एवं चिन्तन की परिणति हमें इन कविताओं में उपलब्ध होती है। इस प्रकार 'शब्ददंश' एक सचेत, आत्मशिक्षण-रत कवि का संग्रह है। परन्तु समीक्षक के लिए जो सबसे अधिक द्रष्टव्य है, वह प्रस्तुत संग्रह की क्षमता है। अथवा यों कहा जाय कि विकास के इस सोपान की कितनी कलात्मक (काव्यात्मक) अभिव्यक्ति इसमें हुई है। हमें लगता है कि इसी बिन्दु पर कवि कसौटी पर खरा नहीं उतर पाता। संग्रह को पढ़ते-पढ़ते बार-बार ऐसा लगता है कि नयी कविता को पढ़ते-पढ़ाते उसके मन में जो तार्किक अवधारणाएँ आती रही हैं, उन्हीं का अभिव्यंजन हो गया है। इस अभिव्यंजन में बहुत कुछ ऐसा है जो कच्चा रह गया है, जो पूरी तरह काव्य-संवेदना के रूप में परिणत नहीं हो पाया है। अधिकांश कविताओं में सूक्तियाँ हैं, सूत्र हैं और सभी बौद्धिक स्तर पर। कवि ने भूमिका में दावा किया है कि इन कविताओं के माध्यम से उसने 'अपने आपको उपलब्ध किया है।' मैं समझता हूँ कि काव्य-सृजन-प्रक्रिया में अपने-आपको उपलब्ध करने का सचेत भाव विद्यमान रहने की अपेक्षा, कहीं अधिक श्रेयस्कर होता है जबकि लेखक अपना आत्म-विलयन कविताओं में करता चलता है। स्पष्ट है कि प्रथम प्रक्रिया में व्यक्तित्व की खोज का बौद्धिक भाव है और दूसरे में बौद्धिक अस्तित्व

का भावना और अनुभूति में विलीनीकरण। पहली स्थिति इसलिए सूक्ति को जन्म देती है और दूसरी स्थिति सरसता को। दार्शनिक-बौद्धिक सूक्तियाँ घूम-फिर कर कुछ सामान्य सत्यों के निकट आ जाती हैं एवं इसी कारण अपनी नवीनता खो देती हैं पर संवेदना अपने सन्दर्भ के नयेपन के कारण नये अर्थों से आपूरित रहती है। उदाहरणार्थ, इस संग्रह की 'नया अर्थ' शीर्षक कविता लें। इसमें व्यंजित सत्य किस अर्थ में मौलिक या नया है?

यों इन कविताओं के माध्यम से जिस व्यक्तित्व को हम प्राप्त करते हैं, उसमें चारों ओर जो घटित होता हुआ वर्तमान है, उसका ही सजग बोध नहीं है, उसके प्रति गहरी जिज्ञासा, प्रश्नाकुलता, चिन्तन विद्यमान है। इसके साथ ही ऐसा भी लगता है कि किसी से बातचीत करते हुए कवि उत्तर भी दे रहा है जिसे कि शायद इलियट ने काव्य की दूसरी आवाज कहा है। पर इस वृत्ति का एक स्वाभाविक विकास भी हुआ है कि वह उत्तर या निष्कर्ष भी निकालता चलता है। संग्रह की पहली कविता लें—

अहं का विस्तार—
है दायित्व भी, दर्द भी,
भोग या सुख ही नहीं है।
पास आने पर उपजता मोह
मोह जीवन को अजब-सा अर्थ देता है।
उलझने नूतन, नये सन्दर्भ रच कर,
आप ही अपनी नियति को बाँध लेता है।
चित विभु है, दूर रहना भी कहाँ सम्भव।
हर नये सम्बन्ध का परिणाम
किसी दुखती हुई रग का स्पर्श
और हर दुख पर नये दायित्व का अनुभव।

कविता के प्रारम्भ और अन्त, दोनों में ही निष्कर्ष दिये हुए हैं। इसी प्रकार 'यशभाग', 'नया अर्थ', 'मुक्त समय', 'मथित का अहम्', 'रेत की लहरें' आदि ऐसी ही कविताएँ हैं। मेरा विचार है कि निष्कर्ष की यह शीघ्रता उनके आधुनिकता-बोध को कुण्ठित करती है। आधुनिकता की वर्तमान स्थिति में प्रश्नाकुलता एवं जिज्ञासाएँ तो मन को बींध रही हैं पर उत्तर देने की स्थिति में आज का कवि पहुँच चुका है, यह विचारणीय है। या तो समीक्ष्य कवि का आधुनिकता-बोध बहुत आगे है या फिर अधपका है—यही मानना पड़ता है।

प्रस्तुत संग्रह में 58 कविताएँ हैं और वे अहं का विस्तार, टेरो मत, बादल और कच्चे घड़े, जाड़े की रात, कछार के खेत, स्तोत्रत्रय एवं शब्ददंश नामक सात खण्डों में विभाजित हैं। जगदीश गुप्त चित्रकार भी हैं परन्तु प्रस्तुत संग्रह की आधुनिकता की बौद्धिक स्वीकृति के तले उनका वह रूप उस प्रकार नहीं उभर सका है जिस

प्रकार कि 'नाव के पाँव' में व्यंजित हुआ था। या यह भी सम्भव है कि दो विधाओं में प्रयास करने वाला कलाकार भिन्न-भिन्न अनुभूति सत्यों को व्यंजित करने के लिए भिन्न माध्यमों का प्रयोग करता है। लियोनार्दे दा विंची के सॉनेट उनके चित्रों के मेल में नहीं थे। सम्भवतः कुछ इसी स्थिति के कारण भारती, केदारनाथ सिंह, वीरेन्द्र जैन या कीर्ति चौधरी में चित्रात्मकता अधिक है। परन्तु जगदीश जी के पास शब्द-सामर्थ्य है और उसका उचित प्रयोग वे जानते हैं। संग्रह की श्रेष्ठतम कविताएँ या तो प्रकृति-चित्र हैं या फिर जिनमें जिज्ञासा अथवा सहानुभूति का एक अप्रतिहत भाव विद्यमान है। 'आत्महत्या : एक अनुभूति', 'तब जा कर चैन मिला', 'स्पर्शगीत', 'शीशे के सामने शीशा', 'तूफान दोस्त है', 'टीसती इकाई', 'कछार के खेत', 'हरसिंगार की गन्ध', 'चाँदनी रात में', 'साँप, ओस और दूर्वादल', 'शब्ददंश' आदि संग्रह की श्रेष्ठ पठनीय कविताएँ हैं।

ऐसा लगता है कि इस संग्रह में कवि ऐसी स्थिति में आ गया है कि अब उसकी आधुनिकता का बोध अधिक व्यापक ही नहीं, गहरा और समभोगी हो सकेगा। वह 'एक क्षण को मान लो' जैसी शिशु जिज्ञासाएँ अथवा एक समीकरण के हल्के-फुल्के आशावाद से ऊपर उठ कर दंशन के व्यापक भय से मुक्त कराने के लिए हृदय के तलदेश (या कहीं अन्यत्र) में सोने वाले गारुड़ी को अधिक शक्तिशाली आवाज में पुकार सकेगा। 'नाव के पाँव' के द्वितीय खण्ड से जो विकास प्रक्रिया प्रारम्भ हुई थी, उसका प्रथम चरण 'शब्ददंश' में पूरा होता है।

कल्पना : अगस्त, 1960

वंशी और मादल

'वंशी और मादल' ठाकुर प्रसाद सिंह की कविताओं का संग्रह है। 'प्रतीक' के माध्यम से जब ये गीत सन् 51-52 में पहले-पहल प्रकाश में आये तो इनकी ताजगी और चित्रात्मकता ने एकबारगी सारे हिन्दी प्रदेश का ध्यान आकर्षित किया था।

वास्तव में युद्ध समाप्त होते-होते हिन्दी में गतिरोध का प्रश्न भयंकरता के साथ आया था। युद्ध एवं विभाजन के कारण एक ऐसी जड़िमा सारे देश के सांस्कृतिक आकाश में छाने लगी, कि लगा प्रत्येक अपने को दुहरा रहा है। छायावादी हो या प्रगति-प्रयोगवादी, कोई भी इनके अपवाद न थे। ऐसी स्थिति में दो दिशाओं से प्रेरणा ली गयी। दोनों ही दिशाएँ स्वाभाविक एवं अनुकूल थीं। एक दिशा पश्चिमी साहित्य की थी। अब ज्ञान-विज्ञानों ने दुनिया की दूरी को कम कर दिया था। युद्ध ने पारस्परिक सम्पर्क को ही नहीं बढ़ाया था, लगभग समान मनःस्थितियों में भी ला दिया था। इसी कारण पश्चिम से भाव और शिल्प दोनों की प्रेरणाएँ प्रभूत मात्रा में ग्रहण की गयीं। दूसरी दिशा देश के लोक-जीवन की थी—यह जीवन शिष्ट दृष्टि से उपेक्षित अवश्य था, पर शक्तिहीन नहीं। इस शक्ति को भी पहचाना गया। परिणामस्वरूप साहित्यिक भाव-वस्तु और रूप-शिल्प को इन लोकधर्मी परम्पराओं ने भी प्रभावित किया। मैं मानता हूँ कि ये दोनों ही प्रवृत्तियाँ स्वस्थ थीं तथा देश की जीवन्त शक्ति की निशानियाँ हैं। अस्तु, ठाकुर प्रसाद सिंह के अनुकूल दूसरा रास्ता पड़ा और उन्होंने संथाल जीवन से वह ताजगी ग्रहण की जिसे वे 'आदिम उद्वेग' कहते हैं। इन कविताओं ने हिन्दी काव्य को लोकशक्ति एवं लोक-संवेग के साथ सम्बद्ध करने में सहायता दी। लोक-जीवन का यह प्यार, पुकार और पहचान जितनी इन कविताओं में प्राप्य है, मैं बल देकर कहना चाहता हूँ वह पूरे आधुनिक साहित्य में अभूतपूर्व है।

एक बहुत छोटी-सी कविता लीजिए–

आधी रात
बाग में पिड़कुल
कुकुर डुबुर स्वर
आधी रात
यहाँ मैं आकुल
तुम आओ घर।

वियोग की कथा पुरानी है। प्रेमिका की आकांक्षा भी पुरानी है–आदिम युग से चली आ रही है, पर यह स्वर एवं अभिव्यक्ति की यह भंगिमा एकदम नयी है। प्रथम पंक्ति में एक चित्र है जो संकेत कर देता है कि आधी रात के सन्नाटे में प्रेमिका या पत्नी अकेली है, जाग रही है एवं पिड़कुल का स्वर उसे सुनाई पड़ता है और इस चित्र के बाद वह अपनी आकुल आकांक्षा कह देती है। इसके बीच में और आगे-पीछे बहुत कुछ है जो पाठक या श्रोता को अपनी कल्पना शक्ति से भरता है। इमेजिस्ट एवं जापानी कविताओं जैसी यह संक्षिप्ति एवं ध्वन्यात्मकता अपनी सारी प्रगाढ़ संवेदना के साथ हिन्दी काव्य में महत्त्वपूर्ण है।

अधिकांश कविताएँ रूप, यौवन एवं प्रणयानुभूतियों से सम्बन्धित हैं। पर इनकी नवीनता यह है कि इनमें न तो मध्य काल के राधा-माधव की ओट है और न आधुनिक युग की मध्यवर्गीय नैतिकता या सतही रोमांस की अभिव्यक्ति। निश्छल निर्द्वन्द्व भाव से प्रणयानुभूतियाँ व्यक्त हुई हैं–चाहे वे उसी शाश्वत त्रिकोण की ही क्यों न हों। संग्रह की प्रथम कविता सुनिये–

पाँच जोड़ बाँसुरी
बासन्ती रात के विह्वल पल आखिरी
पर्वत के पार से बजाते तुम बाँसुरी
पाँच जोड़ बाँसुरी
वंशी स्वर उमड़ घुमड़ रो रहा
मन उठ चलने को हो रहा
धीरज की गाँठ खुली लो लेकिन
आधे अंचरा पर पिय सो रहा
मन मेरा तोड़ रहा पाँसुरी
पाँच जोड़ बाँसुरी।

स्पष्ट है कि यहाँ नैतिकता के बन्धन नहीं हैं। बन्धन है भी तो यह कि पिय आधे आँचरा पर सो रहा है; एक ओर बाँसुरी वाला नायक और दूसरी ओर पिय, अजब द्वन्द्व में है वह!

इन कविताओं ने अभिव्यक्ति के क्षेत्र में एक नयी संक्षिप्ति को ही बढ़ावा नहीं दिया, अनेकानेक नये-नये उपमानों एवं चित्रों से हिन्दी कविता को समृद्ध भी किया है। बिंधे हुए फूल जैसा मन, जामुन-सी काली भौंहें, गहरे पथरौटे के कूप-सी प्रीति एवं डोरी-सी आशा, झलफल बेला, शालवन-सी देह, मँह-मँह का पथ, कचपच धूप, कोंपल के होठ आदि अनेक नये प्रयोग काव्य को शक्ति देते हैं।

'यह मेरे प्रिय का मण्डप है', 'गाँवों के किनारे बरगद का पेड़', 'चिड़ियों ने पर्वत पर', 'आछी के वन' आदि कविताओं में नये जीवन की चित्तवृत्ति के अत्यन्त सार्थक संकेत हैं—यद्यपि ये संकेत लोक भाव से इतने घुले-मिले हैं कि इन्हें पहचानना पड़ता है। समन्वय की सफलता भी यही है।

हम इस बात को तनिक जोर के साथ कहना चाहते हैं कि 'वंशी और मादल' पिछले एक वर्ष के काव्य की अत्यधिक महत्त्वपूर्ण कृति है। परन्तु यहीं पर एक खतरा भी है—लेखक कहीं इस प्रवृत्ति को ही न दुहराता रहे। शक्ति (आदिम उद्वेग) ग्रहण के लिए उस जीवन और उसकी भणिति को एक बार अपना लेना एक बात है, पर यदि उसी ने सम्पूर्ण रूप से अपनी क्षुद्र गहराइयों में लेखक को डुबो लिया तो संग्रह की अन्तिम कविताओं जैसी नीरसता एवं उथलापन ही हाथ रह जायेगा। इन कविताओं की लोकधर्मिता को हिन्दी का नया काव्य ग्रहण कर चुका है, आवश्यकता है कि कवि कुछ नयी भूमि पुनः जोड़े या पुरानी ही भूमि को नयी दृष्टि में रूपायित करे। यह याद रहना चाहिए कि दुहराने का 'मैनेरिज्म' अशक्ति का द्योतक होता है।

ज्ञानोदय : जुलाई, 1960

अनागता की आँखें : रूमानी दृष्टि का नयापन

फ्रैंक करमोड ने 'रोमाण्टिक इमेज' नामक अपनी महत्त्वपूर्ण पुस्तक में स्वच्छन्दतावाद के केन्द्र में तीन मुख्य धारणाएँ स्वीकार की हैं। प्रथम है, कवि का जन सामान्य से भिन्नता सम्बन्धी विचार। दूसरी धारणा के अनुसार, बिम्ब पर विशेष बल दिया जाता है—यानी कि बिम्ब या प्रतीक के माध्यम से कवि को सत्ता के ऐसे क्षेत्र में प्रवेश मिलता है, जो साधारण बौद्धिक प्रतीतियों से परे है। तीसरा केन्द्रीय तत्त्व है कि कविता का विकास वृक्ष की भाँति सावयव ढंग से होता है, न कि भवन के समान उसके स्तर पर स्तर गढ़े जाते हैं।

वीरेन्द्र कुमार जैन का कविता-संग्रह 'अनागता की आँखें' पढ़ते समय मुझे बार-बार लगा है कि वे इस 'रोमाण्टिक' विचार-परम्परा से, जाने-अनजाने, विशेष प्रभावित हैं। 'रोमाण्टिक' कवि, जब सहजता एवं सामान्यता के स्तर की बात करता है, तब भी, उसकी अभिप्रेत सहजता ऐसी होती है जो अपेक्षाकृत दुष्प्राप्य होती है। 'कवि अन्ततः द्रष्टा है : इसी से उसकी अन्तिम परिणति मैं 'प्रोफेट', 'सीयर' या 'भविष्य-द्रष्टा' के रूप में देखता हूँ' जैसे कथन कवि की विशिष्टता सम्बन्धी धारणा को ही स्पष्ट करते हैं। इसी वैशिष्ट्य के वश होकर कवि अपने व्यक्तित्व को अत्यधिक स्फीत कर उसी के गीत गाता है। 'अनागता की आँखें' संग्रह पढ़ जाइये कठिनाई से दो-तीन कविताएँ मिलेंगी, जिनमें कवि-व्यक्तित्व को प्रवेश नहीं मिला है; अन्यथा चाहे 'रूमालों का मौसम' हो या 'भिंडियाँ, अनामा और नदी' हो, चाहे भगवान् अमिताभ को एक साथ प्रणाम और चुनौती देने वाला व्यक्तित्व हो या गुजरती हवाओं पर खत लिखने वाला लेखक हो—सर्वत्र मैं (कवि) ही है। सत्ता की खोज जैसे दार्शनिक प्रश्न पर भी वह कहता है—

कभी-कभी यह ऐसी निःसीम शून्य की छलना
क्यों छा जाती है सम्मुख मेरे?

....

तब मैं हो कर खड़ा अपनी व्यक्तिमता के,
व्योम वातायन पर, थाम कर रेलिंग
अपनी अचल ध्रुवसत्ता का,
देखता हूँ दृष्टि डाल कर दूर-दूरान्त क्षितिजों के पार।

संग्रह की भूमिका में भी इसी विशिष्ट व्यक्तित्व की नानावर्णी रेखाएँ हमें अंकित मिलती हैं। यह व्यक्ति जब समाज में पसर नहीं पाता, तब बहुधा प्रकृति या अध्यात्म की ओर भागता है। प्रस्तुत कवि ने भी बहुधा यह अनुभव किया है कि उसकी पुकारों का उत्तर मानव जगत् से तो नहीं मिलता। परन्तु जब-जब निर्जन बियाबानों, वीरानों, रेगिस्तानों, गुफाओं, जंगलों, पहाड़ों, खाइयों में उसने पुकारा है, तब-तब आवाहन के जवाब में आवाहन आया है।

चेतन की कातर गुहार के उत्तर में जड़ता तक दहली है,
पिघलती है,
विह्वल हो कर मेरी ही वाणी में वह
मेरा दर्द बोली है।

इस दृष्टिबिन्दु से लिखने वाले व्यक्ति के लिए आध्यात्मिकता के सबसे अधिक 'रोमाण्टिक' परम्परा तक ही कवि यदि सीमित रह जाता, तो हम उसे नयी कविता का कवि क्यों मानने लगते? परन्तु कवि में वह सजग बोध भी है जो 'नयी कविता' के विविध तत्त्वों में से एक है। छायावादी कवि प्रकृति की गोद की ओर चला तो जाता है, परन्तु समाज और प्रकृति के अन्तरों का सजग विश्लेषण नहीं करता। यदि कभी इस ओर ध्यान भी देगा, तो मानव-जगत् की इस असंवेदनीयता के कारण का शायद ही कभी ध्यान करे। समीक्ष्य कवि व्यक्तित्व की पूर्ण सजगता के साथ इस अन्तर को अनुभव करके कारण का निदान करता है—

जब-जब मैंने मानवी की आँखों में आँखें डाल कर
उसकी आत्मा में झाँकना चाहा :
तो बार-बार उसके उफनते सीने
औ' उमड़ते गर्म आँसुओं में भी एक सोने का
मारीच मायावी दैत्य
उसकी आत्मा की कुमारिका पर
बलात्कार करता नजर आया।

इसीलिए वह सुवर्ण के इस दैत्य, धन और वैयक्तिक अधिकार के महिषासुर को अन्तिम रूप से मार देना चाहता है। इस प्रकार 'रोमाण्टिक' विशिष्टता एक समष्टिगत मूल्य में परिणत होती हुई दीखती है। व्यक्तित्व के वैशिष्ट्य का ज्ञान, और फिर उस ज्ञान के आलोक में समष्टि का भी सजग बोध, कवि की शक्ति है।

रोमाण्टिकवाद की दूसरी केन्द्रीय धारणा के अनुसार, कविता में, काव्य-कल्पना के माध्यम से एक असामान्य संसार में प्रवेश होता है। इस संसार में यथार्थ कुछ धुँधला पड़ सकता है, कभी-कभी अतिप्राकृत भी। परन्तु सब मिलाकर, यह लोक

सामान्य बौद्धिक प्रवेश का क्षेत्र न होकर, विशिष्ट अवश्य होता है। इस संसार के बारे में प्रयोग या विश्लेषण उतने सम्भव नहीं—यह केवल बिम्बों के माध्यम से अवधार्य होता है। तात्पर्य यह कि इन कविताओं की मुख्य विशेषता उनकी बिम्बशक्ति होती है। सम्पूर्ण कविता अपने-आप में एक बिम्ब ही होती है। वीरेन्द्र कुमार जैन की प्रस्तुत कविताओं में बिम्बविधायकता बहुत है। छोटी-सी बात है कि बाजार में भिण्डी खरीदते समय उसकी नयी मैगज़ीन गिर जाती है और एक साँवली भरी बदली की कोर-सी बाँह ने उठा कर मैगज़ीन बढ़ा दिया। कवि ने 'शर्म से धरती में समा कर झेल लिया' और :

आँखें चिर-परिचय के कूलों पर बेबस हो मिल गयीं,
और फिर चिर अपरिचय के अँधियारे जंगलों में खो गयीं।

पर अभी बिम्ब पूरा उभरा नहीं। कवि की कल्पना आगे बढ़ती है, उसे वह अपहचानी सूरत बराबर अभिभूत करती रही। और फिर अन्त तक पहुँचते-पहुँचते बिम्ब स्पष्ट होता है—

...बिना किसी चाह के, परिचय, प्रत्याशा के,
एक नदी चुपचाप
सागर की अन्तहीन बाँहों में
लीन हो कर, शून्य हो गयी—

इस प्रकार भिण्डियों के बहाने 'अनामा' की याद नदी के बिम्ब-रूप में कल्पित हो कर पाठक के सामने उभरती है। इसी प्रकार 'इंझोरा के स्वर्णिम फूल', 'दुपहरिया की पुकार', 'यादों की नीली पहाड़ियों पर', 'छाया महफिल और जापानी बंगला', 'गोरे गुलाबी नाखून से छिलती नारंगी' आदि कविताओं में प्रतीक और बिम्ब उभरते हैं।

इस दूसरी विशेषता का ही स्वाभाविक विकास तीसरी धारणा है कि कविता को एक पौधे के समान जड़, तना, डाल, पात, कली, फूल आदि के रूप में, सावयविक रूप से विकसित होना चाहिए। यान्त्रिकता की पद्धति उसमें न हो, बिम्ब एक साथ विकसित होते चलें और अन्त में पूरी कविता एक परिपूर्ण बिम्ब बन जाये, और इस प्रकार एक-एक स्तर की अलग-अलग सार्थकता न होकर पूरी कविता की सार्थकता परस्पर अनुस्यूत रहनी चाहिए। समीक्ष्य संग्रह में बिम्ब-संघटन की यह पद्धति बड़ी स्पष्ट है। एक उदाहरण लें एक कविता की प्रारम्भिक पंक्तियों में एक बिम्ब उभरता है—

आज जब अचानक नजर आ गयी,
तुम्हारी गोरी बाँह की उर्मिला रोमाली!
आत्मा के चतुर्दिक, वातायनों पर
नये क्षितिज झलक उठे द्राभा के;

इन क्षितिज-रूपी परदों पर आगे के तमाम बिम्ब बनते चले जाते हैं और इन बिम्बों की परिणति एक अन्तिम कथन में होती है—

कि आज के मुहूर्त में निश्चय यह हुआ मुझको,
कि कल मैं हूँगा मृत्युंजय,
क्योंकि देखा है आज मैंने
तुम्हारे अन्तर के देवालय में चिरन्तन प्रवहमान,
सत्ता का, जीवन का स्रोतोमूल
कि आज अचानक नजर आ गयी,
तुम्हारी गोरी बाँह की उर्मिला रोमाली।

बिम्बों की, कथन में परिणति 'रोमाण्टिक' परम्परा के विरुद्ध है। ऐसी गठन उनमें बहुधा प्राप्त होती है। प्रस्तुत कवि में, इस प्रकार, हम दो परस्पर-विरोधी परम्पराएँ एक साथ संगुम्फित पाते हैं। एक ओर तो मूल में प्रखर तीखी भावना है, जो नव-नव बिम्बों में फूट पड़ी है, और दूसरी ओर, अन्तिम कथनों में (कभी-कभी इन बिम्बों को जोड़ने के लिए बीच में भी) एक नैतिक वैचारिक दृष्टि कवि देना चाहता है। संग्रह की अन्तिम और सर्वश्रेष्ठ कविता 'मेरे प्रणाम लो, मेरी चुनौती लो, हे भगवान अमिताभ!' में ये दोनों परम्पराएँ अपने सर्वोत्तम रूप में अनुस्यूत हैं।

इस समन्वय का एक मूल कारण है। यह एक ओर तो अपने शैशव से ही रवीन्द्र, शरत्, कीट्स जैसे 'रोमाण्टिकों' से प्रभावित है और दूसरी ओर अपने विकास में भक्ति एवं अन्य प्रयोजनवादियों से भी प्रभावित हुआ है। परिणामस्वरूप, वह काव्य की बिम्ब-पद्धति के साथ ही, स्पष्ट नैतिक-वैचारिक प्रयोजनों के देने में विश्वास करता है। कल्पना का अतिशय प्रयोग (कभी-कभी तो छायावादियों से भी अधिक) और यथार्थ की सीधी पकड़, दोनों ही उनमें मिलती हैं। उनमें 'रोमाण्टिक' नवोत्थान है भी तो आधुनिकता के पूरे सन्दर्भ में। इसी कारण, वह ऐन्द्रिक संवेदनों को नये आयामों में देख सका है, जैसा कि स्वयं कवि ने भूमिका में संकेत किया है कि वह सुगन्ध को सुनीला कहता है, क्षणों में नीली गहराइयाँ देखता है अथवा फूल-घण्टियों की नीरव पीली टुन-टुन सुनता है।

जनवरी '57 की 'युगचेतना' में आधुनिक कविता पर लिखते हुए, मैंने एक शिकायत की थी—**'हमारे साहित्य की एक सबसे बड़ी कमी है किसी सुव्यवस्थित जीवन-दृष्टि का अभाव।'** उस निबन्ध में यह संकेत भी था कि आज के कवि का **'सबसे महत्त्वपूर्ण प्रयास यथार्थ दृष्टि के आधार पर निर्मित हुई जीवन-दृष्टि की उपलब्धि होना चाहिए।'** समीक्ष्य संग्रह को पढ़ते समय मुझे बार-बार अनुभव हुआ है कवि ने अपनी कविताओं के माध्यम से एक जीवन-दृष्टि देनी चाही है। गोकि यह कि सराहनीय है। दूसरी बात अधिकांश कविताओं में भिन्न-भिन्न बिम्बों के माध्यम से उसी बात को उभारा गया है। गोकि इसी कारण, इन कविताओं में एक प्रकार की एकरसता भी आ गयी है, जिसे कवि ने अपनी बिम्ब और उपमान-बहुलता से ऊब में परिणत होने से बचा लिया है। यह दृष्टि कमजोरी का तथ्य है।

आध्यात्मिक और भौतिक को समन्वित करने की उसकी लालसा ही कविताओं में विद्यमान दृष्टि है।

मैं भौतिक का आत्मीकरण और
आत्मिक का भौतिकीकरण किया चाहता हूँ।
में इन्द्रियों के प्रत्यक्ष भोग में ही
भगवान की भूमा का आस्वाद पाना चाहता हूँ।

इस दृष्टि की सशक्ततम अभिव्यक्ति भगवान अमिताभवाली कविता में हुई है। बहुत-से लोग प्रश्न उठा सकते हैं कि क्या कविता में दृष्टि का होना आवश्यक है? क्या इतना ही यथेष्ट नहीं है कि कवि अपनी अनुभूति मात्र को व्यक्त कर दे? मेरा अपना स्पष्ट मत है कि बिना एक स्पष्ट जागतिक दृष्टि के, अनुभूति को वह परिप्रेक्ष्य नहीं मिल पाता, जो उन्हें महत्त्वपूर्ण बनाता है; एवं बहुधा अनुभूतियाँ परस्पर विशृंखल हो कर एक अव्यवस्था को जन्म देती हैं। इसी कारण, टूटे, पिचके एवं अर्ध स्पष्ट बिम्ब बनते हैं। कवि वीरेन्द्र कुमार जैन के बिम्बों की संगति एवं शक्ति के मूल में यह 'दृष्टि' ही विद्यमान है। परन्तु यहीं पर, यह याद रखना आवश्यक है कि 'दृष्टि' और 'दार्शनिकता' (वाद) में अन्तर है। दूसरी विशेषता सामान्यतः बाहर से आरोपित होती है।

संग्रह की अन्तिम कविता आधुनिक हिन्दी कविता की कुछ अच्छी कविताओं में परिगणित होने योग्य है। यहाँ पर, संक्षेप में, उसकी गठन पर हम ध्यान देंगे। कविता के प्रारम्भ में कवि कहता है कि हे भगवान अमिताभ, तुम्हारी दो हजार पाँच-सौवीं जयन्ती पर फिर वही सनातन ज्वलन्त प्रश्न अग्नि के त्रिशूल-सा मेरे तन-मन, प्राण, आत्मा के आरपार हूल रहा है (कौन-सा प्रश्न है, यह नहीं कहा गया)। फिर तनिक स्पष्ट स्वर (यही स्वर आगे चल कर चुनौती बनता है।) में कहता है—

पर देखता हूँ, तुम्हारी इस वीतराग मुस्कान में
उसका कोई उत्तर नहीं मिल रहा, हे भगवान अमिताभ!

कविता के दूसरे पद में इस प्रश्न, और बुद्ध द्वारा उसे मिटाने का दृढ़ संकल्प उपस्थित हुआ है—'मिटा दूँगा रोग मैं, मिटा दूँगा बुढ़ापा मैं, मिटा दूँगा मरण को मैं।' इस तरह, पहले अंश की स्वाभाविक गति दूसरे अंश में प्रस्फुटित हुई है।

इसके पश्चात् बुद्ध का गृह-त्याग अत्यन्त सधी, पर प्रखर वाणी में अभिव्यक्त होता है।

उस आधी रात तुम, सोये शिशु और सोयी नारी को त्याग कर,
अप्सरा-कूजित महलों की रस-रंग सौरभ और सपनों में तैरती
रसराती, मदमाती, रूप और यौवन की
उफनाती शैयाएँ त्याग कर
चल दिये अनजाने निर्जन की राहों पर।

इसके बाद गौतम की तपस्या का वर्णन करते हुए कवि सुजाता-खीर के प्रसंग को बड़े ममत्व और विस्तार के साथ चित्रित करता है। पाठक पूछ सकता है कि यह सब तो बुद्ध-कथाओं में पचासों बार पढ़ा जा चुका है, कवि की नवीनता इसमें क्या है? वास्तव में, पुरानी कथाओं को जब नये सन्दर्भ में प्रतिष्ठित किया जाता है, तब बहुधा उनके उपेक्षित वे कोण उजागर हो उठते हैं जो नये युग के अधिक निकट होते हैं। ये कोण कवि की आधुनिकता को व्याख्यायित करते हैं। बुद्ध-कथा में सुजाता का खीर वाला अंश सामान्य रूप से आता है एवं तपस्या की व्यर्थता की ओर भी उसके माध्यम से संकेत किया गया है। पर समीक्ष्य कविता में, कवि ने सुजाता के माध्यम से 'नारी' की जिस मूर्ति को उपस्थित किया है, वह पुरुष को पूर्ण काम करती है, बुद्ध को बुद्धत्व का ज्ञान कराती है–

अपलक ताकते ही रह गये तुम्हारे वे विरागी नेत्र
रमणी के आँसू-भरे लोचनों के अगम अगाध में।
और लो, देखो तो निमिष मात्र में,
पिघल चलीं अनगिन अर्गलाएँ अन्तर के द्वार की :
और उन सजल नयनों के आरपार
झाँक गया प्रकाश का पथ एक धारासार,
चला ही गया है जो अनन्तों, अबाधित, अनिवार।

यह बात और अधिक भास्वर हो उठती है, जब कवि याद दिलाता हुआ प्रश्न करता है–

इसी नारी को तुम बन्धन जान
उस आधी रात त्याग आये थे, भगवान अमिताभ!

पर बुद्ध ने इस बात पर ध्यान नहीं दिया। उनका धर्मचक्र-प्रवर्तन प्रारम्भ होता है। संसार को क्षणिक कहकर त्यागने की प्रेरणा बुद्ध देते हैं। इसका जो परिणाम होता है, उसे अपनी पूर्वकथित दृष्टि के परिप्रेक्ष्य में कवि ने जिस ढंग से उपस्थित किया है, उससे अधिक प्रभावशाली कविता क्या हो सकती है मैं नहीं जानता।

माताएँ छोड़ जातीं छाती लगी सन्तानें
कुटुम्बों को निराधार छोड़ पिता चले जाते।
मुँह आये कौर-से तरुण बेटे वृद्ध माँ-बापों को बिछोह देकर
राह चलते मुण्डी हो तुम्हारा अनुगमन कर जाते।
विदेश गये पति प्रीतम जाने कब, जाने कहाँ
काषाय पहन कर संन्यासी हो जाते।
सुबह के गये स्नेही शाम को लौट कर घर नहीं आते।
चारों ओर टूट चले प्यार-ऊष्मा के आधार आगार,
घर-चूल्हे परिवार।

इस पृष्ठभूमि पर कवि बुद्ध के रोग, बुढ़ापा और मृत्यु को उपस्थित करते हुए प्रश्न करता है कि क्या सचमुच ही तुमने इनको मिटा दिया था? स्वयं उत्तर देते हुए वह कहता है कि तुम यह नहीं कर सके। आज भी मनुष्य का वही भाग्य है। सारे बुद्धत्व के आगे प्रश्नचिह्न लगाते हुए वह कहता है कि जब तुम रोग, शोक, जरा, मरण को नहीं मिटा सके तो किसी जीवनातीत, सत्तातीत, शून्य निर्वाण में तुमने अपने आपको मिटा लिया।

आज की विनाशक स्थिति में, कवि के सामने वे ही प्रश्न जागते हैं। क्यों प्यार, ममता, आत्मीयता के बन्धन; क्यों कुटुम्ब, परिवार, समाज, राष्ट्र अखिल लोक जीवन की साँकल विशाल? बुद्ध के ही प्राणों की पुकार आज के कवि के भीतर भी जागी है, परन्तु सोयी रमणी और सोये शिशु को त्याग कर वह 'पर पार के सत्य' की खोज में नहीं जा सकता। उसके एक ओर मानव अस्तित्व की सर्वस्वहारिणी भौतिक बेबसियाँ हैं और दूसरी ओर मानव-भाग्य की विफलता और पराजयों का साक्षात्कार है। पर इनके मध्य भी वह आश्वस्त होकर सोचता है कि रूप, रस, रंग, गान का यह संसार अमर है। भंगुरता अपूर्ण दर्शन का अज्ञान है।

मुझे बहुत प्यारी है, मानव के रक्त-मांस की
चैत्र के आमों-सी यह खटमीठी गन्ध;
मुझे बहुत प्यारी है, मानव के तन, मन, प्राण आत्मा की
भूखें, प्यासें और पुकारें अन्ध!

वह स्पष्ट रूप से कहता है–

मुझे नहीं चाहिए किसी कूटस्थ
निश्चल निर्वाण की समता और शान्ति!
मैं तो इस धड़कते, कसकते, मचलते जीवन की धरती पर
युद्धों, विनाशों, विषमताओं के दुश्चक्र तोड़ कर,
मानव-मानव के बीच
जीवन्त शान्ति, समता और संवादिता लाना चाहता हूँ।

अन्त में, पहुँचते-पहुँचते, वह समग्र कविता की परिसमाप्ति करते हुए कहता है कि बुद्ध का ज्योतिपुत्र होने के कारण ही उन सीमाओं का अतिक्रमण कर जाना चाहता है एवं स्वयं भगवान अमिताभ को आवाहन देता कहता है–

तुम्हें अमर जीवन ले कर मर्त्यों की धरती पर
उतर आने का आवाहन देता हूँ।
हे भगवान अमिताभ!

पूरी कविता में एक बिम्ब से दूसरा बिम्ब, दूसरे विश्व के निहितार्थ से तीसरा कथन एवं सब मिलाकर पूरी कविता अपने-आप में एक परिपूर्ण इकाई के रूप में समग्र जीवन-दृष्टि पर प्रतिष्ठित दिखाई देती है। पर यह दिखाने में अधिक तर्क न खर्च करना पड़ेगा कि जीवन दृष्टि कितनी कागजी और ऊपरी है।

ऐसा प्रतीत होता है कि वीरेन्द्र कुमार जैन फैलाव के कवि हैं, संक्षिप्तता पर उनका विश्वास नहीं है। अत्यधिक जटिल संवेदनाओं की अभिव्यक्ति के लिए व्यापक 'कैनवास' की आवश्यकता अवश्य पड़ती है; पर लगता है कि आलोच्य कवि लम्बाई से कुछ अभिभूत है। इसी कारण, वह उसी बात को भिन्न-भिन्न रूपों में बार-बार कहता रहता है। पर यह रीति तो भाषणकर्ता की होती है। अनेक बिम्ब, पदांश, उपमान अथवा वर्ण-रंग उसने बार-बार प्रयुक्त किये हैं। इसीलिए कभी-कभी ये कविताएँ केवल शब्द-कौशल पर आधृत प्रतीत होने लगती हैं। भाषण का वेग उन्हें निर्जीव होने से बचाये तो रहता है, पर ठोस नहीं होने देता।

यौन-प्रतीकों का अत्यधिक प्रयोग या उल्लेख ऐसा आभासित कराता है कि कवि भौतिक सत्ता को केवल यौनाकर्षण में देखता है। वह अभिभूत लगता है जीवन के इस पक्ष से। भाषा के भी बहुधा मनमाने और चिन्त्य प्रयोग (जैसे भौतीकरण, स्रोतोमूल) वीरेन्द्र जी में मिलते हैं। इन सब बातों के होते हुए भी 'अनागता की आँखें' महत्त्वपूर्ण संग्रह है।

कल्पना : जनवरी, 1961

त्रिभंगिमा

दिल्ली में चाँदनी चौक में एक दुकान है जिसमें दिन भर जलेबियाँ बनती रहती हैं। उस दुकान की हर जलेबी उसी भाव पर शान के साथ बिकती है और खरीदने वाला स्वाद बना-बना खाता रहता है। बच्चन जी की कविताओं के प्रस्तुत संकलन, 'त्रिभंगिमा' को पढ़कर मुझे जलेबियों की यह दुकान याद हो आयी है। कविताएँ इन्होंने लिखी हैं, चूँकि लिखी हैं अतः पत्रिकाओं में छपेंगी भी और जब छपी हैं तो पुस्तक रूप में संकलित होकर क्यों न आवें। उनकी रचनाओं के चूँकि पाठक हैं अतः वे स्वाद बना-बना कर पढ़ने की चेष्टा भी करेंगे। पैसे खर्च किये हैं न। किन्हीं के जन्मदिन के लिए उन्होंने बधाइयाँ लिखीं तो वे भी संकलित हैं। पृ. 126 पर की बधाई देखें तो ज्ञात होगा कि चारों छन्दों में नयी पंक्ति केवल एक-एक है बाकी सब टेक है यानी कि–

आज तुम्हारे जन्म दिवस की मंगल वेला आयी है,
तुमको आज बधाई है। मंगल वेला आयी है।

ये तो टेक की पंक्तियाँ हुईं और खाली स्थान पर ये चार पंक्तियाँ जोड़ लीजिए :

सूरज की कंचन किरणों की
फूलकली की मुसकानों की
भूमि गगन के वरदानों की
हर्ष उमंग भरे नयनों की (तुमको आज बधाई है)

पुस्तक खरीदने वाला पाठक कवि से पूछना चाहेगा कि मेरे प्रिय रससिद्ध कवि इन पंक्तियों में आपने मुझे क्या दिया? वह यह भी पूछ सकता है कि थल या जल सेना के लिए लिखे गये प्रयाणगीत रक्षामन्त्री के पास न भेजकर पाठकों के पास काहे के लिए प्रेषित किये गये हैं बच्चन जी (और उन जैसे बड़े अन्य लेखकों-कवियों से भी) निवेदन है कि वे इस बात को महसूस करें कि इस प्रकार का हर लिखा हुआ छपाना केवल प्रकाशक के लिए ही लाभकर है। रचना के सफल या असफल होने के बारे में अन्तिम निर्णय भले ही आप न दें पर रचना के मूल्य और महत्त्व का पहला सजग आलोचक होना आपका धर्म है।

अस्तु सतहत्तर कविताओं (दो सौ बयालिस पृष्ठों) वाले इस बड़े संकलन में बच्चन जी की तीन प्रकार की कविताएँ संगृहीत हैं। लोकधुनों पर आधारित छन्दबद्ध एवं छन्दमुक्त (मुक्त-छन्द)। बच्चन जी की लोकधुनों पर लिखी गयी कविताओं ने इधर हिन्दी पाठकों का ध्यान अपनी ओर खींचा है। जीवन्त काव्य परम्परा लोकसाहित्य से सदैव शक्ति प्राप्त करती है और अनेक अभिप्राय, रूढ़ियों, उपमान, छन्दरूप, लयविधान, कथानक आदि लोक साहित्य से नागर साहित्य में आत्मसात किये गये हैं। स्वयं नयी कविता ने लोक गीतों से बहुत लिया है। पर बच्चन जी के ये गीत इस परिपाटी से अलग लगते हैं। लेखक ने अपने गीतों को लोकगन्धी बनाने की बजाय लोक गीतों के साहित्य से कुछ जोड़ना चाहा। इन गीतों पर जो संकेत है यथा ढोलक पर गाने के लिए वे यह सूचित करते हैं कि इन गीतों का वे लोकगीतों के स्तर पर प्रचार चाहते हैं। संकल्प यह शुभ हो सकता है, आधुनिक चेतना को जन जीवन तक पहुँचाने का एक माध्यम बन सकता है। (सरकार के प्रचार विभाग को ध्यान में रक्खें तो इन गीतों का प्रचार करने में अधिक सुभीता होगा।) पर लोकसाहित्य की रचना प्रक्रिया या गान प्रक्रिया जिस तरह स्वतः सम्बोधित व्यक्ति को चाहती है क्या बच्चन जी उसे स्वीकार कर सकेंगे? यों बच्चन जी यदि अपनी हैसियत, यश, मान आदि को बाधा स्वरूप न महसूस करें तो इन गीतों को चार-चार आने की किताबों में छपवा कर मेलों, फुटपाथों आदि में पहुँचाने का एक प्रयोग किया जा सकता है और फिर उसके परिणाम देखकर आगे की योजना बन सकती है।

'त्रिभंगिमा' की दूसरी भंगिमा छन्दबद्ध रचनाओं की है या यों कहो कि गीतों की है। गीत की कुछ चर्चा कवि ने भूमिका में की है पर इस कसौटी को हम यहाँ कसने नहीं जा रहे हैं, केवल इतना कहना चाहते हैं कि गीत की आत्मपरता का अर्थ न तो निजी कहानी है और न दिन-रात उठते-बैठते आने वाले कुछ विचार या समस्याएँ। इन सबसे युग सापेक्षता भले ही झलक आवे पर उनमें अन्तर की गहरी संवेदना का परिपाक नहीं मिलता है। आधुनिक हिन्दी कविता में रोमाण्टिक गुण की एक जबरदस्त परम्परा रही है पर अब वह परम्परा इतनी संवेग शून्य होती जा रही है कि इस द्वितीग भंगिमा जैसी कविताओं में काव्य तत्त्व की स्पष्ट कमी लगने लगी है। यत्र-तत्र पंक्तियाँ हैं जिनमें पुराने बच्चन जी बोलते हैं अन्यथा कुछ भाषण हैं और कुछ सूक्तियाँ, कुछ-कुछ रोजाना कानों में पड़ने वाले विचार। जब सचमुच ही संवेग की ईमानदारी पर आकर सोचते हैं, तब बरबस ऐसी गहरी पंक्तियों में फूट पड़ती है।

यौवन का वह सावन जिसमें
जी चाहे जब रस बरसा लें,
पर मेरी स्व मदिरा को
सोख गये मिट्टी के प्याले,

अगर कहीं तुम तब आ जाते
जी भर पीते भीग नहाते,
रस से पावन, है मनभावन, विधना ने बिरचा ही क्या है।
अब तुमको अर्पित करने को मेरे पास बचा ही क्या है।

चिड़िया और चुरुगन, जीवनमुक्त जैसे कुछ गीत ऐसे भी हैं जिन्हें लय बदल देने से लोक गीतों वाले भाग में रखा जा सकता था।

तीसरी भंगिमा मुक्त छन्द की रचनाओं की है। इस शैली की पहली रचना है गीतनिष्ठा। शुरू के कवि-सम्मेलनों में गीतकारों के रोमाण्टिक लहजे में यह घोषणा यों शुरू होती है—

तुम गये थे सोख
जिस सरस रसा को,
मसि बना जिस उर्वरा को
आज उस पर
गीत मैं बरसा रहा हूँ!!

दूसरी रचना विशुद्ध कविता की परिभाषा बनती है। काव्यशास्त्र के विद्यार्थी अपनी उद्धरणोंवाली नोटबुक में इसे दर्ज कर लें। परीक्षा में अंक मिलने में सहायता मिलेगी। या पिछली भंगिमा का ही बढ़ाव यह भी है। तात्त्विक दृष्टि से दोनों में कोई अन्तर नहीं है। अन्तर इतना है कि इस प्रकार की बातों के लिए (जिसे कि गद्य में भी किया जा सकता है) तीसरी भंगिमा वाला अधिक उपयुक्त है यों जब नदी मर गयी—जब नदी जी उठी, तुम्हारी आँखों में तब और अब जैसी कुछ अच्छी कविताएँ भी मिल जायेंगी। इसका सबसे शक्तिशाली भाग अन्तिम है—व्यंग्य कविताओं का। अपने समसामयिक जीवन की विकृतियों पर बच्चन जी ने सटीक प्रहार किया है। व्यंग्य काव्य काव्य होता भी है या नहीं, इस सम्बन्ध में विवाद हो सकता है पर इन रचनाओं का जो उद्देश्य है वह पूरी तरह चरितार्थ होता है, और इसे रचनाकार की सफलता ही कहा जायेगा। इसके लिए कभी वे प्रकृति के किसी कार्य व्यापार को बनाते हैं (जैसे दीपक, पतिंगे और कौए), कभी सीधे गणतन्त्र दिवस का ही वर्णन न करेंगे। गर्दम मारवाड़ी के नये प्रतीक भी उन्होंने खड़े करने चाहे हैं और 'सिन्धु मन्थन' जैसे पौराणिक प्रतीकों का प्रयोग उन्होंने आधुनिक सन्दर्भ में सफलतापूर्वक किया है।

देवता जो एक
दो बूँद अमृत की
पान करने को पिलाने को चला था
बलि हुआ।
लेकिन जिन्होंने

शोर आगे से मचाया
पूँछ पीछे से हिलाई
वही खीस निपोर
काम-छिछोर दानव
सिन्धु के सब रत्न धन को
आज खुल कर भोगते हैं।

इन कविताओं में बच्चन जी के काव्य व्यक्तित्व का एक नया पक्ष उद्घाटित होता है!

इस पूरे संकलन को पढ़ने के बाद एक और बात भी मन में उठती है कि यह संकलन एक सचेष्ट कवि की उन चेष्टाओं का भी द्योतक है जो वह नयी भूमियों को तोड़ने के लिए कर रहा है। अतः त्रिभंगिमा का महत्त्व इस चेष्टा में देखा जा सकता है न कि समग्र रसात्मक उपलब्धि में और इस दृष्टि से समीक्ष्य संकलन का महत्त्व बच्चन जी के काव्य के अध्येताओं के लिए अधिक हो जाता है—सामान्य पाठकों के लिए कम।

1962

चाँदनी चूनर

शकुन्त माथुर का नाम हिन्दी-पाठकों के लिए नया नहीं है। 'दूसरा सप्तक' की वे एकमात्र कवयित्री थीं और उसके बाद भी बराबर उनकी कविताएँ यत्र-तत्र प्रकाशित होती रहीं। यह तनिक आश्चर्य की बात है कि 'चाँदनी चूनर' उनका पहला संग्रह है, जिसमें शकुन्त जी की 55 कविताएँ संगृहीत हैं। संग्रह देर से निकलने में गम्भीरता भले ही मालूम पड़े, पर एक हानि होती है कि समसामयिक काव्य के सन्दर्भ में लेखन अनदेखा रह जाता है या फिर तनिक परिवर्तित सन्दर्भ में देखे जाने के कारण उसका कुछ अवमूल्यन हो जाता है। शकुन्त जी को ही लिया जाय—उनकी 'दूसरा सप्तक' में संगृहीत रचनाओं की जो याद मुझे इस समय है, उसके द्वारा प्रकृति चित्रण सम्बन्धी उनकी विशेषता ही मन में उभरती है। फिर पत्र-पत्रिकाओं वाली कविताओं की इतनी याद आती है कि वे कुछ अटपटी-सी, विचित्र शैली में लिखी प्रतीत होती थीं। पूरी बात न कह कर एक संकेत, विभिन्न वस्तुओं या दृश्यों का ऐसा प्रस्तुतीकरण जिसमें कि पाठक को कुछ अपनी ओर से जोड़ कर कहना पड़े—कुछ ऐसी ही धारणा शकुन्त माथुर के बारे में मन में रही है। ऐसा नहीं है कि प्रस्तुत संग्रह 'चाँदनी चूनर' पढ़ने के बाद ये धारणाएँ एकदम बदल गयी हों, पर इतना अवश्य है कि इनके महत्त्व की पूर्वापरता में कुछ अन्तर अवश्य आ गया है।

पुस्तक खोलते ही 'फ्लैप' पर श्री सुमित्रानन्दन पन्त की एक लम्बी सम्मति छपी है। उस सम्मति से पाठकों को ज्ञात होगा कि इन रचनाओं में 'सहज स्वाभाविकता' है। (क्या कोई स्वाभाविकता असहज भी होती है?) दूसरी विशेषता है कि उनमें 'अन्तस्तल की मौलिक संवेदनाओं का निर्झर है' (छायावाद की भाषा पूरी तरह समझ में न आये तो कोई बुरी बात नहीं है)। तथा तीसरी विशेषता है : 'घर-आँगन के प्रतिदिन के वातावरण के सीधे-सादे उपमान और बिम्ब असाधारण मनोरमता तथा सुकुमारता के साथ कवयित्री के व्यक्तित्व को सामने रख देते हैं।' इसी के साथ ही, उन्होंने बताया है कि इनमें बड़ा वैचित्र्य है। इनके अतिरिक्त प्रकृति की शोभा, नारी सुलभ हृदय का माधुर्य, यत्र-तत्र नये युग की परिस्थितियों एवं वृत्तियों का भावदेश तथा नये कवि के हृदय की प्रतिक्रियाओं का स्वस्थ संयमित चित्रण आदि भी प्राप्त होता है।

इन सब बातों के साथ ही पन्त जी को यह भी प्रसन्नता है कि 'कवयित्री नयी कविता के फेनिल प्रवाह में बह नहीं गयी है...' । अस्तु, इस लम्बे-चौड़े सर्टीफिकेट में उल्लिखित विशेषताओं की अपेक्षा लेकर जब आप प्रस्तुत संग्रह की कविताएँ पढ़ेंगे तो सचमुच ही एक निराशा हाथ लगेगी। यों यदि आप खोज-मनोवृत्ति के व्यक्ति हैं तो पन्त जी द्वारा उल्लिखित सभी विशेषताओं के उद्धरण ढूँढ़ निकाल सकते हैं। पर निराशा की बात कहते समय मेरे मन में साधारण पाठक है जो खोजता नहीं, प्राप्त करता है। ऐसे पाठक के सामने इन सारी विशेषताओं से युक्त कवयित्री का काव्य-व्यक्तित्व यदि न बने तो बड़ी बात न होगी; क्योंकि विशेषता एकाध उद्धरणों में नहीं, सम्पूर्ण सृजन में व्याप्त रहती है।

किसी भी रचना की समीक्षा करते समय बहुधा मेरे मन में पूर्ववर्ती काव्य एवं समसामयिक सृजन का परिदृश्य बना रहता है और उनके पार्श्व में ही उस रचना को देखने की आकांक्षा रहती है। 'चाँदनी चूनर' की कविताओं को पढ़ते समय भी यही बात रही है। कतिपय शुरू की कविताएँ पढ़ते-पढ़ते (भूमिका आदि की एकदम उपेक्षा करके आप पढ़ना शुरू करें तब भी) ही यह प्रतीत होने लगता है कि ये कविताएँ पूर्ववर्ती कविताओं से कुछ भिन्न जाति और शिल्प की हैं। बहुधा हम सब लोगों ने कभी-कभी एक ऐसी प्रसन्नता का अनुभव किया है, जिसे कि हम जानते हुए भी अनजाना रखना चाहते हैं। यह एक मनःस्थिति मात्र होती है—शास्त्रीय शब्दावली में संचारी भाव। अपनी पहली कविता में इसी मनःस्थिति को उन्होंने व्यक्त करना चाहा है। पुरानी कविता में भी मनःस्थितियाँ या संचारी भाव होते थे, पर मुख्य वे न होते थे; मुख्य होता था वह विषय जिससे वे उद्भूत हुए हैं अथवा उनके द्वारा स्थायी भाव को व्यंजित कराया जाता था। पर इस कविता 'जान बूझ कर नहीं जानती' में उद्दिष्ट है यह मनःस्थिति। फिर जो उपमान आते हैं वे भी नये लगते हैं। खुशी ऐसी जैसी कि 'बहुत बड़ी क्वाँरी लड़की को सुघर दूल्हा मिला हो' या 'मैल भरी दीवारों पर राजों ने चूना फेरा हो।' एक और कविता लीजिए 'चौदहवाँ साल'। तरुणाई के आँगन में पद संचार करती हुई किशोरी की वयःसन्धि पर ब्रजभाषा में कितनी ही कविताएँ रीतिकाल में लिखी गयी हैं। पर प्रस्तुत कविता में शृंगारिकता से तटस्थ रह कर इस अवस्था के जिस मानसिक और शारीरिक परिवर्तन तथा उल्लास का चित्र उपस्थित किया गया है, वह एकदम नयी अनुभूति है और स्त्री द्वारा चित्रित होने के कारण सम्भवतः अधिक विश्वसनीय भी। 'क्वाँरा कमरा' की फैण्टेसी 'कुछ नहीं बात' की अनकही ध्वनि, 'बादल' की सम्भावना या 'बरसाती नदी' छायावादी रोमैण्टिक भावभूमि से एकदम पृथक् हैं। सर्वत्र यथार्थ का आग्रह कवयित्री में प्राप्त होता है। घर आँगन के पारिवारिक चित्रों में ही यथार्थ दर्पण नहीं है, बल्कि 'बस स्टैण्ड', 'गलें फिर हिमशिखर', 'लीडर का निर्माता', 'काले मेघ', 'मध्यवित्त', 'दो शब्द चित्र', 'कुर्सी' आदि में यथार्थ की कटुता का, आर्थिक विषमता और जीवन

के कष्टों-संघर्षों का सीधा चित्रण है। यह चित्रण कभी-कभी प्रगतिवाद के निकट भी पहुँचता है। इस प्रकार की मनोवृत्ति नयी कविता के क्षेत्र में सन् 54-55 तक खिंचती आयी है पर उसके बाद काव्य का भावबोध बदला है। और इसी स्थल पर जब हम सन् 1960 में प्रकाशित इस संग्रह को समसामयिक काव्य-सृजन के परिपार्श्व में देखते हैं तो लगता है कि कवयित्री 'आधुनिकता' के जटिल भाव-बोध को पूरी तरह ग्रहण नहीं कर पायी है। कवयित्री का जन्म भले ही दिल्ली में हुआ हो (देखिए पुस्तक का अन्तिम पृष्ठ) पर 'कास्मोपोलिटन' नगर की धड़कन और तेज रफ्तार को वह आत्मसात् नहीं कर सकी है। उदाहरणार्थ एक कविता लें—'दो शब्द चित्र'। इस कविता का प्रथम भाग है परितृप्ति—इसमें लेखिका ने ग्रामीण पनघट का एक मोहक चित्र खींचा है; दूसरा चित्र है 'प्यास'—इसमें कुएँ के स्थान में नगर का नल लग गया है और फिर उस नल के आसपास का स्नेह सौहार्द से रहित गलीज वातावरण है। इस कविता का 'टोन' है कि वह जिन्दगी बेहतर थी। नल की जिन्दगी बेहतर भले न हो पर अब लौट कर कुएँ की जिन्दगी तो स्वीकार नहीं की जा सकती, जो वर्तमान है उसी को बेहतर बनाना होगा। मेरा आग्रह यह नहीं है कि लोकतत्त्वों की शक्ति को ग्रहण न किया जाये पर इतना अवश्य कहना है कि उनमें से जो कुछ टूट रहा है, नष्ट हो रहा है, उसके लिए रोया न जाये। गाँव भी बदल रहा है और उसका बदलना ही काम्य है। इसी प्रकार उनके बहुप्रशंसित पारिवारिक जीवन के चित्र भी इसी टूटते हुए लोकतत्त्व की मधुर यादगार जैसे हैं। लेखिका उनके मधुर रूप को चित्रित करके मानो अव्यक्त रूप से यह आकांक्षा प्रकट करती है कि गृहस्थी का 'बरगद' धर्मी रूप बना रहे। पर सचमुच ही क्या इसकी सम्भावना दिख रही है? जिस मध्यवित्त के अनेक यथार्थ चित्र प्रस्तुत संग्रह में उपस्थित हैं, क्या उसका जीवन इस मधुरता से भरा है? अथवा 'सोफे पर अधलेटी फारेन मैगजीन पढ़नेवाली सुन्दरी पत्नी और सुन्दर घर' वाला व्यंग्य क्या सचमुच आज के समूचे पारिवारिक जीवन पर व्यंग्य नहीं है? यों इतना कह देना आवश्यक है कि आज जब 'नयी कविता' में पारिवारिक जीवन के प्रसंग नितान्त दुर्लभ हो गये हैं तब ये कविताएँ एक अनायास अप्रत्याशित आनन्द देती हैं—

जाड़ों में साथ-साथ
अँगीठी से हाथ तापे
ओले गिरे
काँटे-सी हवा चली
कड़कती सर्दी में
गरम आलू के पराँठे, मूँग के बड़े
कचौरी पिट्ठी की खिलाई
अब मैं भर पायी

मैके की याद आयी
पहुँचा दो
भाई मेरा लौट गया
पूरा बरस बीत गया।

वास्तव में इस संग्रह का सबसे अधिक महत्त्व इन परिवार-जन्य लोक-तत्त्वों के ग्रहण में ही है। ये तत्त्व भाव बोध के स्तर के भी हैं और अप्रस्तुत विधान के लिए भी लिये गये हैं।

प्रकृति सम्बन्धी दृश्यों की भी इस संग्रह में प्रचुरता है। परन्तु कभी-कभी ऐसा लगता है कि कवयित्री को प्रकृति से प्रेम तो है पर पूरा परिचय नहीं। उसे जानना चाहिए कि मूँग, ज्वार और अरहर की फसलें एक ही ऋतु में नहीं फूलतीं तथा बाजरा की हरी पागड़ एवं नरगिस के अधर एक ही समय नहीं खुलते।

इनके अतिरिक्त सूक्तियाँ हैं, व्यंग्य हैं, नये-नये उपमान हैं, बोलचाल की शब्दावली है, और अनेक कविताओं में निष्कर्ष देने की पद्धति है जिस पर सम्भवतः गिरिजाकुमार माथुर का प्रभाव है—

मानवता की गोमुखी से
नयी धार का प्रसरण हो
भागीरथी का अवतरण हो।

और हों, पन्त जी के सर्टीफिकेट एवं इन कविताओं के बीच एक भूमिका है जो न लिखी जाती तो अधिक अच्छा होता।

कल्पना : जनवरी, 1962

शिलापंख चमकीले

श्री गिरिजा कुमार माथुर के प्रस्तुत कविता-संग्रह 'शिलापंख चमकीले' की समीक्षा लिखते समय मैं यह अनुभव कर रहा हूँ कि अगर कभी किसी कवि को आप पसन्द करते रहे हैं, तो बाद को उसके कृतित्व के बारे में लिखना कठिन हो जाता है। मेरा अनुमान है कि नयी कविता के इस तरह के पाठकों की संख्या कम न होगी जिन्होंने श्री माथुर की सरल, सांगीतिक (और बहुत हद तक रोमाण्टिक) कविताओं के माध्यम से अपना काव्य-बोध विकसित किया है। वे नयी कविता के अपेक्षाकृत लोकप्रिय कवियों में हैं (राजपाल एण्ड सन्स की लोकप्रिय कवि सीरीज में नयी कविता के वे एकमात्र कवि हैं) और प्रारम्भ से ही उनका प्रयत्न नयी कविता की भाषा को अधिक मृदुल, श्रुतिमधुर–संक्षेप में कहें तो अधिक काव्यमयी बनाने का रहा है। छायावाद की भाषा को जिस प्रकार पन्त जी ने काव्यात्मक बनाया था, कुछ-कुछ वैसा ही योगदान श्री माथुर का नयी कविता के क्षेत्र में रहा है। यह बात दूसरी है कि छायावाद में भी भाषा की शक्तिमत्ता निराला में सबलतम रूप पा सकी, और नयी कविता में भी इस महत्त्व के अधिकारी दूसरे हो सकते हैं।

अस्तु, भाषा की इस प्रकार की समृद्धि समीक्ष्य संकलन में भी देखी जा सकती है। इस दृष्टि से, माथुर अपने को विकसित करते गये हैं, बदले नहीं, 'मंजीर' से लेकर प्रस्तुत कविता तक, लोकगीतगन्धी यह स्वर उनमें बराबर गूँजता रहा है–

देह कुसुमित मृणाल
जैसे गेहूँ की बाल
जैसे उचकौंहे बौरों से
रोमिल रसाल
किशमिशी चन्द्रलट
कसमसे उर प्रियाल।

यहाँ बात केवल लय और संगीत की ही नहीं है। 'कुसुमित मृणाल' का रूपक 'गेहूँ की बाल' और 'उचकौंहे बौरों' से 'रोमिल रसाल' की उपमाएँ शुद्ध लोकजीवन से सम्पृक्त हैं। यों रूपक और उपमाओं के दुहरे-तिहरे स्तर जिस बिम्ब को खड़ा करते हैं,

वह कवि की कारुकारिता का भी द्योतक है। 'किशमिशी चन्द्रलट' जैसे प्रयोग एकदम नये पर निहायत रूमानी हैं, और पूरे गीत की गेय आत्मा के अनुकूल हैं। कहना न होगा कि 'किशमिशी' एवं 'कसमसे' के प्रयोग वर्णध्वनि की पहचान के भी द्योतक हैं। अपने को गीतकार कह कर गला फाड़ने वालों को श्री माथुर के ऐसे गीतों का अध्ययन जरा गहराई से, मन लगाकर करना चाहिए। तब वे वास्तविक प्रगति-स्थिति एवं गीतितत्त्व की अभिव्यंजना-गठन को समझ सकेंगे।

पीछे अभी मैंने कहा है कि श्री माथुर ने अपनी भाषा का विकास किया है। यह विकास, एक ओर, ऊपर विवेचित गुणों का है, और दूसरी ओर, भाषा की क्षमताओं के विकास का है। नीचे दिये गये उदाहरण की भाषा का स्वर पूर्व-उद्धरण से नितान्त भिन्न हो जाता है–

यह उच्छिष्ट उर्जला
जब आते जाते
रात गये घर लौटते
गन्दे, भद्दे, मोटे, चौड़े
चरमर, सट कर चलते गोरे नाजुक
पैरों जूतों ने रौंद दिया
तब फटे हुए कागज, पत्ते, रैपर
कुचली सिगरेट, बुझी तीलियों
सूँघते कुत्तों के संग
मिला उसे
अब रात और गीत का पहरा है उस पर
जब तक कि सुबह की भूरी झाड़ू
कूड़ा कचरे के समेत
उसे न ले जाये बुहार कर
मजदूरी के परिचित घूरों पर।

यद्यपि यह अंश भी मूलतः कवि की रूमानी वृत्ति का ही द्योतक है, पर 'किशमिशी चन्द्रलटों' से 'घूरों' तक रूमानी वृत्ति के जो दो छोर हैं, उनके उपयुक्त अभिव्यक्ति की सामर्थ्य श्री माथुर में नजर आती है। कथ्य की प्रकाशन योग्यता को ध्यान में रखने के कारण श्री माधुर ने लगातार नये शब्दों को गढ़ा या लोकजीवन के शब्दों को नागर काव्य के भीतर हैसियतपूर्ण ओहदा भी देना चाहा है। परन्तु, इस सम्बन्ध में मूल्यवान बात यह होती है कि कवि द्वारा प्रयुक्त कितने नये शब्द या प्रतीक समसामयिक काव्य के मुहावरे में लोकप्रिय बन कर स्वयं इस काव्यबोध के प्रतीक बन जाते हैं। मुझे लगता है कि इस कसौटी पर श्री गिरिजा कुमार माथुर खरे नहीं उतरते। वे आधुनिक काव्य-बोध के प्रतीक बन जाने वाले शब्द या प्रतीक नहीं दे सके।

इसीलिए, बहुधा यह महसूस होता है कि श्री गिरिजा कुमार के काव्य का बोध और भाषा उतनी आधुनिक नहीं है जितने की कि हम माँग करते हैं। उनकी भाषा की आधुनिकता शब्दों पर, वर्णध्वनि पर (यानी कि बाहरी रूप पर) अधिक आश्रित है न कि इन सबके सृजनात्मक प्रयोग पर। कुछ इसी कारण उनकी भाषा विशिष्ट कवितापरक सफलतापूर्वक हो जाती है, पर एक समग्र आधुनिक काव्य-भाषा का निर्माण नहीं कर पाती। उदाहरण के लिए उनकी 'दियाधरी' कविता ली जा सकती है। नये शब्दों की तालिका में उन्होंने जितने शब्द दिये हैं, उनमें से अधिकांश एक मात्र इसी कविता में, प्रयुक्त हो गये हैं। इन देशज शब्दों के द्वारा इस कविता में वातावरण तो निर्मित हुआ है, पर ये शब्द स्वयं श्री माथुर की काव्यभाषा के पूर्णतः अंग नहीं बन सके हैं। इसी प्रकार वैज्ञानिक शब्दों का प्रयोग उतना अर्थगर्भित नहीं हो सका। माथुर जी को यह पहचानना शेष है कि कविता में पारिभाषिक शब्दावली गुण नहीं है, अप्रतीतत्व दोष भले ही हो।

भाषा में निहित अनुभूति और संवेग की ओर ध्यान दिया जाय तो ज्ञात होगा कि मूलतः प्रकृति और प्रणय सम्बन्धी अनुभूतियाँ उनके कवि की अपनी हैं। पर उनके लिए जिन बिम्बों का प्रयोग उन्होंने किया है, वे, छायावादी अनुभूतियों से अलग नयेपन या आधुनिकता के निकट हैं। एक बिम्ब लें—

खेल से
पल्ला जो उँगली पर कसा
मन लिपट कर रह गया
छूटा वहीं।

इस बिम्ब की विस्तृत व्याख्या यहाँ सम्भव नहीं है पर जटिल मनःस्थिति को दृश्यमान् बनाया जा सका है।

चाँद और चाँदनी तो उनके पुराने विषय हैं और अब भी वे बार-बार नये-नये कोणों से उन्हें चित्रित करते जा रहे हैं; यहीं तक कि चाँद स्वयं जूड़े का स्याह चाँद बाँधता है और चाँदनी तो षट्रस स्वाद देती है। प्रकृति के इस अनुराग ने ही धीरे-धीरे प्रबुद्ध कवि को प्रेरित किया कि 'दियाधरी' जैसी लोककथाओं को नयी व्याख्या से वह भर सके—वस्तुतः आधुनिकता की यह सतत प्रक्रिया है। 'दियाधरी' में पहले तो वह प्रकृति का एक रसीला एवं बहुरंगी चित्र उपस्थित करता है, फिर, बिना कहे जल जाने वाले दीपक के साथ नाना प्रकार के सांस्कृतिक गौरवमय सन्दर्भ कविमानस पर उभरते हैं। इन सन्दर्भों की पृष्ठभूमि पर वर्तमान जीवन अपनी कुरूपता लेकर सामने आ खड़ा होता है—

इतर गन्ध की लपट आज
डाँगर ढोरों की धूल है
मन भरने को याद रहीं
जीवन पर उगा बबूल है

और तब यह शंका स्वाभाविक ही है कि

निगल न लें इतिहास
शेष जीवन की कोदों-काउनी।

वस्तुतः कविता को यहीं समाप्त हो जाना चाहिए था, पर माथुर साहब में एक पुराना निष्कर्षवादी (या तथाकथित आशावादी) स्वर भी है जो यह शुभाशंसा करता है कि समाज की सीप में फिर मोती जैसा युग आयेगा। इसी प्रकार 'माटी और मेघ', 'खत', 'व्यक्तित्व का मध्यान्तर' जैसी कविताएँ हैं जिनमें यह अन्तिम पंक्ति का छायावादी आशापरक स्वर व्यक्त हुआ है। 'रात, फुटपाथ और गीत', 'प्रकाश की प्रतीक्षा', 'तूफान एक्सप्रेस की रात' जैसी कविताएँ कम हैं जिनमें एक निर्मम तटस्थता एवं निर्व्याज रागात्मकता दिखाई पड़ती है। कहना न होगा कि भावुकतावादी आशा की अपेक्षा यह निर्ममता कहीं अधिक आधुनिक बोध है। और ऐसी कविताओं को देख कर, लगता है कि श्री गिरिजा कुमार माथुर अभी चुके नहीं हैं और वे नयी कविता के कवि हैं। सब मिलाकर प्रस्तुत संग्रह आधुनिक संवेदना एवं नवीन भाषा की समस्याओं से जूझते-भिड़ते कवि की अभिव्यक्ति है और आधुनिक काव्य के पाठक उसे पढ़ना ही चाहेंगे।

कल्पना : फरवरी, 1963

द्रौपदी

कवि नरेन्द्र शर्मा का बावन पृष्ठ का यह लघु (बौना नहीं) काव्य 'द्रौपदी' के माध्यम से महाभारत की कथा को अत्यन्त साररूप में उपस्थित करता है। इसमें द्रौपदी स्वयंवर से लेकर महाभारत की विनाशमयी विजय तक की कथा पाँच सर्गों में कही गयी है—पर इसके पूर्व की कथा के सूत्र भी यत्र-तत्र उपयुक्त सन्दर्भों में संकलित हो गये हैं। मुख्य कथा में भी घटनाओं का अंकन या विस्तृत वर्णन न होकर सूच्य प्रणाली का उपयोग ही अधिक हुआ है। यह अवश्य है कि इन सूचनाओं को तर्क की ओट से सग्रंथित रखने की चेष्टा हुई है। जहाँ तक कथा की मौलिकता का प्रश्न है, कवि ने भूमिका में स्वयं कह दिया है मूल कथा को ही आधार मानकर मैंने अपनी बात कही है। पर यह कोई ऐसी निन्दनीय बात नहीं है। इतिहासों-पुराणों आदि से बार-बार कथाओं को ग्रहण किया गया है। पर सवाल यह उठता है कि क्यों किसी पुरानी कथा को कोई नया कवि ग्रहण करता है? पुराण कथाओं की राशि में से जब किसी कवि को कुछ आकर्षित करता है तो उसे निश्चय ही उसकी संवेदना के निकट होना चाहिए। उसकी संवेदना यानी कि उस युग की (आधुनिक युग की) संवेदना के आलोक में ही उस कथा प्रसंग में नयी अर्थवत्ता खोजी जा सकती है। अस्तु समीक्षा काव्य की परीक्षा सबसे पहले इस नयी अर्थवत्ता की भूमि पर ही होनी चाहिए।

यह आकस्मिक नहीं है कि इधर हिन्दी के नवीन साहित्य में महाभारत के पात्रों, प्रतीकों या घटनाओं को बार-बार ग्रहण किया गया है और 'द्रौपदी' भी उसी स्रोत-परम्परा में है। हम कह सकते हैं कि द्रौपदी के माध्यम से आज की संवेदनाओं या जटिलताओं को उपस्थित करने की बात शायद लेखक के मन में रही है। कर्ण को क्यों हारना पड़ा, युधिष्ठिर को क्यों वन जाना पड़ा, युधिष्ठिर के सामने नीति और धर्म का प्रश्न किस रूप में था आदि प्रसंगों में लेखक ने कतिपय नयी व्याख्याएँ देनी चाही हैं। परन्तु यह आधुनिकता ठीक से पढ़ने पर सतही मालूम पड़ जाती है। शायद लेखक समग्र व्यक्तित्व से आधुनिक जीवन दृष्टि को चित्रणीय बना भी नहीं रहा है। उसका मुख्य उद्देश्य एक दार्शनिक प्रतीक को उभारना है। पहला ही छन्द है :

द्रौपदी जीवनी शक्ति
सौंप दी गयी पाँच तत्त्वों को।
या कहा नियति ने, पार्थ!
करो अब प्राप्त लुप्त सत्वों को।।

लेखक ने पाँच पाण्डवों को एक व्यक्तित्व में द्रौपदी रूपी जीवनी शक्ति द्वारा संग्रथित करने का प्रयत्न किया है। पर सम्पूर्ण काव्य के सार पर यह एक ही व्यक्तित्व प्रतिष्ठित नहीं दीखता। बीच-बीच में पाण्डवों के संकेत प्रतीक को उभरने नहीं देते। वस्तुतः इसका कारण है मूल कथा को ज्यों का त्यों स्वीकार कर लेना। अपने वक्तव्यों में कवि इस प्रतीक की घोपणा करता है पर उसे पूरे काव्य में इसे बहुधा पंचद्या विभक्त करना पड़ा है। यह अवश्य है कि प्रतीक के इस आग्रह के कारण पाँचों पाण्डवों की पारस्परिक प्रतिक्रियाएँ इसमें एकदम अंकित नहीं की गयी हैं। दूसरा एक महत्त्वपूर्ण प्रश्न है कि इस प्रतीक को यदि सफल भी माना जाय तो इसकी सार्थकता क्या है? आखिर यह प्रतीक हमें क्या दे पाता है। इस प्रतीक की असफलता अन्तिम सर्ग में और उभरती है जब प्रतीक की बात छोड़कर लेखक नारी और उसके बलिदान को महत्त्वपूर्ण बताने लगता है–

नर की हारजीत का जग में,
मूल्य चुकाती नारी!
बात मर्म की धर्मराज को,
आज समझ में आयी!

और इसका कारण कवि के अनुसार सुबला, द्रुपदा, पृथा, सुभद्रा आदि के प्रियजनों की मृत्यु-भेंट है। पूछा जा सकता है कि यह दर्द इन नारियों के साथ ही पुरुषों ने क्या नहीं झेला? पर स्त्री को अतिरिक्त रूप से महिमा (उसके समर्पण, बलिदान, शोपण आदि के लिए) आधुनिक युग के प्रथम चरण में मिली थी, उसी पर नरेन्द्र जी आज भी खड़े हैं। स्त्री-पुरुष के दायित्वों एवं महिमाओं के सम्बन्ध की आधुनिक धारणाएँ उनके पास नहीं ही हैं तभी ऐसी भावुकतापूर्ण बात वे कहते हैं–

है दुस्साध्य अगम धारा में,
नारी, नर की नट्या
नर के लिए चलाती नारी,
जलधारा पर आरा!

अथवा

पौरुष की उद्दीप्ति निहित है,
नारी के दहने में।

प्रसाद जी की श्रद्धाओं को भले ही ये बातें भली लगें, पर इड़ाएँ शायद ही इसे स्वीकार कर पाएँ।

यह काव्य सब मिलाकर द्विवेदी युगीन परिपाटी के अधिक निकट है। सुमित्रानन्दन पन्त से मैथिलीशरण गुप्त की ओर यह प्रयाण कहाँ तक उचित कहा जायेगा, वस्तुतः जो लोग द्रौपदी की कथा संक्षेप में इतिवृत्तात्मकता के निकट पहुँचती हुई शैली में पढ़ना चाहते हैं उन्हें इसमें आनन्द आयेगा। पर वे पाठक जो पौराणिक कथा, पात्र या घटनाओं को मात्र प्रतीक या भाव के स्तर पर देखना चाहेंगे, जैसा कि नयी कविता में प्राप्त होता है, उन्हें निराशा ही हाथ लगेगी।

नरेन्द्र जी गीतितत्त्व के बड़े सफल कवि रहे हैं। इस खण्डकाव्य में वे जिस प्रबन्धात्मकता की ओर आये हैं उसमें बड़ी कथा को संक्षिप्त करने में तो उन्हें सफलता मिली ही है, साथ ही अपनी भाषा की रोमाण्टिक सफाई को बनाये रखते हुए उन्होंने अपनी भाषा को विस्तार दिया है। यत्र-तत्र ओज एवं उदात्तपूर्ण स्वरों में कवित्व के जो अंश मिल जाते हैं वे भी पाठक के लिए प्रीतिकर सिद्ध होंगे। यों पुस्तक पढ़कर यही लगता है कि वे अपनी भूमि पर पुनः खड़े हो सकते हैं।

1963

उर्वशी

'उर्वशी' पर भगवतशरण उपाध्याय के समीक्षा-लेख के सम्बन्ध में आपने मेरी प्रतिक्रिया पूछी है। इतना तो आप मानेंगे ही कि अब वस्तुएँ इतने सपाट रूप में सामने नहीं आतीं कि उन पर दो टूक राय दी जा सके। इसका तात्पर्य यह भी नहीं है कि 'हाँ' भी और 'ना' भी यानी कि तथाकथित समन्वय। अकसर-अकसर करके कहीं एक अन्य स्थिति पर भी व्यक्ति होता है। इस 'त्रिशंकुत्व' का अभिशप्त वरदान, लगता है कि, हम सबकी नियति बन गया है।

अस्तु, दिनकर की 'उर्वशी' विवाद का कम, प्रवाद का विषय अधिक रही है। उसके छपने के पहले से लेकर छपने के बाद तक कहकर, लिखकर, कान में फुसफुसाकर या सभा में चिंघाड़कर बहुत कुछ कहा गया है। और इस सब में, कहना न होगा, प्रशंसा का ही स्वर मुख्य रहा है। सुमित्रानन्दन पन्त एवं बच्चन जैसे यशस्वी कृतिकारों से लेकर नगेन्द्र (एवं एक सीमा तक हजारी प्रसाद द्विवेदी तक) जैसे आचार्य समीक्षकों तक के स्वर प्रशंसा में ही लिखे-छपे रूप में मिलते रहे हैं। गोकि इनमें से एकाध से मैंने जब सीधे-सीधे प्रश्न किया तो उसकी भाषा, छन्द-योजना या मूल दृष्टि के प्रति उनके मन में कोई महत्त्व का भाव नहीं दिखा। दूसरी ओर, नवलेखन से सम्बन्धित अधिकांश व्यक्तियों ने 'उर्वशी' के विरुद्ध एक प्रकार का कानाफूसी आन्दोलन चला रखा था।

वस्तुतः सतह के नीचे-नीचे चलने वाले इस आन्दोलन ने 'उर्वशी' का जितना अवमूल्यन किया है, उतना ही उसकी अतिरिक्त प्रशंसा ने भी।

प्रश्न उठता है कि ऐसी असहज स्थिति क्यों उत्पन्न हुई। अगर आत्मप्रदर्शन न मानें तो 31 दिसम्बर '61 के धर्मयुग में 1961 की 'हिन्दी आलोचना' का लेखा-जोखा प्रस्तुत करते हुए मैंने कहा था कि 'उर्वशी' की यह भयंकर प्रशंसा हिन्दी-आलोचना की निर्बलता की द्योतक है–

> *"यह मानने को मैं तैयार नहीं कि इतने बड़े हिन्दी-प्रदेश के सभी पाठक-समीक्षक एक ही जैसी रुचि, संस्कारों या प्रतिभा वाले हो गये हैं। फिर क्या असहमत होने वाले साहस नहीं जुटा पाते?"*

इस वाक्य को उद्धृत करने का सिर्फ इतना ही तात्पर्य है कि गद्गद स्तुति एवं कानाफूसी-आन्दोलन की सही पृष्ठभूमि पहचानी जा सके। तनिक विचार करने पर यह स्पष्ट हो जाता है कि ऐसा असहज व्यापार दिनकर की साहित्येतर स्थिति के कारण उत्पन्न हुआ। मुझे लगता है कि जब उपाध्याय जी ने ईमानदारी के स्तर पर आकर बात करनी चाही, तो सबसे पहले इस साहित्येतर मूर्ति का खण्डन उनके लिए आवश्यक हो गया और परिणामस्वरूप अपनी समीक्षा का प्रारम्भिक अंश उन्हें लिखना पड़ा जो 'उर्वशी-समीक्षा' के सन्दर्भ में अप्रासंगिक है। गोकि इसी जगह पर उनसे एक चूक हो गयी है। इस मूर्ति-विखण्डन में उनमें कुछ शहीदाना जोश आ गया है और शहादत अपने-आप में एक असहज व्यापार है। तथा आलोचना असहज मनःस्थिति में नहीं लिखी जा सकती, और कुछ भले ही किया जा सके। कहना न होगा कि यह असन्तुलन इस पूरी समीक्षा में विद्यमान है। इस समीक्षा-लेख को पढ़ते समय मेरे मन में बराबर उस मूर्तिभंजक का रूप उभरता रहा है जो अगर सिर तोड़ने पर जुट गया, तो उसी को टूक-टूक करता गया और उसी बीच पैर या हाथ या पेट पर नजर चली गयी तो उसे भी छोड़ कर उन्हें तोड़ने में जुट गया।

अपनी बात साफ करके कहूँ (क्योंकि रूपकों-उपमाओं की भाषा गद्य में बहुधा तार्किक हेत्वाभास उत्पन्न करती है) कि उपाध्याय जी ने पूरे 'उर्वशी' काव्य को एक दृष्टि की समग्रता, अन्तर्योजना, मूल्य-साँचे से सम्पृक्ति के आधार पर नहीं जाँचा। वे कभी तो कथा-स्रोतों की खोजबीन करके बहुत कुछ चोरी का माल साबित करने पर तुल जाते हैं तो कभी कवि के भाषा-सम्बन्धी अज्ञान का मजाक उड़ाने लगते हैं। कभी वे छन्द की चर्चा करते हैं और कभी असंगत बिम्ब-विधान की। उनकी समीक्षा-शैली पुरानी खानेदार आलोचना से कुछ बहुत भिन्न नहीं है। यहाँ आलोचना एवं आलोच्य में संवेदनागत धरातल की एक विचित्र एकता है। दोनों का ही भावबोध नया या आधुनिक किसी ओर से नहीं है। 'उर्वशीकार' अगर 'कामाध्यात्म' का वाग्जाल खड़ा कर केवल वैयक्तिक कारणों को सामाजिक दर्शन का जामा पहनाना चाहता है तो उपाध्याय जी की समीक्षा में भी एक प्रभावाभिव्यंजक स्वर प्रमुखता से देखा जा सकता है। इसीलिए 'कल्पना' के सितम्बर '63 अंक में उपाध्याय जी को दिनकर के मुकाबले दिनकर सोनवलकर की तारीफ करते देख कर तनिक भी आश्चर्य नहीं हुआ। काव्य-विवेक का बहुत परिचय उन्होंने पहले भी नहीं दिया।

इसका तात्पर्य यह नहीं कि मैं दिनकर को बड़ा कवि मानता हूँ या 'उर्वशी' को बड़ी रचना। दिनकर को पढ़ते समय मुझे हमेशा लगता रहा है कि वे खरे कवि नहीं हैं। काव्यानुभूति की कमी को वे अपने वक्तृत्व से पूरा करना चाहते हैं। और इस प्रक्रिया में वक्तृत्व अकसर रही-सही अनुभूति को भी पदच्युत कर काव्य की उपाधि स्वयं धारण कर लेता है। हिन्दी के अधिकांश अध्यापक और

पाठक इस वक्तृत्व-गुण को ही काव्य मानने का भ्रम पालते आये हैं (जय हो कवि-सम्मेलनों की : उनके द्वारा विकसित एवं गृहीत काव्य-बोध का एकमात्र यही रूप हो सकता है।)।

उपाध्याय जी इस स्थानान्तरण-प्रक्रिया को लगभग दरकिनार कर गये हैं। इस पर उन्होंने ध्यान दिया होता तो तत्काल पता लग जाता कि 'उर्वशी' की समस्त कमजोरियों का मूल बिन्दु यही है। इसी कारण उर्वशी का चरित्र-निरूपण, मेरे एक लेखक-मित्र के शब्दों में, झाँसी की रानी उर्वशी बाई का हो गया है; यानी कि 'उर्वशी' प्रेम की अपेक्षा प्रेम की शब्द-तलवार अधिक भाँजती है। पढ़ते-पढ़ते ऐसा लगता रहा है कि सामने 'माइक्रोफोन' जरूर रखा है और आमने-सामने दो चोटियों पर उर्वशी और पुरूरवा खड़े होकर अपने ध्वनि-विस्तारक यन्त्रों पर धारा-प्रवाह बोलते चले जा रहे हैं और आवश्यकता पड़ जाती तो कामाध्यात्मक ही नहीं देशभक्ति एवं राष्ट्रीय संकट पर भी इसी गति से बोल जाते। चरित्र ही नहीं, काव्यरूप के प्रश्न को भी लिया जाय तो इसी दोष (या गुण?) का प्रभाव दिखेगा। आधा घण्टे के रेडियो-फीचर (अनुसंधित्सु जरा रेडियो की फाइलें उलटें-पलटें) को इसी भाषण-कला से फुला कर तथा मुद्रण-कला से फैला कर प्रस्तुत कर दिया गया है। अनुभूति के खरेपन के इस अभाव के कारण ही वे कथ्य के लिए उपयुक्त छन्द नहीं पा सके हैं। यह लम्बा छन्द वक्तव्य के ही अधिक अनुकूल हो सकता हैं—कोमल अनुभूतियों के नहीं। कहना न होगा कि जिस कवि को छन्द (यानी कि लय) की पहचान नहीं है, उसके कवि होने में सन्देह किया जा सकता है।

अगर खींच-खाँच कर इस अनुभूति की सत्ता को दिखाया भी जा सके तो 'उर्वशी' में कुछ वैसी वस्तु मिलेगी जिसे अंग्रेजी में 'रोमाण्टिक आयरनी' कहते हैं। 'उर्वशी' का विश्लेषण करके यह अच्छी तरह दिखाया जा सकता है कि इसीलिए अभिप्राय एवं प्रभाव दोनों ही स्तरों पर हेत्वाभास विद्यमान है। उनमें वह तटस्थ जीवन-दृष्टि नहीं मिलेगी जो वस्तु को वस्तु की तरह देखती है तथा उनमें व्यक्तित्व की वह अद्वितीयता भी नहीं मिलेगी जो वस्तुओं को अप्रतिम ढंग से परखती एवं कहती है। इसीलिए मैं कहता हूँ कि 'उर्वशी' केवल वैयक्तिक कारणों या विचारों के प्रतिपादन की चेष्टा है। वह किसी प्रकार का, आधुनिक संवेदना को सराहने वाला दर्शन नहीं। सम्भवतः इन्हीं कारणों से पुरानी पुराण-कथा को आधुनिक मन के लिए प्रसंगानुकूल एवं अर्थवान् भी नहीं बना सके। बिम्ब-विधान की तमाम असंगतियों या उबानेवाली एकरसता के मूल में भी ये ही तथ्य विद्यमान हैं।

कहना न होगा कि उपाध्याय जी ने 'उर्वशी' पर किसी ऐसी समग्र काव्य-दृष्टि से विचार नहीं किया है। वस्तुतः वे स्वयं भाषणबाज लेखक हैं। इस स्तर पर भी आलोच्य एवं आलोचना समान हैं। (अन्तर पाण्डित्य का अवश्य है) या शायद द्विवेदी जी का यही कथन ठीक हो कि जब आलोच्य ही महान् नहीं है तो आलोचना कैसे महान् हो!

लीजिए, मैं भी लिखते-लिखते बहक गया। 'उर्वशी' समीक्षा पर अपने विचार कहते-कहते मैं 'उर्वशी' पर अपनी धारणा प्रकट करने लगा। इसके लिए क्षमा करेंगे। और चाहें तो मेरी ओर से केवल इतना लिख दें कि मुझे कृति एवं उसकी समीक्षा दोनों ही पसन्द नहीं आयीं। इसे यों भी कहा जा सकता है कि एक सामान्य कवि की सामान्य रचना की एक सामान्य समीक्षा 'कल्पना' में प्रकाशित हुई।

कल्पना : जनवरी, 1964

परिवेश : हम-तुम

कुँवर नारायण का यह दूसरा कविता संग्रह है। पहले संकलन का नाम था 'चक्रव्यूह' और वह काफी चर्चा का विषय रहा है। यदि शीर्षकों को प्रतीक मान कर चला जाय तो 'चक्रव्यूह' और 'परिवेश : हम-तुम', दो भिन्न मनःस्थितियों को आभासित करने वाले प्रतीक लगेंगे। चक्रव्यूह अपने पौराणिक अर्थ में भी वैयक्तिक द्वन्द्व को प्रकट करता है और 'परिवेश' ही नहीं उसी के सन्दर्भ में हम तुम (या हम तुम के सन्दर्भ में 'परिवेश') ज्यादा सहज जिन्दगी के नजदीक लाते प्रतीत होते हैं। जिन लोगों ने कुँवर नारायण के 'चक्रव्यूह' संग्रह को पढ़ा है वे जानते हैं कि वह किस कदर दुरूह और जटिल मनःदिनी चूनरस्थतियों का संग्रह है। व्यक्ति का गहराता हुआ आत्म-मन्थन जिन अनजाने एवं अपरिचित रास्तों की ओर मुड़ता है वे चक्रव्यूह में निषेधपरक शब्दों द्वारा बार-बार प्रकट हुए हैं। पर परिवेश हम तुम में निषेधपरक शब्दों का वह प्रयोग जिस मात्रा में कम पड़ा है उसी मात्रा में यथार्थ का परिचय घनिष्ठ हुआ है और जैसा कि उन्होंने भूमिका में स्वयं कहा है, अधिकांश कविताओं में उस प्रकार का आत्म-मन्थन नहीं, जैसा चक्रव्यूह में : जीवन के प्रति सहज स्वीकृति का भाव है। इस प्रकार प्रस्तुत संग्रह कवि मानस के स्पष्ट विकास को, उसकी संवेदनात्मक क्षमताओं के बदलाव को सूचित करता है। और जब 'नयी कविता' पर एकरसता, रुक्षता, रूढ़िपरकता का आरोप लगाया जा रहा हो तब किसी भी पाठक को यह विकास या बदलाव अगर इस प्रकार लगे तो उचित ही होगा—

कि जैसे सुबह
धूप का एक सुनहरा बादल छा जाये :
और अनायास
दुनिया की हर चीज भा जाये।
कि जैसे सफेद और लाल गुलाबों का
एक शरारती गुच्छा
चुपके से खिड़की के अन्दर झाँके

और फिर हवा से खेलने लग जाये शरमा के
मगर बुलाने पर
रुक भीनी-सी नाजुक खुशबू
पास खड़ी हो जाये...।

इस संग्रह को पढ़ जाने के बाद पहला प्रभाव मन पर यही पड़ता है कि 'चक्रव्यूह' की बेहद गम्भीर तनावपूर्ण स्थिति को कवि पार कर चुका है, 'भटके हुए सौन्दर्य-बोध' का ज्वार उतर चुका है और कवि अधिक सहज रूप धर कर प्यार, प्रकृति और परिवेश को देख रहा है। वस्तुतः पिछले दस वर्षों में जिस गहरे तनाव से होकर हम सभी गुजरे हैं वह शाश्वत हो भी नहीं सकता था। जो लोग उसी के अनुकरण पर आज भी नहीं लिखते हैं वे छूँछे जान पड़ते हैं। इस दृष्टि से कुँवर नारायण का यह संग्रह बदली हुई युगीन मनःस्थिति का भी सूचक (इण्डिकेटर) बन जाता है। गोकि इसी कारण इस संग्रह में रुख गहराई (इण्टेंसिटी) का भी है जो चक्रव्यूह में विद्यमान है। तथा मुझे यह भी लगता है कि उनका पिछला संकलन अपने समसामयिकों के बीच जिस महत्त्व का अधिकारी बन सका था वह शायद इस संग्रह को न मिलेगा। यह संकलन मर्मस्पर्शी अधिक है–बड़ा कम। इसका तात्पर्य यह भी नहीं कि समीक्षा संग्रह चक्रव्यूह से नितान्त भिन्न भूमि पर है। अभिव्यंजना और दृष्टि की आन्तरिक एकता दोनों में विद्यमान है। कुँवर नारायण के काव्य का 'डिक्शन' पहले से ही कुछ असामान्य रहा है। विरामचिह्नों, पैरेन्थिटिक शब्दों, कभी नितान्त लम्बे एवं कभी एकदम छोटे वाक्यों, अनकहे पर कुछ कहते हुए छूटे हुए स्थान (स्पेस), कभी अटपटी शब्द योजना आदि के द्वारा कवि ने जिस गठन शैली को उपस्थित किया है वह हमारी भाषा की क्षमता को बढ़ाता है और इस दृष्टि से सहज ही एक और कवि रघुवीर सहाय की भी याद हो आती है। इन दोनों ही कवियों ने माध्यम की अशक्ति को पहचान कर उसकी क्षतिपूर्ति करनी चाही है–

मैंने चाहा
तुमसे भी अधिक सुन्दर कुछ कहूँ,
उस विरल क्षण की अद्वितीय व्याख्या में
सदियों तक रहूँ,
लेकिन अव्यक्त
लिए मीठा-सा दर्द
बिखर गये इधर उधर
मोहताज शब्द...।

इसी कारण एक ओर वे यह वक्तव्य दे सकते हैं–

तुम्हारे लिए मेरा मन ललचता है,
तुम्हारे बिना कुछ नहीं जँचता है।

दूसरी ओर ऐसे दुरूह बोध भी हैं :

ये घनिष्ठ पीड़ाएँ और पराये लोग
जैसे तारों के बीच
आकाश की अपार व्याकुलता के अनन्त वियोग।

वस्तुतः कुँवर नारायण के कृतित्व का अध्ययन भाषा के सृजनात्मक प्रयोग का अध्ययन भी होगा। 'चक्रव्यूह' की शिकायत करते हुए समीक्षकों ने कहा था कि उसमें ताप की कमी है। ताप का तात्पर्य सम्भवतः 'प्रणय' की वासना से था इसीलिए शायद कुँवर जी को इस बार 'प्यार के सौजन्य' को बताने की आवश्यकता का और अधिक अनुभव हुआ। पहले मुझे आशंका थी कि यह शायद बौद्धिक उत्तर होगा पर ध्यान से पढ़ने पर किसी भी सजग पाठक को लगेगा कि उस अंश में प्यार सम्बन्धी काव्यानुभव को दोहराया ही नहीं गया है। उसके उद्भव से लेकर मोहभंग के जिस बोध तक बार-बार उसे नये संवेदनात्मक स्तर पर रखा गया है, यह प्यार आधुनिक सन्देहशील युवक का ही हो सकता है, छायावादी विश्वासी व्यक्ति का नहीं। वही पूछ सकता है : 'वह गुलाबी प्यार अच्छा तो है लेकिन शक होता है' सच्चा तो है कि वह अपनी सुन्दरता में ही रहे। इस सन्देह से ही मेरी प्रक्रिया प्रारम्भ होती है जो फर्श पर कुबड़ी छाया को भी देखती है, केवल अद्वितीय सौन्दर्य को नहीं। फिर तो एक दृष्टि है जिसकी उदासी से चीज बदल जाती है, बचती है। कुछ असमय और कुछ यथासमय खाने के बोध के बाद ही क्षण का नहीं गतिशील समय का जीवन्त बोध जागता है, उसी में उपसंहार यही होना है।

हमारी पछताती आत्माएँ अनन्तकाल तक भटकेंगी उस अर्थ के लिए जो हम आज एक-दूसरे को दे सकते हैं। और इसी बोध में जो शेष पूँजी रहती है वह जीवन को सिद्ध करनेवाली पहली महत्त्वाकांक्षा है जो प्रिया को अप्राप्य समझ सकी।

दूसरे खण्ड के अन्तर्गत उजले रंग में प्रकृति के कितने ही उजले और नये चित्र हैं। इस प्रकृति काव्य में जो उपमान आये हैं वे मात्र अप्रस्तुत विधान बन कर प्रस्तुत को स्पष्टता नहीं प्रदान करते बल्कि उसे नये अर्थों से भर कर स्वयं प्रस्तुत का अंश बन जाते हैं।

तीसरे खण्ड की एक स्थापना में वर्तमान परिस्थितियों के मध्य व्यक्ति की अवस्था का चित्रण युगीनबोध के अनुसार करता है। इस बोध का समय स्वर भविष्य को आस्था के साथ देखता है। कवि न होगा पर उसका लेखन साक्षी होगा कि उसने अजीब लोगों के बीच भी जीने का यत्न किया था।

तथा–

जब मैं नहीं
मेरी ओर से कोई स्थापित करेगा मेरे वर्षों बाद
कि आज भी कहीं जीवन था
क्योंकि केवल पहियों और पैसोंवाली इस बेसिर-पैर की सभ्यता में
दफ्तरों दुकानों और कारखानों से
अस्वीकृत होकर भी
मैंने जीना पसन्द किया
तब आधुनिक भावभूमि की इस जिजीविषा को बधाई देनी होगी।

कल्पना : जनवरी, 1963

चाँद नहीं

सुरेन्द्र कुमार दीक्षित की 39 कविताओं का यह संग्रह एक ऐसे युवक मन की अभिव्यक्ति है जो प्रकृति की ओर अनायास ही आकर्षित हो जाता है, प्रकृति के विविध रूप-रंग एवं आकार उसे मोहते हैं और फिर उन दृश्यों के मध्य ही उसे अचानक अपनी प्रेमिका याद आ जाती है। इसी प्रकार हम उसे प्यार और प्रकृति का काव्य कह सकते हैं। इन दोनों के मध्य जो सम्बन्ध है उसे देख कर प्रारम्भिक छायावादी कविताओं की भाव-प्रक्रिया याद हो आती है। उस समय का कवि भी द्विवेदी युग की नीरस इतिवृत्तात्मकता एवं नैतिकता के बाद जब वैयक्तिक रूप से सचेत हुआ तो सामाजिक विषमताओं के दबाव में प्रकृति ने उसे तीव्रता के साथ आकर्षित किया था और फिर यही प्रकृति उसे नारी, मनुष्य एवं देश-प्रेम की ओर भी खींच लायी थी। सुरेन्द्र कुमार दीक्षित के इस संग्रह में भी भाव-प्रक्रिया वही है। इस अर्थ में उनका काव्य-संग्रह रोमैण्टिक नवोत्थान का निश्चित रूप से द्योतक है। पर यह नवोत्थान है, आवृत्ति नहीं। अब कवि प्रकृति को उन रूपों में नहीं देखता जिनमें रामनरेश त्रिपाठी या पन्त ने देखा था और प्यार सम्बन्धी उसकी धारणाओं में भी विकास होता गया है। संग्रह की पहली ही कविता लीजिए जिसके प्रथम दो शब्दों को संकलन का शीर्षक बनाया गया है—

चाँद नहीं दिखता है
कहीं से छिप कर ही
छिटकाता जुन्हाई
निर्मल आकाश है
तारे हैं प्यारे
झीना-सा धुँधलापन
उनका सब तीखापन
हरता है।
अपनापन
भरता है।

यह तन
सिहरता है।
सौरभ पसारे
शीतल बतास है।
फिर याद हो आयी
तुम्हारी (अनजाने ही)
मन में कुछ दुखता है!
चाँद नहीं...

आप कह सकते हैं कि इसमें भी प्रकृति मात्र उद्दीपन है। पर वास्तव में उद्दीपन के इस रूप और प्राचीन कविता के प्रकृति-उद्दीपन रूप में बड़ा अन्तर है। प्रस्तुत कविता में कवि पहले प्रकृति के सुन्दर दृश्य को देख कर सुख की सिहरन का अनुभव करता है, उसका निजत्व भर उठता है पर अनजाने ही उस स्निग्ध वातावरण में उसे प्रियतमा की याद हो आयी और मन दुखने लगा। यह याद वैसे ही आयी जैसे छिपे होने पर भी चाँद जुन्हाई को छिटका रहा है। पुरानी कविता में प्रिय की याद हर समय बनी रहती थी और प्रकृति का मादक रूप उस दुख से भीगे मन को और अधिक भिगो देता था। इस प्रकार इस कविता में प्रकृति से प्रिया की ओर आया गया है जबकि उन कविताओं में प्रक्रिया ही शुरू से आखिर तक रहती है, प्रकृति बीच में कुछ क्षणों के लिए विरहाग्नि को भड़का भर जाती है। प्रकृति या प्रिय-स्मरण की ऐसी प्रिया हमें छायावादी काव्य में भी आसानी से प्राप्त नहीं होती। प्रकृति-चित्रण की दृष्टि से शुद्ध लैंडस्केप प्रस्तुत कवि की विशेषता है। हिन्दी कविता के क्षेत्र में प्रकाश, परिप्रेक्ष्य एवं आयामों के सम्यक् चित्रण की दृष्टि से ये कविताएँ नितान्त महत्त्वपूर्ण देन हैं। यह शाब्दिक लैण्डस्केप सचमुच ही चित्रों के अत्यन्त निकट है। लम्बी कविताओं से उदाहरण न देकर अपेक्षाकृत यह छोटा चित्र पढ़िए—

सभी ठण्डे रंगों से बनी तस्वीर यह।
गाढ़ा हरा—
मैदान की हरियालियों, पेड़ और कुश-काँस
सिंघाड़े की बेल तालाब के कुछ भाग में।
नीला—
बड़ा तालाब (अन्तर में छिपाए भेद),
खुले आकाश का विस्तार
और भिन्न ऊँचाइयों पर टँगा कुहरा।
श्वेत—
सोये कुँई के फूल,

टिटिहरी की मर्मभेदी चीख के दर्द का फैलाव,
खँडहर हुए घर की वर्षा-धुली दीवार कच्ची।
चाँद, तारे, ओस।
और इस पर चाँदनी का चढ़ा झिल्लीदार कागज।

ठण्डे रंगों का यह सम्पुंज आशा का विस्तार, बड़ा तालाब और भिन्न ऊँचाइयाँ, दर्द का फैलाव सारे चित्र को एक विशिष्ट मौलिकता दे देते हैं।

प्रकृति के प्रति एक गहरे लगाव का अनुभव करनेवाली इन कविताओं के मध्य एक कविता ऐसी भी है जो उस आदिम प्रकृति का उत्साहपूर्ण निषेध करना चाहती है। ऐसा लगता है कि कवि अपनी आधुनिकता (हजरतगंजी) का प्रदर्शन करने के लिए कुछ क्षणों के लिए अपनी वास्तविक वृत्ति को दबा बैठा है। 'बल्बों की झालर की रजत धुन्ध, शंक्वाकार किरणपुंज, सोडियम लाइट के गहरे रंग, चौराहों पर रोशनी की पिचकारियाँ छोड़ती हुई तेज नाच रही गाड़ियाँ' ये सभी उसके प्यारे हैं, सुपरिचित, नजदीकी, अपने और अनुपम हैं।

इस सबके बीच,
ऊपर वही आदिम अवकाश का
स्याही पुता टुकड़ा है;
नयी इमारत पर टँगा पुराना चाँद
रोता कुछ दुखड़ा है;
बेतरतीब तारे हैं।
सब के सब दूर दूर
अजनबी, पराये हैं,
कृत्रिम हैं।

संकलन के मूल स्वर से दूर होते हुए भी यह कविता इलियट का यह कथन याद दिला देती है कि 'कवि अधिक आदिम और अधिक सभ्य होता है।'

प्रेम-प्यार की बात मनुष्य को बहुत प्यारी लगती है। इस संग्रह की भी अधिकांश कविताएँ इसी मनोराग से सम्बन्धित हैं। पर प्रेम के प्रति एक विकसित होता हुआ—अथवा यों कहें कि एक बदलता हुआ दृष्टिकोण संग्रह की विभिन्न कविताओं में प्राप्त होता है। 'जाने कब पास आ गये, यों ही करके दूर-दूर भी' और फिर एक संकेत देता है 'जबकि उमंगों की बाढ़ में तड़प विद्युत शिखा की घन हदय में आ समाई।' फिर यह सब खतम हो गया। कैसे? सम्भवतः सामाजिक बन्धनों के कारण, 'जिसने सब सपने लूटे हैं, उस समाज से लड़ने में ही टूट गयी हैं मेरी बाँहें।' पर लगता है अलग होने के बाद भी कुछ दिनों तक पत्र-व्यवहार का क्रम, लालसाओं का फैलाव चलता रहा है, पर ये पत्र उसके चिर-विधुर प्राणों को बेधते रहे हैं—विस्मृतियों के बीच भी। फिर तो प्रकृति के दृश्यों के बीच वह अपने को एकाकी अनुभव करता है,

पर 'तभी तुम अचानक मुझे याद आ गयीं।' यों धीरे-धीरे उसने यह समझना प्रारम्भ कर दिया कि 'अब मुँह देखे का नाता है' पर काम-काज से भरे इस जीवन में भी 'राख ढका अंगार प्यार हाय अभी दहका जाता है।' आत्म-विश्लेषण का यह क्रम और आगे बढ़ता है जिसमें 'भीगी हुई लकड़ी-सी सुलगी आग' की चाह फूँकती है और यह सोचता है 'यदि यह भड़की तो आत्मदाही बन जायेगी' अथवा 'जीवन शिविर की ठिठुरन भरी रैन, इसके सहारे हाय कट जायेगी।' पर जब एक दिन राह में प्रिया ने मुसकाकर पूछा 'कैसे हैं?' तब उसने 'जाना, कितनी दूर हो चुका।' तब उसके मन में जो विवेक का अंकुर जगता है, उसकी प्रथम सशक्त अभिव्यक्ति है–

जाने भी दो, अब, वह सब है बात पुरानी;
बीत गये वह क्षण, हम-तुम भी, गयी रवानी।
अब न बहाओ दीप सँजो अंजलि सम्पुट में–
इन लहरों को सह न सकेगा ठहरा पानी।

तभी वह जान लेता है कि प्रेम का फूल अनन्त हो, यह चाह बहुत उचित नहीं है। और एकदम नवल अनुभूति से प्रदीप्त होकर वह कहता है–

क्या हमारे बीच में था आवरण अज्ञात
और आकर अजाने ही कौन उसे उठा गया
किया हमने कौन नूतन सत्य का साक्षात्
जो कि अपने सत्य को अब इस तरह झुठला गया
क्या हुआ उस प्यार के संसार का।

सत्य के इस साक्षात्कार के बाद वह अत्यन्त शान्त मन से अपनी पूर्व प्रणयिनी (जो अब दूसरे की हो चुकी है) से सॉनेट कहता है–

मुक्त हृदय से प्यार लुटाओ;
जब प्रियतम को कस लें बाँहें
तब क्षण भर भी याद हमारी
भरे न कड़ुवाहट से मन को।

और वह 'नयी राहों' पर चलने को प्रस्तुत हो उठता है।

तब प्रकृति की चेतना के बीच जो चेतना जगती है, उसमें प्यार नहीं होता, याद नहीं होती, अपना बोध होता है–

हरा-भरा मैदान
घेर कर खड़ी हो गयीं तरु-मालाएँ,
धूप विचरती,
खेत लहरते,
पंछी गाते
और नाचतीं मस्त हवाएँ!

तम्बू आसमान
का ताने हैं वे पर्वत रेखाएँ।
एक वृत्त है खिंचा,
केन्द्र पर जिसके मैं हूँ।

अथवा 'और इस वातावरण से स्वयं ही अभिभूत एक दर्शकमात्र मैं।'

वैसे प्रगतिवादी मित्रों को भी आलोच्य संग्रह में सामग्री मिल जायेगी। लेखक पृ. 39, 42, 43 (कविताओं पर शीर्षक नहीं है) कविताएँ डॉ. रामविलास शर्मा या श्रीप्रकाशचन्द्र गुप्त को भेज दें तो उनकी 'नयी कविता' का कवि परिगणित हो सकेगा। यों अभावग्रस्त जीवन के ये चित्र विशेषतः पृ. 39-40 पर अत्यधिक मार्मिक हैं और यह आकुलता भी–

जाने फिर दिन कब आयेगा
मीठी-सी गरम धूप लेकर,
चल रही रात इतने धीरे
मानो लादे बोझा सर पर।

अभिव्यक्ति के सम्बन्ध में अधिक विस्तार में न जाकर मैं केवल इतना कहना चाहूँगा कि ऐसी मँजी हुई भाषा और इतना अनुशासित शिल्प कम नये कवियों में देखने में आता है। वे उपमानबहुल हैं पर उनका बिम्ब-विधान सटीक एवं कथ्यानुरूप है। छायावादी उपमानों से लेकर नायलन-सी फिसलती हवा और भीगी लकड़ी-सी सुलगती याद तक उन्होंने उपमाएँ चुनी हैं। दुरूहता उनमें नाम को भी नहीं–यद्यपि तनी पारदर्शी स्पष्टता कभी-कभी नितान्त सतही अनुभूति की ओर भी इंगित करती है।

सब मिलाकर संग्रह में एक गहरी सचेतनता एवं बोध से युक्त कवि की प्यारी रचनाएँ संगृहीत हैं। प्रकृति से वह प्यार की ओर आया है, प्यार से उसने अपने को अहम् के केन्द्र पर स्थापित किया–अब हमें आशा है कि इस 'मैं' का भी विस्तार कवि अपने अगले संग्रह में उपस्थित कर सकेगा।

ग्राम्या पत्रिका

चौथी पीढ़ी

'चौथी पीढ़ी' संग्रह की इसी शीर्षक की कहानी में जिन चार पीढ़ियों की प्रवृत्तियों को उपस्थित किया गया है, उनमें पहली पीढ़ी उस व्यक्ति की है, जिसने अपनी भावी पीढ़ी को अपनी अशुभ छाया से बचाने के लिए प्रथम स्वतन्त्रता-संग्राम में अपने को होम कर दिया था। दूसरी पीढ़ी उस व्यक्ति की है, जिसने टूटते हुए परिवार के दबाव में अपने ही को तोड़ लिया था। इतिहास साक्षी है, पूँजीवाद के बढ़ते प्रभाव ने भारतीय संयुक्त कुटुम्ब की रीढ़ तोड़ी है। तीसरी पीढ़ी उन बलिदानी नौजवानों की है, जिन्होंने सन् '21 से प्रारम्भ होने वाले स्वतन्त्रता-आन्दोलन में गोलियाँ खायी थीं और पुत्र रामनारायण की ओर देखकर कहा था, मेरा काम रुकेगा नहीं!

उक्त तीन पीढ़ियों का उत्तराधिकार जिस पीढ़ी को मिला है, लेखक उसी पीढ़ी का प्रतिनिधि है। पर उसका द्वन्द्व बड़ा गहरा है। सन् '21 का नौजवान जिस सरकारी दफ्तर के फाटक तक ही आ पाया था, चौथी पीढ़ी का नवयुवक उसका एक अंग बन गया है। उसका जिस निर्माण, जिस स्वाभिमान और जिस स्वातन्त्र्य-चेतना को लेकर यह पीढ़ी आयी, स्वतन्त्रता के बाद उसे विकास का अवसर नहीं मिला। नौकरशाही ने उसे ध्वस्त कर देना चाहा है, ध्वस्त नहीं कर सकी है, यह दूसरी बात है। पर यह भी सत्य है कि हमारी पीढ़ी सुख और सन्तोष की पीढ़ी होगी, यह बात अभी सार्थक नहीं बन सकी है। नयी या चौथी पीढ़ी अभी उसके लिए संघर्ष कर रही है। पर उसका संघर्ष अधिक तीखा है, उसे अपने से भी लड़ना है और अपनों से भी। उसे वर्तमान के लिए भी लड़ना है और अनागत के लिए भी। और उसके लिए वह शक्ति अर्जित करती है अपने पीढ़ी-बोध से। यह पीढ़ी-बोध है इतिहास का बोध, इतिहास की विविध शक्तियों का बोध, जिनसे जूझती हुई पीढ़ियों की परम्परा आगे बढ़ी है।

ठाकुर प्रसाद सिंह के इतिहास (पीढ़ी) बोध ने उन्हें यह शक्ति दी है कि वे यथार्थ के गतिशील रूप को देख सकें। ठाकुर प्रसाद की अधिकांश कहानियों में यह आपको मिलेगा। 'समई महाराज' और 'छोटे भाई' जैसे स्केच हों या 'प्रदक्षिणा' जैसा संस्मरण अथवा 'जूते' जैसी एक छोटी अनुभूति या मूड का चित्रण करनेवाली

नयी कविता-टाइप कहानी हो, आपको हर स्थान पर समाज के विविध अन्तःसम्बन्ध ग्रथित मिलेंगे। इन रचनाओं की यह एक बड़ी सार्थकता है।

'यह कमरा' का उदाहरण लीजिए। यह कहानी से अधिक एक प्रकार का रेफलैक्शन है। चौथी पुश्त को विरासत में प्राप्त कमरे की चार पीढ़ियाँ मच्छरों और खटमलों से समान रूप से प्रताड़ित रही हैं, उनसे जूझने के तरीकों में भी कोई अन्तर नहीं पड़ा। कमरे की सफेदी की पर्तों तथा तस्वीरों के माध्यम से पिछली पीढ़ियों की रुचि, वैभव, दुर्दशा, सांस्कृतिक ह्रास आदि का स्पष्ट चित्र आँखों के सम्मुख आ जाता है।...नेकर के ऊपर हरा गमछा लपेटे इस घर का वारिस लेटा हुआ है, विशृंखल भूतकाल को उच्छृंखल भविष्य से जोड़ता हुआ। स्पष्ट है कि यह वारिस चौथी पीढ़ी है, जिसे अपने गुरुतर दायित्व को पूरा करना है अपने सीमित साधनों से।

इस पीढ़ी-बोध की स्थिति में सम्पूर्ग वर्गचेतना ही है, किसी एक वर्ग की चेतना नहीं। इसके भीतर 'लाभस्थान के ग्रह' के मध्यवर्ग बाबू लोग भी हैं, 'रास्ता' की गोर्की की माँ की याद दिलानेवाली निम्नवर्गीय नेल्लोई भी है, एक ही झटके में खानाबदोश हो गयी पीढ़ी के शरणार्थी भी हैं, अपने स्वाभिमान के कारण नयी परिस्थितियो में टूट रहे व्यक्ति भी हैं, जो बिना मार्क्स का अध्ययन किये भी 'समझदार' हो चुके हैं, तथा ब्राह्मण थोड़ी ही देर के लिए बाकी समय आदमी रहनेवाले 'समई महाराज' जैसे पुष्ट चरित्र भी हैं अथवा भूमि के वे अंकुर, जो भविष्य में साहित्य का क्षेत्र भर सकेंगे, पर आज के दबाव में जो अछूत हैं, ऐसे मानवीय कवि भी इस इतिहास बोध कै सन्दर्भ में उपस्थित हैं।

वास्तव में इस संग्रह को मात्र कहानी-संग्रह की दृष्टि से न पढ़ना चाहिए, इसमें बहुत कुछ वह है, जो कहानी संग्रहों में नहीं होता है, यानी कि एक व्यक्ति के अपने वे अनुभव, वह विकासमान चेतना, जो सबकी बन गयी है। दो-एक कहानियों को छोड़ दिया जाये, तो सब-की-सब कहानियाँ एक-दूसरे से जुड़ी हुई हैं। यद्यपि प्रकाशक ने 'सर्पदंश' को सन्थाल वातावरण की तथा चौथी पीढ़ी को आज के वातावरण की कहानी कहा है, पर यह अन्तर कृत्रिम है। वास्तव में यदि पीढ़ी शब्द का आग्रह न होता, तो संग्रह का नाम 'सर्पदंश' रखना अधिक उचित होता क्योंकि संग्रह की सर्वश्रेष्ठ कहानी यही है तथा पुस्तक में सम्पूर्ण रूप से जो-कुछ लेखक ने कहा है, उन सबका निष्कर्ष भी इसी कहानी में है, कहानी के रूप में। कहानी का वातावरण-भर सन्थाल परगने का है, अन्यथा वह आज की पीढ़ी का मूल्य-द्वन्द्व है, जब पुराने मूल्य टूट रहे हैं, नये मूल्य स्थान ग्रहण नहीं कर रहे हैं। शीला, रयाज तथा नारायण टूड्डू का द्वन्द्व मूल में एक ही है, वह बाहर से ही पृथक् दिखाई पड़ता है। शिक्षा के नवीन आवेग ने उन्हें पुराने समाज के लिए अनुपयुक्त बना दिया है। एक समाज को नहीं स्वीकारती, दूसरे को समाज की आदिम मनोवृत्ति नहीं स्वीकार कर पाती।

पथ पर दोनों चलना चाहते हैं, पर उसकी रोशनी कौन-सी है (नये स्वरूप-मूल्य कौन-से हैं), उसका निर्णय दोनों में से एक भी नहीं कर पाता।

इतनी शक्ति होते हुए भी ठाकुर प्रसाद सिंह का कथाकार लोगों को आकर्षित क्यों नहीं कर सका? क्या यह आलोचकों-पाठकों की उपेक्षा है? मेरा उत्तर है, नहीं, यह लेखक की स्वयं अपनी कमजोरी है। यदि कोई व्यक्ति इतिहास का गहरा जानकार हो या संवेदनशील हो, पर अपनी बात कहे नहीं, तो कैसे कोई आकृष्ट होगा? ठाकुर प्रसाद की स्थिति इससे थोड़ी ही अच्छी है। उन्होंने कहा अवश्य है, पर उन्होंने बुरी तरह कहा है। कथ्य अपने लिए स्वयं नहीं खोजता। यह कलाकार का दायित्व होता है कि वह उपयुक्त साँचे की खोज करे, जिसमें कि यह कथ्य चमक सके। ठाकुर प्रसाद सिंह में कहानी की गठन की ओर तनिक भी ध्यान नहीं है। इन कहानियों में ही स्केच भी हैं, संस्मरण हैं, डायरी है और पता नहीं क्या-क्या है। मतलब यह कि कहानीपन सबसे कम है। कथा-शिल्प के लिए जिस डिसिप्लिन की आवश्यकता है, उसके अभाव में ही उन्हें कहानीकार की प्रतिष्ठा नहीं मिली है।

एक दूसरी शिकायत और है और वह कहानियों से नहीं, प्रस्तुत कहानी-संग्रह से है। लेखक को संग्रह की स्पिरिट को देखते हुए ही कहानियाँ चुननी चाहिए। 'मल्लिक के पत्र', 'बबूले' या 'जयहिन्द' बहुत फिट नहीं होतीं।

सब मिलाकर मेरे जैसे पाठकों को आशा है कि संग्रह रूप में आ जाने पर लेखक अब अपनी शक्ति और सीमाओं को और अच्छी तरह समझकर उनका सप्रयास प्रयोग कर सकेगा।

'कहानी' पत्रिका में प्रकाशित

काल सुन्दरी

अभी जुलाई की बात है—कॉलेज खुला ही था। पढ़ाई का प्रश्न नहीं, परन्तु हम अध्यापकों को तो जाना ही पड़ता था। 'काल सुन्दरी' पर मुझे समीक्षा लिखनी ही थी। सोचा कि इसे लेता चलूँ वहीं इसे एक बार फिर पढ़ डालूँगा। बैठा पढ़ रहा था कि एक गुरुजन ने पूछा, 'क्या पढ़ रहे हो?' मैंने बताया, ओंकारनाथ श्रीवास्तव की कहानियों का संग्रह है 'काल सुन्दरी'। पण्डित जी ने प्यार से मुझे उपदेश और सलाह देते हुए कहा, 'कुछ चिन्तनशील साहित्य पढ़ा करो। कहानी और उपन्यास अत्यन्त काल्पनिक होते हैं। उनके पात्र मन के भीतर व्यर्थ की तमाम उथल-पुथल उत्पन्न कर मनुष्य को विपथगा बना देते हैं। हम उन्हीं में रस लेने लग जाते हैं।' पण्डित जी को उत्तर देना व्यर्थ था और उस समय मैंने उनके परामर्श को आज्ञा मान कर सर आँखों लिया और कहानी संग्रह बन्द कर कॉलेज की राजनीति, छात्रों के एडमिशन एवं टाइमटेबिल की जटिलताओं की चिन्तनशील चर्चा करने लगा। पर बात मन को मथती रही। साहित्य (केवल उपन्यास-कहानी ही नहीं) पर यह पुराना आरोप है कि वास्तविकताओं से वह विमुख करके मनुष्य को कल्पनाशील बना देता है। यों इस बात का एक उत्तर वार्डेन ने यह भी दिया है कि यदि वास्तविकताओं से कोई पलायन ही करना चाहेगा तो साहित्य के न होने पर भी मनुष्य और कोई रास्ता खोज निकालेगा। इस बात का दूसरा उत्तर यथार्थ का गहरे-से-गहरा आग्रह है। परन्तु यह यथार्थ शब्द इतना बहुरूपी है कि कुछ कहना कठिन हो जाता है और इसीलिए भूमिका में ओंकारनाथ श्रीवास्तव जिस विराट सामाजिक सत्य की जिम्मेदारियों की चर्चा करते हैं वह विरूप शब्दावली प्रतीत होती है। कौन-सा सामाजिक सत्य है जिसे वे प्रेषित करना चाहते हैं? कौन-सा यथार्थ है जिसे वे 'चित्रण' नहीं 'उपासना' का विषय बना रहे हैं। एक ओर वे यथार्थवाद को विकृत न करने की बात करते हैं और दूसरी ओर उन्होंने कहानी के सृजन में कल्पना के उपयोग की गवाही भी दी है—यह दोनों ही सत्य हैं या कहीं विरोधाभास है? कहानी कैसी कला है, वह किन सीमाओं के भीतर उन सभी बातों का उपयोग करती है? यही कुछ प्रश्न इन 10 कहानियों को पढ़ते समय मेरे मन में उपस्थित रहे हैं।

जहाँ तक यथार्थ के स्वरूप का प्रश्न है, इन कहानियों को पढ़ते-पढ़ते यह स्पष्ट हो जाता है कि मूल रूप से ये कहानियाँ सामाजिक यथार्थ के चित्रण (या उपासना) की ओर बढ़ती हैं। परन्तु कहानी और उपन्यास के यथार्थ चित्रण में कला माध्यम का एक मौलिक अन्तर है। उपन्यास व्यक्ति और समाज के सम्बन्धों, वर्तमान जीवन की समस्याओं एवं टाइमों में अनिवार्य रूप से बँधा होता है। उसमें अनुक्रम के आरोहों-अवरोहों तथा आगे-पीछे के संकेतों के द्वारा समय तत्त्व (Time Element) की एक विशिष्ट और अपेक्षाकृत भव्य लय रहती है। परन्तु कहानी समय तत्त्व की लय की अपेक्षा एक ऐसे बिन्दु पर शीघ्रता से पहुँचना चाहती है जहाँ से क्रिया-प्रतिक्रिया का वेग एक झलक में देखा जा सके। इसी कारण कहानी में आकस्मिकता अनुचित नहीं प्रतीत होती बल्कि अत्यधिक तार्किक संगति (जो उपन्यास में आवश्यक है) उसमें उबाने वाली बन जाती है। कहने का तात्पर्य यह कि कहानी कला मूलतः वैयक्तिक और निजी कला है। उसमें सामाजिकता का चित्रण नहीं संकेत होना चाहिए! कहानी अपेक्षाकृत छिपी अस्पष्ट स्थितियों एवं चरित्रों तथा उद्देश्यों को स्पष्ट करती है। इस दृष्टि से प्रस्तुत संग्रह की कहानियाँ देखने पर ज्ञात होता है कि लेखक उपन्यास की भूमि पर रह-रह कर चला जाता है और इस कारण अपनी कहानियों को कमजोर कर देता है। 'यही जिन्दगी हकीकत यही जिन्दगी फसाना', 'भोंपू' भगवान की देन' में लेखक ने विविध सामाजिक स्थितियों की ओर अधिक ध्यान खींचना चाहा है। उनकी अपेक्षा 'झूठा', 'सर्वहारा', 'काल सुन्दरी' सामाजिक जीवन के टाइप न होकर भी इतने मानवीय हैं कि 'बाहिरजामी' यथार्थ की कोई उपासना न करते हुए भी बड़े बन सके हैं। इन कहानियों में सामाजिक तत्त्व न हों ऐसी बात नहीं है। बीच-बीच में आन्तरिक सूत्र सामाजिक जीवन से मिलते हुए हैं, पृष्ठभूमि भी है—पर वे सब प्रमुख नहीं हैं, प्रमुख है इनमें व्यक्त चरित्रों की विशिष्टता एवं आत्मीय एकान्त भावना के साथ किया गया चित्रण।

यों सामाजिक यथार्थ की भूमि पर भी इन सामाजिक कहानियों को परखा जाय तो पूरी नहीं उतरतीं। इनमें सत्य को उसकी क्रान्तिकारी भूमिका, जीवन को उसकी गत्यात्मकता में न देखा जाकर (जो कि सामाजिक यथार्थवाद की पहली शर्त है) स्थिर रूप में देखा गया है। 'प्रकाशक के साथ चलने के लिए लेखक को कहानी छोड़नी पड़ती है, बुहा बुआ को परीक्षाभवन से निराश लौटना पड़ता है तथा बुढ़िया के बेटे को धब्बेदार किताब मिलती है'; यह जिन्दगी की हकीकत अवश्य है पर यह भी हकीकत है कि लेखक स्वयं हावी भी होता है, बुआएँ सफल भी हो रही हैं और बुढ़ियों के बेटे अच्छी पुस्तकें प्राप्त करने के लिए रोते (और दयालुओं के द्वारा हाथ में पकड़ा दिये गये पैसे लेते) ही नहीं लड़ते भी हैं। इसी कारण ऐसी कहानियों के प्रस्तुत संग्रह में सामाजिकता तो है पर सामाजिक उद्देश्य नहीं है।

'दिदिया' कहानी भी विशिष्ट चरित्रप्रधान कहानी है, परन्तु इसका परिदृश्य इतना छोटा है कि दिदिया की आत्मीयता तथा त्याग उभर नहीं सके हैं। 'काल सुन्दरी' 'सर्वहारा' और 'दिदिया' की तुलना यदि की जाय तो यह बात और अधिक स्पष्ट हो जायेगी। तीनों ही कहानियों में विचित्र, एकाकी एवं समाज के लिए निरुपयोगी से जान पड़नेवाले व्यक्ति अपनी अन्तिम परिणति में ममत्वशाली एवं अद्‌भुत रूप से त्यागी प्रतीत होते हैं। सबको दिन भर गालियाँ देनेवाली सुन्दरा महराजिन खेल-खेल में ही मिसिर के साथ सम्बन्धित की जाती है। परन्तु जब वह मिसिर की मृत्यु सुनती है तो रोती ही नहीं चूड़ियाँ भी तोड़ डालती है, वे चूड़ियाँ जो उसने अपने पति के मरने पर भी नहीं तोड़ी थीं। सचमुच ही प्रेम का यह आलम नया ही नहीं अत्यन्त आकर्षक भी है। 'सर्वहारा' के सकुल जी मस्त हैं, लड़कों के साथ खेलते भी हैं, अपमानित भी होते हैं, गोविन्द बाबू की चालाकियों को अपनी उपेक्षा से व्यर्थ कर देते हैं—पर मिसराइन भौजी को सारा घर सौंप कर चल देते हैं, इसलिए कि कोई भौजी को बदनाम न कर सके। 'दिदिया' भी अपने कंजूसी से जोड़े गये रुपयों को जिन्हें उन्होंने कुएँ में कूदकर प्राप्त किये, अत्यन्त उदारता से छोटे और किशोरी को दे देती है तथा बाँके का एक भी पैसा क्रिया कर्म में न खर्च होने पावे, इसकी भी व्यवस्था कर जाती है। इस प्रकार तीनों कहानियों की मूल संवेदना एक होते हुए भी दिदिया का चरित्र मात्र रेखाचित्र बन कर रह गया है, जबकि अन्य दोनों कहानियों में चरित्रों की रेखाएँ घटनाओं और स्थितियों के साथ सम्बन्धित अधिक व्यापक आधार पर की गयी हैं।

'नागपूजा' अन्धविश्वासों के हानिकर परिणामों को वतानेवाली एक सामान्य कहानी है, जिसकी विशेषता मात्र इतनी है कि लोग सपनों के मूल में विद्यमान यौन अतृप्ति को नहीं देख पाते। इससे भी अधिक सामान्य कहानी 'अन्न' है जो सचमुच ही आर्डर पर सप्लाई किये जाने के योग्य है।

'बाली और बुंदे' ओंकारनाथ की बहुचर्चित कहानी है। इस पर बहुधा 'ओ हेनरी' की एक प्रसिद्ध कहानी (Gift of Magi) का प्रभाव बताया गया है परन्तु अन्त एक जैसा होते हुए भी विस्तृतियों (details) की मार्मिक प्रामाणिकता, कथा सूत्र की संयोजना तथा कहानी का मानवीय गुण उसे अत्यधिक रोचक और मौलिक बना देता है।

इस प्रकार आलोच्य संग्रह में अनेक प्रकार और स्तर की कहानियाँ प्राप्त होती हैं। परन्तु इन सभी कहानियों का एक अत्यधिक पुष्ट पक्ष है कि लेखक बीच-बीच में हस्तक्षेप कम-से-कम करता है। इनमें कथन और विवरण (Narration and description) कम है, चित्रण अधिक। इस चित्रण के लिए लेखक ने नाटकों के प्रमुख तत्त्व संवाद कौशल को अपनाया है। इस कारण इन कहानियों में आ गयी नाटकीयता उस तत्त्व को बहुत कुछ पूरा कर देती है, जिसे हमने ऊपर आकस्मिकता कहा है।

जाहिर है कि सजीव और सटीक संवाद तब तक नहीं लिखे जा सकते जब तक कि लेखक का बोलचाल की भाषा पर अच्छा अधिकार न हो। ओंकार भाषा के धनी हैं और उसे सम्पन्न करना भी जानते हैं तथा पात्रानुकूल प्रयोग भी।

आलोच्य संग्रह का जो समग्र प्रभाव मेरे ऊपर पड़ा है, उससे कह सकता हूँ कि वे और अधिक सशक्त कथाकार बन सकते हैं। उनकी सामाजिक यथार्थवाली कहानियाँ और अधिक दृष्टि प्राप्त कर उन्हें अच्छे उपन्यास लेखक में परिणत कर सकती हैं तथा 'सर्वहारा', 'काल सुन्दरी' जैसी कहानियाँ श्रेष्ठ कहानी-लेखकों में उनकी गणना कराती हैं। हम लेखक की ऐसी ही अन्य कहानियाँ पढ़ने के लिए उत्सुक हैं।

वसुधा : जुलाई, 1960

गर्म राख

गर्म राख उपेन्द्रनाथ 'अश्क' का, जहाँ तक मैं जानता हूँ, दूसरा उपन्यास है। उनके पहले उपन्यास, 'गिरती दीवारें' का हिन्दी-जगत् में अच्छा स्वागत हुआ था। 'गर्म राख' मेरे विचार में उससे कहीं चुस्त, कहीं प्रौढ़ और कहीं व्यापक कृति है।

'अश्क' की प्रेरणा विशेषतः नाटकीय है, इसी से नाटक के क्षेत्र में उनका स्थान काफी ऊँचा है। मैं उन्हें हिन्दी का सर्वोत्तम एकांकीकार मानता हूँ। रंगमंच के अनुकूल उनकी-सी सुन्दर भाषा लिखने वाला, निःसन्देह दूसरा नहीं है। प्रसाद गुण का इतना वैभव कम लोगों में है। भाषा निर्मल जल की भाँति अविरल बहती है, आमफहम, जिसका जादू विशेषकर रंगमंच पर गजब ढाने लगता है। उसी भाषा का चमत्कार 'अश्क' के उपन्यासों में भी है, 'गर्म राख' में विशेष।

पुस्तक के आरम्भ में उपन्यासकार ने अपने पाठकों के कुछ वर्ग बनाये हैं। उन्हें उसने कुछ सलाह दी है, जो इस प्रकार है–

"आम पाठक से प्रार्थना है कि वह नाम के चक्कर में न पड़े। उपन्यास को एक बार पढ़ जाये, निश्चय ही वह उसमें पर्याप्त मनोरंजन पाएगा।

"गम्भीर पाठक से वांछा है कि वह इसे कम-से-कम दो बार, साल-छह महीने के अन्तर से पढ़े। उसे अपना श्रम बेकार न मालूम होगा।

"काट कर ही अपनी सत्ता सिद्ध करने वाले छिद्रान्वेषी आलोचक के हितार्थ पर्याप्त सामग्री इस उपन्यास में है, वह अपने दाँत शौक से तेज करे।

"स्नेही और सृजनशील आलोचक के परामर्श लेखक के सिर आँखों पर। उनकी बाट वह उत्सुकता से देखेगा।"

पता नहीं प्रस्तुत उपन्यासकार मुझे किस वर्ग में रखेगा, वैसे पाठक मैं गम्भीर हूँ और 'गर्म राख' को प्रायः 'साल-छह महीने के अन्तर से' आद्योपान्त दो बार पढ़ चुका हूँ; इस दूसरी बार, अभी हाल, विशेषतः उस पर लिखने के लिए। 'अश्क' ने पाठकों की ही भाँति आलोचकों के भी दो वर्ग किये हैं, एक वे, जो छिद्रान्वेषी हैं, दूसरे वे, जो सहृदय और सृजनशील हैं। प्रकट है कि जिस प्रकार आलोचक साहित्यकार का मूल्यांकन करता है, साहित्यकार पर भी उसके 'आलोचन' की प्रतिक्रिया होती है।

आलोचक के एक वर्ग के प्रति 'अश्क' को कुछ झल्लाहट है। सलाह में फलतः कुछ आक्रोश, कुछ चुनौती भी है। पर मेरा विचार है कि मूल्यांकन का एक अंग अथवा 'प्रासेस' छिद्र या रन्ध्र को ढूँढ़ निकालना भी है। आखिर वह आलोचन-आलोकन क्या, जिसके आलोक-प्रक्षेपण द्वारा साहित्य-प्रासाद के छिद्र अथवा रन्ध्र खुलें नहीं, प्रकाश में न आ जायें? हाँ, जो सृजन सर्वथा छिद्रान्वेषण की प्रक्रिया से ही प्रेरित है, उसके प्रति उपन्यासकार का यह आक्रोश अथवा सुझाव अन्यथा नहीं। वैसे आलोचक साधारणतः अपना काम जानता है, वैसे ही जैसे उपन्यासकार थोड़ा-बहुत अपना।

'गर्म राख' सामाजिक प्रेरणा से लिखी कृति है, यद्यपि समाज की विषमताएँ उसमें खुल कर नहीं आतीं। हाँ, समाज का निम्न मध्यवर्ग, अपनी संकीर्ण-घिनौनी प्रवृत्तियों के साथ निश्चय, स्पष्ट खुल पड़ा है। उस दृष्टि से इस उपन्यास का रचयिता कैमरा-मैन है, सफल फोटोग्राफर, जो समाज के कोनों-अँतरों को साफ झलका देता है। परन्तु, प्रकट है कि कैमरा-मैन स्थिति को यथातथ्य फिल्म पर झलका देने के सिवा प्रेरणा अथवा सुझाव के रूप में कुछ नहीं दे पाता। 'गर्म राख' के रचयिता का यह सामाजिक 'आलोचन' घृणित और अशिव का 'छिद्रान्वेषण' मात्र है या 'सृजनशील' निर्माण-प्रेरक भी, उसकी बात मैं फिर करूँगा, यहाँ अभी इतना ही कह देना पर्याप्त होगा कि उपन्यास के स्थल, उसके पात्र आदि जाने-पहचाने-से हैं। उनका चित्रण इतना सजीव इतना निकट का है कि लगता है, हम उन्हें जानते हैं और अनायास उनके अनेक मांसल 'मोटिफ', जीवन में पहचाने-से, आँखों के सामने उठ आते हैं, इतने कि यदि उन मांसल पर्यायों की कोई भंगिमा उपन्यास के चरित्र-विशेष में नहीं घटती, तो उपन्यासकार पर जैसे जी खीझ उठता है। उपन्यास-दर्पण में समाज को प्रतिबिम्बित करने में 'अश्क' आंशिक रूप में बाल्ज़क और ज़ोला की भाँति सफल हुए हैं।

उपन्यास भी साहित्य के अन्य कलेवरों की ही भाँति जीवन का दर्पण है। कहानी का विस्तार उसमें प्रवहमान् जीवन को प्रकट करता है। कहानी के उस विस्तार में कला की दृष्टि से रस का संचरण और परिपाक होता है। घटनाचक्र की एकता, या अनेकमुखी जीवन-धारा का एकस्थ विलयन ही उसका पाक है। घटना-चक्र की एकता वस्तु-गठन के रूप में, उपन्यास के रस को कलत्व प्रदान करती है। इससे यह स्पष्ट है कि साहित्य-कला के रूप में, अन्य कलाओं की ही भाँति, उपन्यास भी अपने रस के प्रभाव से उपास्य होता है। परन्तु रस संचरणशील है, प्रवहमानृद्ध इससे प्रवाह-भिन्नता उसका मारक ग्रह है। रस का व्यभिचार उसकी प्रवाह-शक्ति को नष्ट करता है, यानी कि घटना-शृंखला की कमजोर कड़ी कला के क्षेत्र में केवल शृंखला को कमज़ोर ही नहीं करती, उसे निरर्थक कर देती है। यह याद रखने की बात है कि कला या साहित्य के गठन में जो घटना या भाव उसके रस का वर्धन नहीं करता,

वह, निश्चय, निश्चेष्ट नहीं रह पाता, वरन् रस को घटाता है। उपन्यास या कहानी की कथा-वस्तु में इसका ध्यान उपन्यासकार या कहानीकार को सदा रखना चाहिए। कहानी में तो उसका सम्पुंजन और भी गठा, और भी केन्द्रित होना चाहिए, यद्यपि उपन्यास की व्यापकता विपुल होने के कारण कथा अनेक धाराओं में बह सकती है। पर उसकी कथा-वस्तु को भी, धार-बहुलता के बावजूद प्रवाह की रीढ़ से स्वतन्त्र नहीं होना है, वरना मरु में भटकती नदी की भाँति उपन्यास की सोद्देश्यता नष्ट हो जायेगी, उसकी प्रखरता अनेक दिशाओं में बँट कर बिखर जाने के कारण शक्तिहीन हो जायेगी। इस दृष्टि से 'गर्म राख' पर नजर डालने से सर्वथा सन्तोष नहीं होता।

'गर्म राख' की कहानी इस प्रकार है। सत्या अपनी ही चलाई कन्या-पाठशाला की अध्यापिका है, गम्भीर, समझदार और साधारण सुन्दर। उसके प्रति प्रकट-अप्रकट रूप से अनेक पुरुष अनुरक्त हैं। एक पत्रिका में छपे उसके चित्र से आकृष्ट हो कर, कवि 'चातक', 'संस्कृति-समाज' की स्थापना करते हैं, जिसका एक-मात्र उद्देश्य पहले सत्या, फिर अन्य नारियों को अपनी ओर खींचना है। उसकी बैठक में सत्या तरुण कवि जगमोहन से मिलती है। जगमोहन उसकी ओर आकृष्ट होता है। आकर्षण के जादू का वस्तुतः दोनों के सम्बन्ध में अभाव ही है, यद्यपि उसका भावात्मक प्रभाव जगमोहन पर अधिक प्रकट है। सत्या द्रष्टा-स्रष्टा की भाँति उस बढ़ते हुए असर को जैसे देखती है, जागरूक हो कर उसका विधान करती है। पर जगमोहन का राग मोह में परिणत नहीं हो पाता और शीघ्र अपने ऊपर डाला हुआ पाश वह तोड़ देता है। दोनों बार-बार मिलते हैं, एक से अधिक बार राग भावबन्ध की परिधि तोड़, स्थूल कायिक सम्बन्ध स्थापित कर लेता है; पर जगमोहन चाहे परिस्थितियों का शिकार क्यों न हो, सत्या उन परिस्थितियों की सचेत संघटयित्री है। उनको न केवल वह जानती है, बल्कि वही उनका प्रादुर्भाव कराती है। उसकी सन्तुलित आचार-वृत्ति जगमोहन की सब प्रकार सहायता करती है, उसके भाई-भाभी की भी, जिससे राग नहीं, तो कम-से-कम कृतज्ञता उससे उसे बाँधे रखे। और उसी सहायता के क्रम में मजबूत कर देनेवाली परिस्थितियों में बार-बार आत्मसमर्पण कर, उसे रागबद्ध रखती है। पर वस्तुतः जगमोहन कभी समय-समय के कायिक सम्बन्ध के अतिरिक्त, सत्या से भावबन्धन नहीं रख पाता, और एक दिन अपनी प्रवृत्तियों का विश्लेषण कर, स्पष्ट कह देता है कि उसका सत्या से प्रेम नहीं है। उसके आदर और प्रेमाभास को विच्छिन्न करने में दुरो के प्रति उसकी सहज अनुरक्ति भी सहायक होती है। वह एक दिन स्पष्टतः अपनी भावस्थिति पत्र में लिख कर सत्या को दे देता है। उधर सत्या के कांग्रेसमना पिता के कानों में कन्या की असंयत अनुरक्ति की खबर पहुँचती रहती है, जिससे उसका विवाह कर देने वे लाहौर आ पहुँचते हैं। एक धनी मेजर का विवाह-विज्ञापन समाचार-पत्र में पढ़कर, वे सत्या से उस दिशा में स्वीकृति माँगते हैं। जगमोहन की उदासीनता से सत्या पहले से ही कुछ उद्विग्न है, फिर तभी उसका

वह असंस्कृत पत्र भी पहुँच जाता है, जिसमें वह सत्या के प्रति अपने प्रेम के अभाव की घोषणा तो करता ही है, उससे किसी प्रकार का सम्बन्ध रखना भी अस्वीकार करता है, उसका अपने यहाँ आना वर्जित करता है। सत्या खीझ कर अफ्रीकावासी भोंडे, काले, कुरूप, अर्धान्ध मेजर से विवाह कर, अफ्रीका चली जाती है। जगमोहन से अन्त में जाते समय स्टेशन पर छोड़ने का अनुनय करती है। जगमोहन वहाँ जाना अस्वीकार तो कर देता है, पर जाता है, यद्यपि मिलता नहीं, प्लेटफार्म पर इधर-उधर छुपा फिरता है। उदासीन सत्या इधर-उधर उसे ढूँढ़ती है, फिर दिल में चोट लिए चुपचाप अफ्रीका चली जाती है।

'गर्म राख' की यह मूल कथा-धारा है, पर उसके अतिरिक्त उपन्यास में अनेक स्वतन्त्र और परवर्ती धाराएँ हैं, जैसे दुरो-हरीश का कथा-प्रसंग, 'येलो बस' यूनियन-आन्दोलन, धर्मदेव विद्यालंकार और प्रो. ज्योतिस्वरूप की उपकथा, वसंत-सरला का प्रसंग, सरदार गुलबहारसिंह, उनके पिता डॉ. टेकचन्दखान का पहेली-समस्या-प्रयास आदि। इन प्रसंगों में दुरो-हरीश का कथा-प्रसंग, निश्चय, मूल कथा-धारा, यानी सत्या-जगमोहन की कथा-धारा से नाम-मात्र को प्रभावित है। प्रगतिशील तत्त्व—साहित्य, श्रमान्दोलन आदि—उसी से अधिकतर सम्बन्धित हैं। दुरो-हरीश के चरित्र, (विशेषकर दुरो का चरित्र), इतने सशक्त और महत्त्व के हैं कि कुछ अजब नहीं कि अनेक लोगों को वे दोनों (या कम-से-कम दुरो) उपन्यास के प्रधान चरित्र का नायक-नायिका लगे। कम-से-कम उनकी कथा मूल कथा-धारा की समानान्तर धारा है, वस्तुतः अपनी भूमि पर है, मूल-धारा की सहायक के रूप में अनभिसृष्ट। धर्म और स्वरूप की कथाएँ, निश्चय परवर्ती हैं, इतनी परवर्ती कि उनकी आवश्यकता नहीं रह जाती। मूल कथा की सहायता उनसे भी नहीं हो पाती। उनके चरित्र को स्पष्ट करने के लिए उनकी पुरानी इतिवृत्ति आवश्यक हो सकती है, पर उसकी ओर संकेत-मात्र पर्याप्त था। इसी प्रकार शायद 'येलो बस' के प्रोप्राइटर चोपड़ा के हिस्सेदार रोशनलाल और हरनामसिंह के इतिहास का वितत्वन, यद्यपि अत्यन्त हृदयग्राही है, मूल कथा को शिथिल कर देता है। इसी प्रकार यद्यपि वसन्त का उपयोग एक-आध स्थल पर हुआ है, वसन्त और सरला का प्रसंग उपन्यास का अंग नहीं जान पड़ता, यानी कि अगर वह प्रसंग कथा से हटा दिया जाय, तो कथा में कहीं रस-भंग नहीं होगा। सरदारों, टेकचन्द और खान की पहेली-समस्या भी इसी तरह उपन्यास की कथा-वस्तु की दृष्टि से अनावश्यक है। ये सारे प्रसंग यद्यपि स्वयं अत्यन्त मनोरंजक और समाज की वस्तुस्थिति खोल कर रख देने वाले हैं, उनसे किसी प्रकार किसी मात्रा में, मूल कथा को सहायता नहीं मिलती। कवि चातक स्वयं तो मूल कथा का प्रबल उद्वाहक है, पर पत्रकार कर्मा और मिसेज कर्मा का प्रसंग, चातक के चरित्र को उत्तेजित और स्पष्ट करते हुए भी, उपन्यास के लिए प्रकारान्तर ही है।

इस दृष्टि से देखने पर प्रकट है कि 'गर्म राख' की कहानी की एकनिष्ठा या समान केन्द्रीयता इन प्रकारान्तर प्रसंगों से नष्ट हो गयी है। लगता है, जैसे समाज के अनेक अंग, विविध कथानक, एकत्र कर दिये गये हैं, जिनमें स्वाभाविक अंगांगीय (आर्गेनिक) सम्बन्ध नहीं है।

यहाँ उपन्यासकारिता की समस्या पर एक प्रश्न हो सकता है—क्या वजह है कि कथा-वस्तु की एकता या एकनिष्ठा बरकरार रखी जाय? यह प्रश्न यद्यपि आलोचकों के सामने अब तक नहीं आया है, पर है यह अहम प्रश्न, क्योंकि आज तक के उपन्यास-शास्त्र का दर्शन कथा-वस्तु की एकाग्रता को एकमात्र या प्रधान साध्य मानता आया है। अब प्रश्न है, जो उपन्यासकार—प्रस्तुत स्थिति में 'अश्क'—पूछ सकता है कि जीवन जब इतना बहुमुखी हो गया है कि कथा-वट के एक तने में नहीं समा पाता, तो क्यों नहीं वट और पर्कटी पर अनायास फूट पड़ने वाले भिन्न जातीय वृक्षांकुरों की भाँति उपन्यास की प्रधान कथा के साथ अनेक उपकथाएँ ऐसी गूँथ दी जायें, जिनका मूल से अपेक्षाकृत सामंजस्य बना रहे, यद्यपि वे उसके विकास के अर्थ न लिखी गयी हों, बल्कि समाज के विविध अंगांगों और कोनों-कतरों को आलोकित करने के लिए प्रस्तुत हुई हों?

वस्तुतः 'अश्क' का यह उपन्यास अद्यावधि अंगीकृत शास्त्रीय आलोचना को चुनौती है। और यहाँ मैं आलोचकों का ध्यान प्रस्तुत आलोचना के माध्यम से, इस नवीन दिशा की ओर आकर्षित करना चाहता हूँ। हाँ, चुनौती यह अवश्य तभी हो सकती है, जब यह प्रयास सचेत हुआ हो। यदि ऐसा नहीं, तो निश्चय, यह उपन्यासकारिता की एक 'फेलिंग' (कमजोरी) ही होगी। प्रयास यह सचेत है या नहीं, यह बगैर व्यक्ति-उपन्यासकार से पूछे, हम उसकी सृजित कथा-वस्तु से भी प्रश्नतः जान सकते हैं, यानी कि अगर उपन्यास के इन विभिन्न अपेक्षाकृत स्वतन्त्र अंगांगों की कल्यता स्तुत्य है, यदि उनका चित्रण, अंकन-चरित्रांकन-वस्तु अपने दायरे में स्वतन्त्र रूप से भी मुखर और सफल हैं, तो हम उन्हें 'फेलिंग' नहीं कह सकते। तब यह कहना अनुचित नहीं होगा कि उपन्यासकार, यदि चाहता, उनसे अपनी प्रधान कथा-धारा को बचा सकता था, यानी कि उसने उनको 'विघ्न', 'कंटक' या 'रंध्र' न मान कर, मूल के अलंकार भी न मान कर, समाज के उन अनेक अंगों का सूचक (इण्डेक्स) माना है, जिनका बोध कराने में उपन्यास की प्रधान कथा-वस्तु अक्षम होती है, पर जिनका बोध सर्वथा विषयान्तर नहीं, वरन् 'समवाय सम्बन्ध' से पाठक के लिए अनिवार्य होना चाहिए। इस स्थिति को मान लेने पर यहाँ उन विविध तथाकथित प्रसंगों की चर्चा स्वाभाविक हो जाती है। और उन प्रसंगों का कथा या वस्तु-भाग, एकाध को छोड़, इतने महत्त्व का नहीं, जितने महत्त्व का उनके पात्रों का चित्रण है। इसलिए उनके प्रसंग और भाव-चित्रण के साथ प्रधानतः हम उनके पात्रों के चित्रण पर विचार करेंगे।

'गर्म राख' : उपन्यास चूँकि समाज की अनेक भूमियों का समाहित क्षेत्र प्रस्तुत करता है, उसके पात्रों की संख्या भी बड़ी है, असामान्य। संख्या का आधिक्य अधिकतर साहित्य में एक प्रकार की कमजोरी ही माना जाता है, पर चूँकि इसका सीधा सम्बन्ध उस अहम प्रश्न से है, जो हमने पिछले पैराग्राफों में उठाया है, यहाँ हम इस तथाकथित कमजोरी पर विचार न करेंगे। आरम्भ में ही यह कह देना उचित है कि पात्रों का चित्रण 'अश्क' ने गजब की खूबी से किया है। अपने पात्रों को जीवन में जैसे वह नंगा जानता है, जिससे उनके बाह्यान्तर स्पष्ट झलक जाते हैं। उसके गम्भीर, परुष हास्यास्पद पात्र अपने सहज आधार से उठते और अपने वृत्त-व्यास में सहजाकार होते हैं। इतना मांसल, इतना स्वाभाविक, जहाँ-तहाँ इतना प्लैस्टिक मूर्तन उनका होता है कि कम-से-कम हँसी के प्रसंग में हँसी रुकती नहीं। भाव और भाषा के सान्निध्य से प्रसंग चमक उठते हैं और हम उपन्यासकार के आभास जगत से अलग, जीवित संसार में उतर पड़ते हैं।

सत्या का उल्लेख ऊपर हो चुका है। वह संसार-चतुर नारी है। जगमोहन को अपनी सहायता और गुणों से जीत कर अपना भविष्य बनाना चाहती है। उस बीच जब मौका आता है, उसे बताने या स्थिति से प्रभावित करने के प्रयत्न में भी वह नहीं चूकती कि उसके पिता ने मार्गभ्रष्ट हो जाने पर भी मानवीय कर्त्तव्य को ईमानदारी से निबाहा था और अविवाहिता, इससे समाजतः अनौरस सम्बन्ध से प्रसूत सत्या का पालन भी किया था। यह प्रयोग वैसे जगमोहन को प्रभावित नहीं करता। सत्या में निष्ठा है, बुद्धि है, क्रियात्मकता है, निर्णय है, अभिमान है। अभिमान की रक्षा के लिए वह नितान्त भोंडे अग्राह्य पति को स्वीकार करने में भी पीछे नहीं हटती, यद्यपि ऐसा करना उसके लिए अत्यन्त दारुण हो उठता है।

जगमोहन मुझे तो गँवार-सा लगा। उसी की स्थिति का वसन्त उससे कहीं सतर्क है। जगमोहन पात्रत्व की दृष्टि से काफी कमजोर है। उपन्यास में उसकी सत्ता प्रायः एकान्त होने पर भी, उसमें निर्णय और व्यक्तित्व, दोनों की कमी है। वह कभी हमें प्रभावित नहीं करता सिवा शायद उस प्रसंग के, जब वह शुक्ला जी या भगतराम के सामने होता है। सत्या के सामने एकान्त में उसे परिस्थितियाँ और भी कमजोर कर देती हैं और सत्या के अफ्रीका जाते समय उसका उसके सामने न आना तो खल जाता है। नायक की कमजोरी चित्रण की कमजोरी से भी हो सकती है और उपन्यासकार के सचेत प्रयास से भी। जगमोहन के चित्रण में यह प्रयास सचेत नहीं जान पड़ता।

उपन्यास का सबसे स्वाभाविक और शक्तिमान पात्र दुरो है; कर्मठ और कर्त्तव्यनिष्ठ, अपने और समाज को यथातथ्य पहचाननेवाली, जीवित प्राणी, जो जैसे को तैसा दे सकती है और अपने व्यक्तित्व को किसी छाया से आवृत्त नहीं होने देती। पं. रघुनाथ या दातार उसके पास फटक तक नहीं पाते, जगमोहन उसके सामने

अत्यन्त हीन और हेय है। उसके योग्य वही हरीश है जिसकी वह कामना करती है, जो स्वयं उसे पहचानता है पर दुरो उसके या अपने कर्त्तव्य के बीच वैयक्तिक प्यार को नहीं आने देती। दुरो में संघर्ष की आग है, सामाजिक अनीति के प्रति रोष और प्रतिकार की क्षमता है। वही उपन्यास की सही नायिका होने का सामर्थ्य रखती है। पर उसके लिए 'गर्म राख' का शायद अगला (एक दूसरा) भाग लिखना होगा। हरीश का उदात्त रूप उपन्यास में स्पष्ट है, पर संघर्ष का नेतृत्व इसलिए नहीं खुल पाया कि संघर्ष पुस्तक में दूर तक नहीं खुला, और जिस प्रकार उसमें उसकी भूमिका मात्र सूचित हुई, हरीश की क्रियमाणता भी भूमिका से आगे नहीं बढ़ी।

मजे की बात यह है कि उपन्यास में मुख्य-पात्रों से कहीं बढ़कर उपपात्रों का चित्रण सफल हुआ है। चातक जी इनमें प्रधान हैं। अनेकांश वे हमारे जाने हुए कवि-समाज के प्रतिनिधि हैं। यहाँ उनके चारित्र्य की व्याख्या न कर, हमने संकेत-मात्र कर दिया है। शुक्ला जी उसी वर्ग के हीन पात्र हैं, जिनकी स्थिति अपने शिक्षित समाज में अलक्षित नहीं है।

कल्पना : जनवरी, 1954

उखड़े हुए लोग

राजेन्द्र यादव हिन्दी के तरुण कथाकारों में प्रमुख हैं, यह बताना अब आवश्यक नहीं रहा। मैंने उनकी और कहानियाँ पढ़ी थीं और उनका प्रशंसक रहा हूँ। 'प्रेत बोलते हैं' उनका पहला उपन्यास मुझे पढ़ने को नहीं मिल सका पर आज आलोच्य उपन्यास को पूरा करने के बाद उसे ढूँढ़ खोज पढ़ने की इच्छा जाग्रत हो उठी है।

मुझसे अगर कोई पूछे 'उखड़े हुए लोग' कैसा लगा तो बिना किसी हिचकिचाहट के मेरे मुँह से निकल जायेगा 'बहुत अच्छा'। उपन्यास के शीर्षक के नीचे ही लेखक ने ब्रैकट में मुख्य चीज की ओर संकेत करना चाहा है—'युद्धोत्तर-कालीन स्त्री-पुरुष के बिगड़ते, बदलते-बनते सम्बन्ध।' तो इसमें शरद और जया हैं जो विवाह का बौद्धिक विश्लेषण करते हुए बिना किसी 'इमोशनल' वातावरण के बौद्धिक रूप से यह निश्चय कर लेते हैं कि उन्हें परस्पर विवाह कर लेना चाहिए! शरद जो समय गुजारने के लिए वकालत की ट्रेनिंग ले रहा था, अपने वकील के मित्र श्री देशबन्धु एम.पी. पूँजीपति, नेता और समाजसेवी (?) के पास पहुँचता है और वे उसे अपना 'पर्सनल सेक्रेटरी' बना लेते हैं जहाँ उसे अपने मालिक के भाषण लिखने हैं, लेख तैयार करने हैं, आत्मकथा लिखनी है, फोटो खींचने हैं और उनकी आध्यात्मिक विरासत लेनी है क्योंकि धन की विरासत तो वे अपने लड़के को दे चुके हैं। शरद नौकरी ठीक कर 'जया'—अपनी बौद्धिक ढंग से ब्याही पत्नी को ले आता है जिसे समाज भगाने की भी संज्ञा देता है।

देशबन्धु जी के 'स्वदेशमहल' के शरद वाले क्वार्टर की बगल में सूरज जी रहते हैं, देशबन्धु जी के 'बिगुल' के प्रधान सम्पादक। जो अपनी युवावस्था में किसी चन्दा से प्रेम कर चुके हैं पर वह चन्दा भागने का साहस न कर सकी थी और बाद में मिलने पर पहचानने से भी इन्कार कर दिया था। परन्तु उपन्यास की रीढ़ हैं, देशबन्धु जी, जिनका सम्बन्ध असहयोग आन्दोलन के दिनों की एक मित्र मायादेवी से है। मायादेवी का विवाह एक करोड़पति से हुआ था पर देशबन्धु जी का जादू उनपर से नहीं उतरा। 25-30 लाख की सम्पत्ति उन्होंने देशबन्धु जी को दी जिससे कि वे पूँजीपति बन सकें और उनके पति को देशबन्धु जी ने दिया जहर।

इन मायादेवी ने बाद को अपनी रखैल जैसी हैसियत देखी तथा देखी देशबन्धु जी की कभी न बुझनेवाली औरत-कामना। उनके मन में विकृतियाँ भी उठीं और उन्होंने भी हर सामने पड़ने वाले युवक पर डोरे डालने शुरू किये देशबन्धु जी को 'टीज़' करने के लिए। मायादेवी की पुत्री हैं पद्मापुरी एम.ए.। सुशिक्षिता, सुसंस्कृत पर उदास एवं दुख में दहनेवाली। उसका प्रेम है पर शायद माँ और देशबन्धु जी विरोधी हैं। शरद को शक है कि वह देशबन्धु जी की ही लड़की है। मायादेवी चाहती है कि वह देशबन्धु जी के पुत्र सत्य को फाँसे और देशबन्धु जी स्वयं एक दिन शराब पीकर उसके कमरे में घुस भीतर से दरवाजा वन्द कर लेते हैं और वह खिड़की से कूद पड़ती है। इस घटना से जया को इतना धक्का लगता है कि जया और शरद वहाँ से भाग आते हैं। इनके अतिरिक्त अन्य नगण्य बहुत-से पात्र-पात्रियाँ हैं पर वे कथासूत्र के रेफरेन्सेज भर हैं।

यों ऊपर से जया हीरोइन हैं। पर महत्त्व का जोर कथाकार का इनपर कहीं नहीं है, इनके माध्यम से देशबन्धु जी पर है, जिनके चरित्र और कार्यों का उद्‌घाटन भर शरद करता रहता है। देशबन्धु जी के चरित्र को उपन्यास में दो हिस्सों में वाँटा गया है। प्रारम्भिक भाग में मन्द-सौम्य गति से उनके शालीन, सुसंस्कृत और प्रभावशाली व्यक्तित्व की झाँकी है जिससे पाठक उनके प्रति श्रद्धाविभूत होता है शरद की ही भाँति, पर अन्तिम हिस्से तक पहुँचते-पहुँचते घटनाओं की गति अत्यधिक तीव्र हो उठती है, जैसे पूर्वार्ध में उठाई गयी समस्याओं को एकदम से समेटना है। उनकी सौजन्यता के पीछे छिपी कुटिलता, समाजसेवा के आडम्बर में दबी स्वार्थपरता, गीता-पूजा-पाठ तथा चरित्र की ऊपरी विशालता की ओट में अत्यन्त सजग वासना एवं देवत्व के खोल के भीतर बलशाली राक्षस को अनावृत्त करने की शीघ्रता उपन्यासकार को पड़ी है, पर वह (उपन्यासकार) कुशल शिल्पी है। इस सारी रेस को वह अत्यन्त स्वाभाविक ढंग पर समेटता चलता है।

उपन्यास सात दिनों की कथा है, यह बात महत्त्वपूर्ण नहीं है, महत्त्वपूर्ण है वह शिल्प और वह विधान जो पाठक को मुख्य कथासूत्र में बाँधे रख कर भूतकाल की घटनाओं, भविष्य की योजनाओं और वर्तमान के विचारों की डगर में घुमाता है और इस प्रकार कथा को पूरा परिप्रेक्ष्य देकर चित्र को पूरा करता है। उसने 'फ्री-एसोसियेशन' और 'फ्लैश बैक' पद्धति को अपनाया है। वर्तमान में खड़े रह कर, वर्तमान के प्रकाश में अतीत की घटनाओं को समझा-समझाया गया है। परन्तु आनुपातिकता और सन्तुलन की हानि नहीं हो पायी, वर्तमान की कथावस्तु धुँधली नहीं पड़ने पायी, यह उपन्यासकार के शिल्प की सबसे बड़ी विशेषता है।

बड़ा ही आकर्षक चरित्र है उपन्यास के मुख्य फिलॉसफर सूरज जी का। उपन्यास की अधिकांश विचारसरणि इन्हीं के साथ के वादविवादों में स्पष्ट हुई है। बल्कि यों कहें कि उनका उपयोग या तो विचारों को स्पष्ट करने, उन्हें फिलासाफाइज़ करने

में किया गया है, अथवा वे देशबन्धुजी के वर्तमान जीवन की वह चाकू हैं जो उनके अतीत को प्याज के छिलकों की तरह उतार फेंकते हैं और इस अतीत वर्तमान की कड़ी के रूप में उपन्यास में सूरज जी का महत्त्वपूर्ण योग है। उनके ये विचार आधुनिकता को कितना स्पष्ट कर देते हैं।–"हम जबानी सिद्धान्तों की बातें करते हैं; नयी नैतिकता की, नये आदर्श की बातें करते हैं–नये समाज की बात करते हैं। और इतने जोर से करते हैं कि अपने चारों ओर एक भ्रम, एक मायाजाल बनाये रखना चाहते हैं कि ये बातें सच हैं!... अन्तर्तम में हमारे पास सचमुच कुछ भी ऐसा नहीं है जिसके लिए मर सकें–जिसके लिए सारे जीवन को हम धनुष की प्रत्यंचा की तरह तान कर उस पर टूट पड़ें।"

विचारों की बात आ गयी तो प्रसंग सुना दूँ। अभी हाल में मेरे एक प्रोफेसर डॉक्टर आलोचक मित्र ने कहा कि इन हिन्दी के उपन्यासकारों को हो क्या गया है कि पहले नायक-नायिका भाई-बहन बनते हैं फिर प्रेमी-प्रेमिका या पति-पत्नी बन जाते हैं। उन्होंने अज्ञेय, देवराज, राजेन्द्र यादव आदि पर चोट करते हुए कहा। मैंने 'उखड़े हुए लोग' का पन्ना 316 खोल कर सामने रखते हुए कहा, उत्तर डॉक्टर साहब यह है। आप भी पढ़ लें–"तुम दादा नहीं कहतीं तो हमें और तुम्हें मिलने कौन देता? सचमुच हमारे समाज में यह स्थिति कहाँ आयी है कि हम लोग साहसपूर्वक कह सकें कि हमारा तुम्हारा सम्बन्ध मित्रता का है, भाई-बहन का नहीं। प्रकृति लेकिन, थोड़े ही रुक जायेगी। वह धीरे-धीरे उन शब्दों को बेकार कर देती है जो उसकी स्वाभाविक गति और प्रवाह को रोकते हैं। देखो, एक हिन्दुस्तानी मध्यवर्गीय-परिवार में पुरुष के गिने-चुने रास्ते हैं; भाई-बहन बन गये, मास्टर-शिष्य बन गये, देवर-भाभी या फिर जीजा-साली और कोई रास्ता ही नहीं है। आखिर प्रकृति को भी तो इन्हीं में अपना रास्ता खोजना है–और शब्द पके छिलके की तरह व्यर्थ हो जाते हैं।"

वातावरण के निर्माण और चित्रण के यादव जी माहिर हैं। एक-दो उदाहरण पर्याप्त होंगे–अस्पताल का दृश्य, पार्टी का नज्जारा पाठक जल्दी अपने नेत्रों से हटा नहीं सकता। 'सेक्स' कैसे हावी है समाज के सभी वर्गों पर–आइए पार्टी में यह सब देख लें और राजेन्द्र यादव अपनी भूमिका में चाहे जितना इस अवास्तविक का 'इल्यूज़न' देना चाहें यह सब नितान्त सत्य है इतना भर मैं कहना चाहूँगा।

'आलोचना' के एक अंक में राजेन्द्र यादव ने व्यक्ति के निर्माण की बात उठाते हुए कथाकारों से भविष्य के मनुष्य को भी समेटने का आग्रह किया था। मेरा उन पर मुख्य आरोप केवल यही है कि वे भी भविष्य का आदमी नहीं ला पाये। 'बीतती' या चलती संस्कृति के ही आदमी हैं। उन्हीं के उपन्यास से शब्द लें तो 'छिन्न-मूल भविष्य-हीन' प्राणियों की यह कथा है। और यह विशेषण जितना देशबन्धु जी के लिए सच है उतना ही शरद और जया के लिए भी। यों उनके चरित्र बहुत उभर कर स्पष्ट रूप में आये हैं।

पुराने ढंग के आलोचक तुलसी, बिहारी आदि के कुछ शब्दों आदि को लेकर उनकी बहुज्ञता सूचित करते रहते हैं। 'राजेन्द्र यादव' विश्व के कथा साहित्य के प्रबुद्ध पाठक हैं, यह पद्मा, जया और शरद की बातचीत से स्पष्ट हो गया है पर यदि उनके जैसा कुशल कथाकार इस 'माचवेपन' से बचा रहे तो अधिक अच्छा।

बातें तो और भी बहुत कहनी हैं पर स्थान की सीमा है अतः एक वाक्य में फिर यह कहना चाहूँगा कि मैं प्रस्तुत उपन्यास को हिन्दी के महत्त्वपूर्ण उपन्यासों में मानता हूँ और 1956 की एक प्रमुख उपलब्धि गिनता हूँ।

कलजुग : फरवरी, 1957

आत्मनेपद

आत्मनेपद के 'निवेदन' में अज्ञेय ने पुस्तक की केन्द्रस्थ संवेदना का स्पष्टीकरण करते हुए बताया है, "...सारी पुस्तक ही अपने विषय में है—अपने व्यक्ति के, अपने जीवनानुभव के, अपनी रचना की प्रवृत्तियों के, अपने विश्वासों के और उन सूक्ष्म तत्त्वों के जिन्हें लेखक अपने कर्म के बुनियादी मूल्य या प्रतिमान मानता है...।" अज्ञेय पर एक आरोप इतना अधिक लगाया गया है कि वह सामान्य पाठक के लिए सचाई बन गया प्रतीत होता है। यह आरोप है कि वे अहंवादी कलाकार हैं। सचाई की प्रामाणिकता की स्थिति को प्राप्त कर लेने वाले इस आरोप ने स्पष्टतः अज्ञेय जी को पीड़ित किया है। अतः इस पुस्तक के उन अंशों में जहाँ पर लेखक ने अपनी कृतियों या कृतिकार के बारे में कुछ कहा है, एक ऐसा स्वर उभर आया है जो अभियुक्त की सफाई में प्राप्त होता है। लेखक ने इस पराजय को स्वयं अनुभव किया है—"स्वयं जब-जब चर्चा करनी पड़ी है। उसे मैंने लेखक की हैसियत से अपनी पराजय ही समझा है।" इन चर्चाओं में ही नयी भूमिका वाले निवेदन में भी लेखक ने यह साफ करना चाहा कि ये कृतियाँ आत्मचेतन होते हुए भी अहंलीन नहीं हैं। इस अभियुक्त-स्थिति का जो सचेतन बोध है, उसने, इसी कारण, इन अत्यन्त समर्थ गद्य-कृतियों में वह असम्पृक्ति और तटस्थता नहीं आने दी है जिसे लेखक ने अपना लक्ष्य आदर्श या काम्य बताया है।

अगर पुस्तक-समीक्षक एवं सामान्य पाठक की आमने-सामने भेंट हो जाये तो मेरा अनुमान है कि पाठक यह जानना चाहेगा कि वह अमुक पुस्तक क्यों पढ़े? यानी कि उस पुस्तक में क्या-क्या पढ़ने योग्य है? प्रस्तुत समीक्षक यह अनुमान करके चल रहा है कि एक पाठक को वह इन प्रश्नों का उत्तर दे रहा है। मैं उसे उत्तर देना चाहूँगा कि यदि आप हिन्दी के प्रबुद्ध पाठक हैं तो निश्चित ही 'अज्ञेय' की रचनाओं से आप परिचित होंगे; उन्हें पढ़ा होगा, पसन्द भले ही न किया हो। ऐसी स्थिति में यह मान कर चलना होगा कि आप अज्ञेय के सृजन-कर्म और प्रक्रिया, सृजित कृति के मूल में विद्यमान अभिप्राय या मुख्य 'थीम' आदि के बारे में जिज्ञासु होंगे और 'आत्मनेपद' में इन प्रश्नों के उत्तर मिल जायेंगे। हाँ, यहीं पर यह कह देना उचित रहेगा कि कृतिकार अज्ञेय द्वारा प्रकट किये गये इन विचारों के आधार पर

उनका मूल्यांकन करने के लिये कोई आपको बाध्य न करेगा, क्योंकि सृजन के बाद कृतिकार भी बहुधा पाठक की हैसियत में ही आ जाता है एवं अज्ञेय जैसे सजग-बोध एवं आत्मचेतना वाले व्यक्ति अपने अभिप्रायों या रचना-प्रक्रिया को युक्तिसिद्ध भी कर सकते हैं या हो सकता है कि आप अज्ञेय के समान कवि-व्यक्तित्व को इतना स्फीत न करना चाहें कि कविता तभी उपयोगी होती है जब कवि उपयोगी होता है; अथवा मौन को ही अन्तिम उक्ति नहीं भी मान सकते हैं बल्कि मौन की यह स्थिति कवि की असमर्थता लगे आपको। यह भी सम्भव है कि 'मैं हूँ' के स्थान पर 'मैं ही नहीं कुछ और भी' को आप जीवन-बोध मानें। अज्ञेय भी यदि हीगेल जैसे भाववादी दार्शनिकों के समान जीवनानन्द के अपने नुस्से को 'काव्य नहीं काव्य से आगे की बात' मानते हैं तो आप प्राचीन भारतीय काव्य-परम्परा के अनुसार काव्य के आगे की सत्ता को नहीं भी सकार सकते हैं।

अस्तु इस पुस्तक में आप जान सकते हैं कि अज्ञेय जी जन्मजात कवि थे—उन्हें शैशव में ही लय का ज्ञान हो गया था। वे अपनी 'पहली कविता' भी आपको बता देते हैं। 'स्थिर हो गयी पत्ती' में रचना की दुर्निवारता और अभिव्यक्ति की एक अनिवार्यता ही नहीं, अज्ञेय की रचना-प्रक्रिया के भी दर्शन मिलेंगे। रचना-प्रक्रिया का और भी घना अवबोध आपको 'मन से परे', 'मैं क्यों लिखता हूँ', 'जो न लिख सका' आदि में प्राप्त हो सकता है। यही नहीं, और आगे बढ़ कर अपने काव्य (समसामयिक भी) की प्रवृत्तियों तथा शिल्पपक्ष के प्रतीकों आदि का भी परिचय वे देते हैं। अज्ञेय पर यह आरोप भी आपने सुना होगा कि वे साधारणीकरण को नहीं स्वीकार करते। परन्तु इसका स्पष्ट खण्डन उन्होंने किया है। लेखक के अनुसार, "जो व्यक्ति का अनुभूत है, उसे समष्टि तक कैसे उसकी सम्पूर्णता में पहुँचाया जाये—यही पहली समस्या है जो प्रयोगशीलता को ललकारती है।" और इसी प्रसंग में आधुनिक काव्य-भाषा के प्रश्न पर उन्होंने विचार किया है। 'शेखर' एवं 'नदी के द्वीप' के पात्रों, उपयोग, उनमें व्यंजित यथार्थ या नैतिक समस्याओं पर लेखक ने विचार किया है—यद्यपि इस अंश में कथानक-शिल्प सम्बन्धी विश्लेषण का अभाव खटकता है।

परन्तु मैं देख रहा हूँ कि मेरे उद्दिष्ट पाठक की भृकुटियाँ कुंचित हो रही हैं। मानो वह कहना चाहता है कि हे समीक्षक महोदय, आपका यह व्याख्यान मैंने अब तक धैर्य से सुना है, पर अब नहीं सुनूँगा। अज्ञेय की कृतियों में मेरी दिलचस्पी जरूर है पर केवल अज्ञेय में ही नहीं। समसामयिक साहित्यिक क्षेत्र में और भी कलम के धनी कलाकार हैं, उनमें और उनकी कृतियों में मेरी दिलचस्पी है, और उनमें से कई तो अज्ञेय जी की अपेक्षा अधिक भाते हैं। पर मेरे दोस्त पाठक! इस पुस्तक को आप केवल अज्ञेय-साहित्य की व्याख्या के रूप में ही नहीं पढ़ेंगे। इसमें एक कलाकार ही नहीं तत्त्वाभिनिवेशी आलोचक के सचेत विचार भी हैं जो उसने समसामयिक साहित्यिक समस्याओं पर व्यक्त किये हैं। मुझे याद पड़ता है कि 'आलोचना' पत्रिका के किसी

अंक में श्री नलिन विलोचन शर्मा ने इस बात पर दुःख प्रकट किया था कि 'त्रिशंकु' के लेखक ने समीक्षाएँ लिखनी क्यों बन्द कर दी हैं? 'त्रिशंकु' के लेखक ने और अधिक शक्ति और मौलिकता के साथ ये समीक्षात्मक टिप्पणियाँ या निबन्ध लिखे हैं। प्रतिष्ठाओं का मूलस्रोत, भारतीयता, नये लेखक की समस्याएँ, पत्र-साहित्य और पुस्तक-साहित्य, हिन्दी पाठक के नाम, लेखक और प्रकाशक, कवि-कर्म : परिधि, माध्यम, मर्यादा, प्रतीकों का महत्त्व, श्लील और अश्लील आदि ऐसे ही निबन्ध हैं। इन समीक्षा-प्रयासों की एक बड़ी विशेषता आपको दिखेगी कि शास्त्रीय आलोचनाओं की एकरसता के स्थान पर ये अत्यन्त आत्मीय एवं सरस पाठ्य हैं। इसके अतिरिक्त पिष्टपेषण या चर्वितचर्वण भी इनमें प्राप्त नहीं होता। कहना यों चाहिए कि आपको इस पूरी पुस्तक में ऐसी अभिव्यक्तियाँ प्रचुर मात्रा में मिलेंगी जो साम्प्रतिक साहित्य को समझने में सहायक होंगी। 'प्रवृत्ति : अहं का विलयन' में रेडियो पर किये गये सव्याख्या कविता पाठ से व्याख्या वाले अंश एकत्र कर दिये गये हैं पर इसी उपचार से नयी कविता की विविध प्रवृत्तियों का संकेत हो गया है। इसी प्रकार शेखर से साक्षात्कार में पात्र रचना तक लेखक और पात्र का सम्बन्ध स्पष्ट हुआ है। इस प्रकार अलग से लिखे गये समीक्षा-निबन्धों या टिप्पणियों के अतिरिक्त वैयक्तिक चर्चा वाले अंशों में भी पर्याप्त चिन्तन-सामग्री मिल सकती है। 'एकान्त साक्षात्कार' वाले अंशों में भी एक प्रकार की तटस्थता के हमें दर्शन होते हैं।

और मेरे दोस्त, यदि इन सबमें भी आपकी रुचि नहीं है तो हो सकता है कि अज्ञेय के समान ही 'अच्छा गद्य पढ़ने में' आपको भी 'अनिर्वचनीय आनन्द' मिलता है। कहना न होगा कि प्रस्तुत पुस्तक में ऋजु और सहज आत्मीय, शक्तिशाली और दृप्त; वैयक्तिक एवं विषयपरक गद्य के श्रेष्ठतम स्तरों के पाठ का रस मिलेगा। इस रसास्वाद के लिए हम आपको आमन्त्रित करते हैं, पर एक चेतावनी के साथ कि इनमें आप बहें नहीं, केवल पढ़ें और समझें, अन्यथा आप जानते हैं कि श्रेष्ठ और शक्तिशाली गद्य बहुधा बहा ले जाता है। इस सारे अध्ययन में स्वतन्त्रता, सांस्कृतिक स्वाधीनता, विवेक जैसे कतिपय शब्दों से तनिक सावधान रहने की भी आवश्यकता है। साम्यवाद का अन्ध-विरोध कभी-कभी ऐसी स्थितियों में पहुँचा देता है जहाँ केवल ऐसे शब्द रह जाते हैं, उनका अर्थ खो जाता है।

अज्ञेय हिन्दी के उन कतिपय लेखकों में हैं, जिन्होंने अन्य लेखकों को काफी प्रभावित किया है और वे ऐसे सशक्त लेखक हैं कि हिन्दी साहित्य के इतिहास में उनका अपना स्थान अवश्यंभावी है। किन्तु ऐसे सशक्त लेखक भी प्रकाशक के, शब्दों के साथ विभक्तियों को मिलाने के, दुराग्रह के सामने जब झुक जाते हैं तो औरों का क्या कहना। अज्ञेय जी से आशा की जा सकती है कि भविष्य में वे अपने प्रकाशकों से वर्तनी के सम्बन्ध में भी अपनी शर्त रखेंगे।

कल्पना : जुलाई, 1961

मानव मूल्य और साहित्य

'प्रस्तुत पुस्तक में तीन खण्ड हैं। पहले में मानवीय तत्त्व का विघटन, दूसरे में नयी मर्यादाओं का उदय और तीसरे में विविध सन्दर्भों में नये मूल्यों का दिग्दर्शन प्रस्तुत किया गया है।' जैसा कि शीर्षक और उपर्युक्त योजना से भासित होता है, पुस्तक में साहित्य का विचार मानव-मूल्यों की दृष्टि से किया गया है। विस्तार से परिचय या विश्लेषण के पूर्व पूरी पुस्तक पढ़ने से जो धारणा उत्पन्न होती है, उसका उल्लेख कर देना आवश्यक है। समस्त पुस्तक में स्थापनाओं की जो प्रणाली है उससे ऐसा प्रकट होता है कि मनुष्यता अब तक बराबर गहनगर्त में गिरती गयी है और अब एक नये दायित्व का अनुभव कुछ विचारकों ने किया है एवं इधर के नये काव्य में ही इन मानव मूल्यों की यत्किंचित् अभिव्यक्ति हो सकी है। लेखक के अनुसार, 'समस्त मध्यकाल में इस निखिल सृष्टि और इतिहास-क्रम का नियन्ता किसी मानवोपरि अलौकिक सत्ता को माना जाता था।...ज्यों-ज्यों हम आधुनिक युग में प्रवेश करते गये त्यों-त्यों इस मानवोपरि सत्ता का अवमूल्यन होता गया। मनुष्य की गरिभा का नये स्तर पर उदय हुआ...। लेकिन, जहाँ एक ओर सिद्धान्तों के स्तर पर मनुष्य की सार्वभौमिक सर्वोपरि सत्ता स्थापित हुई, वहीं भौतिक स्तर पर ऐसी परिस्थितियाँ और व्यवस्थाएँ विकसित होती गयीं तथा उन्होंने ऐसी चिन्तनधाराओं को प्रेरित किया जो प्रकारान्तर से मनुष्य की सार्थकता और मूल्यवत्ता में अविश्वास करती गयीं।...मनुष्य दिनोंदिन निरर्थकता की ओर अग्रसर प्रतीत होता है।' इस प्रकार पश्चिम के सांस्कृतिक संकट को मानवीय विघटन के रूप में देखने का प्रयास भारती ने प्रथम खण्ड के पहले दो अध्यायों (1) अन्तरात्मा के ध्वंसावशेष (2) अवरुद्ध सृजनात्मकता—में किया है। यूरोप के 19वीं शती के तीन प्रमुख चिन्तकों नीत्शे, मार्क्स और फ्रायड के आधार पर भारती ने प्रथम अध्याय में इस विघटन को दिखाना चाहा है। नीत्शे ने मनुष्य को वर्तमान से काटा, मार्क्स ने उसे विकल्पहीन बनाया और फ्रायड ने संकल्पहीन, और एक ही साथ रोमाण्टिक विचारकों और किपलिंग आदि को (पता नहीं समय के किस मापदण्ड से) देखना चाहा है। (पृ. 22) अस्तु इसी धरातल पर दूसरा अध्याय लिखा गया है जिसमें कि आधुनिक पश्चिमी साहित्य में अवरुद्ध सृजनात्मकता बताई गयी है।

इस सम्बन्ध में रूस और अमरीका की श्रेष्ठतम वैज्ञानिक उपलब्धियाँ स्मरण हो आती हैं और यह पूछने को मन करता है कि सृजनात्मकता का क्षेत्र मानवीय कार्य-व्यापार में क्या केवल साहित्य तक ही सीमित है। फिर अवरुद्ध सृजनात्मकता के जो लक्षण भारती ने गिनाने चाहे हैं वे किसी प्रकार भी आत्यन्तिक मापदण्ड नहीं माने जा सकते। संघर्ष करना या जूझना यदि नायक की कसौटी है तो फिर बेचारे भारतीय धीरोदात्त नायक-टाइपों को व्यर्थ ही कोसा जाता है। वास्तव में भारती का यह मापदण्ड भी एक प्रकार का साहित्येतर नैतिक मापदण्ड है। यदि काफ़्का जैसे उपन्यासकारों में बेबसी और घुटन का मार्मिक चित्र है, यदि लारेन्स में पुंसत्वहीनता और दीवालियापन की सबसे 'मार्मिक चोट' है तो इसमें कला का दायित्व कहाँ पर नष्ट हुआ? बहरहाल, इस अध्याय की एक और विशेषता है कि इसमें सांस्कृतिक संकट के मूल कारण पूँजीवाद की पहले-पहल चर्चा की गयी है—अन्यथा पहला अध्याय विचारकों तक ही सीमित रह गया था, व्यवस्था तक पहुँचा ही नहीं था। इसी अध्याय में यह भी घोषणा है कि 'यह सोवियत प्रयोग भी असफल रहा...' परिणामस्वरूप पश्चिम का संकट और गहरा गया।

इस प्रकार विचारक से व्यवस्था और व्यवस्था से भूभाग पर पहुँच कर एशिया की चर्चा 'एक भव्य अतीत का अनिश्चित भविष्य' में होती है। इस अध्याय को हम सचमुच ही ऐतिहासिक विकास की दृष्टि से तत्त्वाभिनिवेशी मान सकते हैं। 'एशिया-अवधारणा' का विकास और उसकी अनिश्चित-सी स्थिति का संकेत किया गया है। यह बात इस सन्दर्भ में अधिक महत्त्वपूर्ण हो जाती है कि आज के अनेक 'यूरोपीय लेखक, चिन्तक और बुद्धिजीवी एशिया की ओर आकर्षित हुए।' यहीं मैं यह याद दिलाना चाहूँगा कि ये चिन्तक अब कुछ निराश हो चले हैं (देखिए, आर्थर कोएस्लर की पुस्तक, 'दी लोटस एण्ड दी रोबस्ट')। इस निराशा का कारण ढूँढ़ना भी मज़ेदार होगा। पूँजीवाद के ज़बरदस्त अमानवीय चक्र में फँसे ये चिन्तक एशिया की आध्यात्मिकता में शरण खोजने आते हैं और यहाँ देखते हैं कि एशिया अब रहस्यदर्शी न रह कर यथार्थदर्शी हो गया है। अपनी आर्थिक व्यवस्था को दृढ़ कर रहा है, शिक्षा फैला रहा है, नवजागरण का तूर्य बजा रहा है। पश्चिम के ह्रासोन्मुख चिन्तकों को इस जागरण से क्या लेना-देना?

वस्तुतः 'मानवतावाद' की संज्ञा विचारों के क्षेत्र में नयी नहीं है। नवोत्थान का अभ्युदय तमाम पूँजीवाद प्रेरित जागरण की 'मानवता' के नाम पर ही हुआ था। इन शब्दों का अर्थ बराबर बदलता गया है। मैं समझता हूँ कि 'मानव' सम्बन्धी धारणा के इस परिवर्तमान रूप को ऐतिहासिक सन्दर्भ में देखने का प्रयास इस पुस्तक में प्राप्त नहीं होता। इसी कारण स्थिति इतनी भयावनी बन कर सामने आती है।

अस्तु, एशिया की चर्चा के बाद लेखक अगले दो अध्यायों 'निर्माणपरक दायित्व और राष्ट्र' तथा 'हाथीदाँत की भारतीय मीनारें' में भारतवर्ष की परिस्थिति पर विचार

करता है और सारे स्वातन्त्र्य आन्दोलन को एक प्रकार की 'हिप्नोटाईज़' करनेवाली प्रक्रिया के रूप में देखने का आग्रह करता है। और इसी सन्दर्भ में पुराने लेखक की विच्युति और नये लेखक की दायित्वपरकता वे बताते हैं। भारतीय चेतना के विकास का वर्णन पढ़ चुकने के बाद यह स्पष्ट नहीं होता कि लेखक को करना क्या चाहिए। राजसत्ता के समक्ष लेखक अपनी स्वतन्त्र स्थिति किसी भी मूल्य पर बनाये रखे, इतना कह देना पर्याप्त नहीं है। प्रश्न यह उठता है कि वह कौन-सी व्यवस्था हो जिसमें न तो उसे क्लीव बनाया जाये और न साधन; जिस व्यवस्था के भीतर राजसत्ता के समक्ष ही नहीं व्यावसायिक प्रकाशक के दबाव के नीचे भी वह बचा रह सके। जब तक इसका उत्तर नहीं मिलता, तब तक इस एशिया या भारत के दायित्व के कोई अर्थ नहीं होते क्योंकि उन्हीं व्यवस्थाओं के स्वीकरण से हम वैसे ही संकट में न पहुँचेंगे, इसकी कोई भी गारण्टी नहीं है।

इस विराट् सांस्कृतिक सर्वभाषा के भीतर से जो कुछ शुभ अंकुर उगते दिखते हैं उनके आधार पर अगले खण्ड 'नयी मर्यादा का उदय' में समाधान दिखाया गया है। इस अध्याय के अनुसार साहित्य की मर्यादा प्रगति है और प्रगति की मर्यादा आचरण; आचरण की मर्यादा स्वातन्त्र्य है और स्वातन्त्र्य मर्यादित होता है दायित्व से तथा अन्ततोत्वा हमारा दायित्व मानवीय मूल्य के ही प्रति है। इस सबको सिद्ध करने में देशी-विदेशी विचारकों, कवियों (जिन्हें वे मानवीय विघटन के प्रसंग में भी उद्धृत कर चुके हैं) के उद्धरणों का ऐसा घटाटोप छा गया है कि मूल बात हाथ से छूटती प्रतीत होती है और बहुधा ऐसा लगता है कि यह एक प्रकार की अनर्थक भाषा है, जिस पर आधुनिक ईसाई चिन्तकों का गहरा प्रभाव है।

समीक्षा के आयाम, सृजन-प्रक्रिया का मानवीय धरातल, उपन्यास और आत्मान्वेषण, नयी कविता और दायित्व की आन्तरिकता—'नये मूल्य और विविध सन्दर्भ' के अन्तर्गत लिखे गये हैं। पीछे जिन मानदण्डों को भारती ने निर्धारित किया है, उनके आधार पर हिन्दी-साहित्य के कतिपय पक्षों को देखने का प्रयास इस खण्ड में किया गया है। यह अंश प्रस्तुत पुस्तक का सबसे कमजोर हिस्सा है। यों तो समस्त पुस्तक में ही अन्विति का अभाव और बिखराव है—लगता है कि प्रत्येक अध्याय अपने आप में एक पृथक् निबन्ध है, पर इस खण्ड में यह विशृंखलता सबसे अधिक विद्यमान है। सैद्धान्तिक स्तर पर उनका समीक्षापरक चिन्तन विविध लेखकों के उद्धरणों के सहारे प्रभावकर बन जाता है परन्तु इन व्यावहारिक समीक्षा-निबन्धों का स्तर कहीं भी बहुत ऊँचा नहीं उठता। कभी-कभी तो विचित्र-से निष्कर्ष सामने आते हैं : टाल्स्टाय के 'वार एण्ड पीस' की महत्ता इसलिए है कि उसके चरित्र 'जीवन-प्रक्रिया में आत्मान्वेषण में तल्लीन' रहते हैं। इसी प्रकार अपने सिद्धान्त के चौखटे में फिट करने के लिए नयी तर्क-संगतियों की उद्भावना भी वे कर जाते हैं। साम्यवादी व्यवस्था को वे अवरुद्ध सृजनात्मकता मान ही चुके थे—प्रश्न उठता है

कि गोर्की या लू शुन को कहाँ और कैसे रखा जाये? बस सिद्धान्त का अपवाद ढूँढ़ लिया गया कि इनमें अपने मतवादों के विरुद्ध एक मानवीय दृष्टि उतर आयी है। वे यह भूल गये हैं कि मतवादी लेखक भी बड़ा हो सकता है और बिना मतवाला लेखक छोटा भी हो सकता है।

इस पुस्तक का सबसे बड़ा महत्त्व इस बात में है कि इसने कतिपय प्रश्नों को नये सिरे से उठाया है, कुछ बातें हिन्दी के सन्दर्भ में पहली बार कही गयी हैं और इन पर यदि चर्चा हो तो हमारी समीक्षा को पैना बनने में सहायता मिलेगी।

कल्पना : मई, 1962

दर्शन कम : विवरण अधिक

इतिहास-दर्शन शब्द यों ही अत्यधिक विवादास्पद है फिर साहित्य के इतिहास-दर्शन की विवाद-सम्भावनाएँ और अधिक बढ़ जाती हैं। स्वाभाविक है कि ऐसे विषय पर नलिन विलोचन शर्मा जैसे विचक्षण पण्डित एवं साहित्य-चिन्तक का लेखन बड़ी अपेक्षाएँ जगावे। हम सभी जानते हैं कि आचार्य हजारी प्रसाद द्विवेदी की भूमिका के अतिरिक्त हिन्दी के समस्त इतिहास-ग्रन्थ या तो लेखकों की जीवनियाँ हैं या ढीले सूत्रों में गूँथी आलोचनाएँ। इन पुस्तकों के आधार पर हिन्दी साहित्य के समग्र व्यक्तित्व का भावन नहीं किया जा सकता। पृष्ठभूमि के नाम पर समाज, राजनीति, धर्म या विचारों का छिटपुट विवरण सृजनगत प्रसंगानुकूलता को ध्यान में रखे बगैर दे दिया जाता है। अतः प्रस्तुत पुस्तक की भूमिका का यह प्रारम्भिक अंश ही मन में इस विश्वास को जगाता है कि लेखक सचमुच ही एक ऐसी इतिहास-दृष्टि का बोध देने के लिए सचेष्ट है जो हिन्दी साहित्य को नयी अर्थवत्ता एवं व्यक्तित्व दे सकेगी। यह अंश है : प्रतिज्ञा यह है कि साहित्येतिहास भी, अन्य प्रकार के इतिहासों की तरह कुछ विशिष्ट लेखकों और उनकी कृतियों का इतिहास न होकर, युगविशेष के लेखक-समूह की कृति-समष्टि का इतिहास ही हो सकता है। इस पर सिद्धान्त और व्यवहार दोनों में ही, ध्यान न देने के कारण साहित्यिक इतिहास ढीले सूत्र में गुँथी आलोचनाओं का रूप ग्रहण करता रहा है।

इस प्रकार के वाक्य हिन्दी में पहले भी कहे गये हैं पर सवाल इन प्रतिज्ञाओं की शब्दावली नहीं, स्वरूप का होता है। लेखक-समूह की 'कृति-समष्टि' से तात्पर्य क्या है? नलिन जी ने परमानन्द सुहाने के 'हजारा' से जिन 160 कवियों का उल्लेख किया है उनकी 'कृति-समष्टि' से हिन्दी साहित्य के मूल्यांकन और भावन में किस कोटि का अन्तर आ सकता है या आया है? शायद लेखक-समूह को अधिक ध्यान में रखा गया है और तभी लेखक की स्थापना यह भी है कि साहित्यिक इतिहास का विषय भी यदि विस्तार है, तो महान् लेखकों से अधिक महत्त्व उन गौणों का है, जिनसे विस्तार निर्मित होता है। कहना न होगा कि लेखक ने इस स्थापना की तार्किक पुष्टि नहीं की। यदि इसे स्वीकार भी कर लिया जाय तो यह जानना शेष रहता है

कि किस रूप में इन गौणों का महत्त्व अधिक होता है। यदि रीतिकाल में शुद्ध रीति कवियों की अपेक्षा गौण कृष्ण-भक्त कवियों की संख्या अधिक (या रचनाओं का परिमाण ज्यादा) मिले तो रीतिकाल के सर्वेक्षण, अनुशीलन और मूल्यांकन पर क्या प्रभाव पड़ेगा? इसे यों भी पूछा जा सकता है कि इतिहास में 'व्यक्ति' की भूमिका क्या होती है और तमाम 'व्यक्तियों' के समूह की 'कृति-समष्टि' का योगदान क्या होता है? फिर साहित्य के इतिहास में रचनाएँ महत्त्वपूर्ण हैं या रचनाकार? इसी प्रकार कृतियों की समानता अधिक नोट करने योग्य है या पारस्परिक अन्तर?

साहित्येतिहास के बारे में नलिन विलोचन जी की स्थापना है, "ऐतिहासिक बोध, राष्ट्रीय अथवा भाषागत विशेषताओं का विचार, फिर पार्थक्य में अन्तर्निहित सम्पृक्तता का अभिज्ञान तथा युग की प्रवृत्तियों और विकास की चेतना जब प्रयत्न–तत्त्वानुसन्धानवृत्ति से समन्वित होते हैं और शताब्दियों से एकत्र होती हुई सामग्री का वे अपने युग की इदानन्तता की दृष्टि से उपयोग करते हैं, तब साहित्येतिहास का निर्माण होता है।" (भूमिका, पृ. 3) इस आदर्श-सी दिखनेवाली परिभाषा में 'जार्गन' (jargon) दोष प्रबल रूप में आ गया है। इस व्याख्या में दिये गये प्रत्येक शब्द के निश्चित अर्थ, स्वरूप एवं प्रकृति के बारे में लेखक ने पुस्तक में कहीं कुछ नहीं कहना चाहा है। आचार्यों द्वारा गिनाई जानेवाली दर्जनों परिभाषाओं में से एक यह भी बन जाती है। इतना ही नहीं: इस शब्दावली में ग्रथित यह परिभाषा जहाँ कितनी ही 'बातों' की स्थापना करती है–वहीं जो मूल है उस 'रचना' के सम्यक् ग्रहण की उपेक्षा हो गयी है। लगता है कि ढीले सूत्र में गुँथी आलोचनाओं से घबड़ा कर लेखक 'रचना और आलोचना' का ही परित्याग कर देता है। इस सम्बन्ध में नलिन जी ने शायद इस बात पर ध्यान नहीं दिया है कि अन्तर्भावी शब्द आलोचना है, न कि इतिहास। ऐतिहासिक बोध आलोचना-व्यापार का आन्तरिक अंग है। यों इतिहास-दृष्टि-विरहित आलोचक की रचना में शास्त्र-जड़ता आ जाती है और आलोचना-दृष्टि से 'मुक्त' इतिहासकार सूचीपत्र बनाते हैं। पं. रामचन्द्र शुक्ल की आलोचना-सम्बन्धी भूलें इतिहास की भी भूलें हैं। दूसरा सवाल उठता है कि यह 'ऐतिहासिक बोध' है क्या? पूछा जा सकता है कि समसामयिक जीवन का बोध ही क्या अपने-आप में ऐतिहासिक बोध नहीं है? इसी प्रकार यह प्रश्न भी महत्त्वपूर्ण है कि क्या किसी एक बिन्दु (यानी एक रचना या रचनाकार को लेकर) को आधार बना कर पूरी ऐतिहासिक परम्परा का आकलन नहीं किया जा सकता?

साहित्य के इतिहास-दर्शन की मुख्य समस्या है कि साहित्यिक इतिहास को 'साहित्य' भी होना चाहिए और 'इतिहास' भी। ऐसे लेखन की विविध व्यावहारिक कठिनाइयों के साथ ही कुछ व्यावहारिक पद्धतियों के सुझाव वेलेक एवं वॉरेन ने अपने ग्रन्थ 'थियोरी ऑफ लिट्रेचर' के 'लिटरेरी हिस्ट्री' वाले अध्याय में दिये हैं। सौभाग्य से नलिन जी ने इस अध्याय का अविकल अनुवाद अपनी पुस्तक के पाँचवें

अध्याय के रूप में प्रस्तुत कर दिया है।[1] बीच-बीच में हिन्दी से सम्बन्धित दो-चार वाक्य जोड़कर उन्होंने उसे प्रस्तुत सन्दर्भ से सम्बद्ध करने की चेष्टा भी की है।

वेलेक और वॉरेन ने साहित्येतिहास को समाजशास्त्र एवं मनोविज्ञान की नितान्त यान्त्रिक व्याख्याओं से बचाने के लिए एक महत्त्वपूर्ग सुझाव दिया है, 'कि ऐतिहासिक प्रक्रिया को किसी मूल्य या आदर्श (Norm) से सम्बद्ध किया जाय। केवल तभी घटनाओं की ऊपर से निरर्थक लगनेवाली श्रेणी अपने तत्त्वभूत उपकरणों में विभक्त हो सकती है। ऐसी स्थिति में ही हम एक ऐसे ऐतिहासिक विकास की बात कर सकते हैं, जो घटना विशेष की वैयक्तिकता को अक्षुण्ण रहने दे।' गोकि मूल्यों की वस्तुगत स्थिति को लेकर इस धारणा के आगे भी प्रश्नचिह्न लगाया जा सकता है, फिर भी यह पद्धति आजमाने योग्य है। शायद ऐतिहासिक प्रक्रिया को मूल्यों से सम्बन्धित करने की चेष्टा ही में लेखक ने पन्द्रहवें अध्याय में 'हिन्दी साहित्य की महान् परम्पराएँ' गिनाई हैं। पर यह बात लिखने में तनिक कष्ट होता है कि इस अध्याय के कारण यह पुस्तक जितनी छिछली हो गयी है, उतनी अन्यत्र कहीं लक्षित नहीं होती। अन्य अध्यायों में यदि मौलिक चिन्तन नहीं तो कम-से-कम लेखक के सुपठित व्यक्तित्व की छाप अवश्य मिलती है। उसके अनुसार 'अतीत की अपरिहार्य अनुभूति' और अतीत को वर्तमान से सम्बद्ध करने की आवश्यकता—इन दोनों सिद्धान्तों के तनाव में ही लेखक के परम्परा विशेष से सम्बन्ध का 'आधार' होता है। स्वाभाविक है कि हिन्दी साहित्य के इतिहास का अध्येता इस अनुभूति एवं सम्बन्ध के बोध के लिए इन परम्पराओं को ललकपूर्वक देखे।

अस्तु, नलिन जी ने हिन्दी साहित्य की मुख्य परम्पराएँ पाँच मानी हैं : भौतिकता, यथार्थता, मानववाद, मानवतावाद तथा धार्मिकता। पूछा जा सकता है कि संसार का वह कौन-सा साहित्य है जिसमें ये पाँचों परम्पराएँ विद्यमान नहीं हैं? संसार की किस भाषा का साहित्य भौतिक एवं यथार्थ को व्यक्त नहीं करता; कहाँ के साहित्यकारों ने मानव या मानवता के द्रोह को वाणी नहीं दी है, और धार्मिकता किस-किस देश के पंक्तिपावन साहित्य में अस्पृश्या बनी थी? हमारे विधेयवादी इतिहासकारों ने हिन्दी साहित्य की अपनी विशिष्ट वैयक्तिकता तो बताई ही थी पर इस 'परम्परा-विमर्श' ने तो एकदम सरलीकृत स्तर पर इसे उतारने की चेष्टा की है। इसके अतिरिक्त इन परम्पराओं की वह मूल्यगत सम्पृक्ति भी स्थापित नहीं की गयी है जिससे कि परम्परा के युग एवं व्यक्ति के साथ बदलते रूप को स्पष्ट किया जा सके। तुलसीदास एवं अज्ञेय की 'धर्मचेतना' का रूपगत एवं मूल्यगत अन्तर क्या है?

हिन्दी में पहली बार इस विषय पर कुछ जम कर कहने का प्रयत्न हुआ है। सम्भव है कि इसी कारण पुस्तक का समग्र व्यक्तित्व विवरण प्रधान, सूचनावादी या 'बातों के संग्रह वाला' हो गया है। पर अलग-अलग पूरी पोथी में अनेक चमत्कार

1. लेखक ने अध्याय को अनुवाद न कहकर उस पर आधृत बताया है।

सूत्र, अर्थगर्भ मन्तव्य एवं सूझ-बूझ की परिचायक धारणाएँ मिल जाती हैं—पर एक स्पष्ट व्यवस्था में न होने के कारण उनका कोई पैना प्रभाव नहीं पड़ता। नलिन जी ने जहाँ पर हिन्दी साहित्य के इतिहास-ग्रन्थों का विश्लेषण किया है, वहाँ उनकी प्रखर-प्रज्ञा ने मूल्यांकन-क्षमता का ठीक परिचय दिया है। इस अंश में 'विधेयवाद' का खण्डन उनका मुख्य लक्ष्य प्रतीत होता है और इसीलिए उनकी कसौटी 'विधेयवादी प्रवृत्तियों' को ढूँढ़नेवाली रही है। पिछले दशक में डॉ. नामवर सिंह ने अपने लेख 'इतिहास का नया दृष्टिकोण' में भी हिन्दी के साहित्येतिहास-लेखन के विकास का विश्लेषण किया था। पर उनकी कसौटी 'सामाजिक विचारों' पर अधिक बल देती है। शायद नलिन जी ने अपनी कसौटी को अधिक साहित्यिक बनाना चाहा है। उन्होंने 'हिन्दी साहित्य के बृहद् इतिहास' की योजना की खामियों एवं असंगतियों का जो खरा निर्देश किया है, वस्तुतः इस पुस्तक का वह बहुत बड़ा योगदान है। काश, उसके निर्माता पण्डितगण नलिन जी के इन विचारों को पढ़-समझकर स्वीकार कर सकते—पर शायद यह दुराशामात्र है।

कहना चाहूँगा कि प्रस्तुत पुस्तक हिन्दी साहित्य के गम्भीर अध्येताओं के लिए 'अवश्य पठनीयों' में से है। चूँकि नलिन जी से अपेक्षाएँ बड़ी थीं इसीलिए कमजोरियों की ही चर्चा अधिक हुई है—पर इससे पुस्तक अमहत्त्वपूर्ण नहीं बन जाती।

समीक्षा : 1961

'61 में हिन्दी समीक्षा के विविध रूप

इस बात को सिद्ध करने में शायद बहुत परिश्रम न करना पड़े कि गालियाँ सभी देशों में दी जाती हैं और हमेशा (या बहुत पुराने समय से) दी जाती रही हैं, पर गाली खाने वाले पात्र जरूर बदलते रहे हैं। यों तो इस सम्बन्ध में पूरी रिसर्च की जा सकती है (हिन्दी के अनुसन्धित्सु इससे लाभ उठावें) पर इतना तो हमने भी ध्यान दिया है कि पिछले दो-तीन साल से 'नयी कविता' को गालियाँ कम मिल रही हैं (और मिल भी रही हैं तो वहाँ, जहाँ स्वयं नये कवि ही अपने को 'गरिया' रहे हैं) पर इधर हिन्दी आलोचना को इस क्षेत्र में आलम्बन बनने का सुअवसर(?) प्राप्त हो गया है। कोई उपन्यासकार भुजा उठाकर आलोचक के अध्ययन को चुनौती देता है तो कोई कवि उसकी मोटी बुद्धि के लिए ललकारता है। कोई कहता है कि सब मिलाकर हिन्दी आलोचना विभिन्न विश्वविद्यालयीय अखाड़ों का दंगल है तो किन्हीं महाशयों के अनुसार वह निहायत गैरजिम्मेदार है। ऐसी हालत में 'धर्मयुग' के पाठकों को 1961 की हिन्दी आलोचना की गति-प्रगति का हाल बताना जरा खतरे का ही काम है।

एक गप्प का खण्डन

खतरा इसलिए कि मैं इस बात से सहमत नहीं। अपनी धारणा को साफ करके कहूँगा—आलोचना एक सचेत बौद्धिक क्रिया है। यदि इस देश में विद्या-बुद्धि का कुछ प्रसार हुआ है, चेतना कुछ प्रबुद्ध हुई है तो उसका प्रतिफलन हर दिशा में होना चाहिए, रचना में भी और आलोचना में भी। यों इसके जवाब में यह कहा जा सकता है कि जिस प्रबुद्ध व्यक्ति में यह शक्ति है, दुर्भाग्य से, वह हिन्दी का पेशेवर समीक्षक नहीं है। पर मैं इसी गप्प (मिथ) का खण्डन करना चाहता हूँ।

इस प्रबुद्ध चेतना को अनेक पक्षों, कोनों या क्षेत्रों से उभरता हुआ देखा जा सकता है। प्रमाण चाहिए : 'एनकाउण्टर' के एक अंक में अंग्रेजी लेखक जॉन वेन ने भारत पर एक यात्रा लेख लिखा और कुछ अशोभन तथा पत्रकारिता के स्तर

वाले व्यंग्य किये। डॉ. रघुवंश ने 'धूल, तिलचट्टों तथा अपाहिजों का देश' में जिस सैद्धान्तिक स्तर पर उसका उत्तर दिया है, वह किसी भी भाषा के लिए गर्व की बात है। इसी प्रकार खुशवन्तसिंह के 'इण्टरनेशनल लिटरेरी एनुअल' में प्रकाशित 'इण्डियन लिटरेरी सीन' नामक बेहूदे निबन्ध पर अक्ष्योभेश्वरी प्रताप, महेन्द्रशंकर एवं शालिग्राम शुक्ल की टिप्पणियाँ सचेतनता की द्योतक हैं। निराला और हेमिंग्वे की मृत्यु पर सम्पादकीय टिप्पणियाँ (कृति, ज्ञानोदय, धर्मयुग आदि) विश्वसाहित्य से सम्पृक्ति की द्योतक हैं। विदेशी साहित्यकारों पर दर्जनों लेख हिन्दी पत्रिकाओं की फाइलों से निकाले जा सकते हैं। यह वर्ष रवीन्द्र शतवार्षिकी का था। रवीन्द्र पर इस वर्ष हिन्दी में जितना लिखा और कहा गया उतना बंगला को छोड़कर शायद ही किसी अन्य भाषा में प्राप्त हो। फिर भी 'भारतीय साहित्य पर रवीन्द्रनाथ का प्रभाव' शीर्षक डॉ. नगेन्द्र का निबन्ध एवं रवीन्द्र की चित्रकला पर डॉ. भगवतशरण उपाध्याय के निबन्ध विशेष रूप से उल्लेखनीय हैं।

कुछ महत्त्वपूर्ण सवाल

इन्हें पाठक नितान्त सामयिक प्रतिक्रियाएँ कहकर टाल सकते हैं। पर उन साहित्यिक विवादों को 'प्रतिक्रिया' मात्र कैसे कहा जा सकता है, जो हिन्दी के तमाम लेखकों के मन को मथते रहे हैं और जो हिन्दी आलोचना के चिन्तन की समृद्धि के सहज ही द्योतक बन जाते हैं? ये प्रश्न बहुधा 1961 के पहले ही उठ गये थे और शायद बाद तक उन्मथित करते रहेंगे। ऐसा एक विवाद्य प्रश्न था कि क्या नयी कविता निष्प्रभ हो रही है? यह प्रश्न सन् 1960 में ही विभिन्न क्षेत्रों में उठाया जाने लगा था। 1961 में 'नयी कविता' के अंक 5-6 में उस पर प्रकाशित एक परिसंवाद में इस प्रश्न पर ध्यान केन्द्रित करने की चेष्टा की गयी और फिर बराबर लिखित या मौखिक रूप में इसकी चर्चा होती रही है। इसी प्रकार 'नयी कहानी' के अस्तित्व को लेकर 'लहर' ने काफी चर्चा कराई। आलोचक किसी बात पर सहमत भले न हुए हों पर उससे कहानी की चर्चा को एक धार अवश्य मिली। और इस बात के लिए डॉ. नामवर सिंह को श्रेय मिलना चाहिए कि उन्होंने कहानी समीक्षा को एक ऊँचे धरातल पर प्रतिष्ठित किया... उसके लिए एक शब्दावली और शैली बनाने में उनका योगदान है।

एक तीसरा विवाद्य प्रश्न इधर उभरकर आया है—आधुनिकता का स्वरूप क्या है? उसका बोध या प्रयोजन क्या होता है? वर्ष के प्रारम्भ में ही डॉ. भारती ने 'कल्पना' में आधुनिकता के बोध पर एक लेख लिखा था। उसकी स्थापनाओं का विवेचन 'कल्पना' में ही ओमप्रकाश दीपक ने करना चाहा। 'कादम्बिनी' में डॉ. रामस्वरूप चतुर्वेदी एवं नित्यानन्द तिवारी ने इस पर विचार किया।

सुना है कि प्रयागी 'परिमल' ने अभी 12 नवम्बर को 'आधुनिकता के स्वरूप और प्रयोजन' पर एक विचारगोष्ठी ही आयोजित कर डाली है।

हिन्दी आलोचना की साम्प्रतिक स्थिति पर विवाद अपने आपमें स्वयं एक समीक्षा-परक सजगता का प्रमाण है। इस सम्बन्ध में विष्णुचन्द्र शर्मा, मुद्राराक्षस या राजकमल चौधरी की लिखी टिप्पणियाँ एवं चर्चाएँ याद की जानी चाहिए।

रचना-प्रक्रिया

पिछले कुछ वर्षों से रचना-प्रक्रिया का विवेचन भी हिन्दी में काफी जोश-खरोश के साथ हुआ (बल्कि इसे पिछले दशक की आलोचना की एक मुख्य उपलब्धि और प्रवृत्ति कहा जाना चाहिए।) इस सम्बन्ध में 'रचना और रचना' निबन्ध में नामवर सिंह ने कुछ जोरदार ढंग से आपत्ति उठाते हुए इस समस्या का दूसरा पहलू भी उपस्थित किया। नामवर सिंह ने इस 'रचना-प्रक्रिया-विवेचन-उत्साह' को सन्तुलित होने में सहायता अवश्य दी है, गोकि वे स्वयं असन्तुलित हो गये हैं। जिस प्रकार के पाश्चात्य प्रभाव उन्होंने इस प्रकार के विवेचनों पर दिखाने चाहे हैं वैसे ही प्रभाव हिन्दी की आलोचना पर भी ढूँढ़े जा सकते हैं। स्वयं 'नयी कहानियाँ' में 'हाशिए पर' उन्होंने फैण्टेसी, नीलमदेश की राजकन्या आदि पर जो बातें कही हैं उनका मूल काफ़्का पर लिखी **गुन्थर एण्डर्स** की पुस्तक में उपलब्ध हो सकता है। पर मैं इसे कमजोरी न मानकर स्वास्थ्य का लक्षण मानने का प्रस्ताव करूँगा।

रचना-प्रक्रिया के इस विवेचन में सच्चिदानन्द हीरानन्द वात्स्यायन की एक टिप्पणी 'रचना : एक नयी जिज्ञासा' (कल्पना, फरवरी 1961) को नहीं भुलाया जा सकता। रचना-प्रक्रिया पर कल्पना, कविताएँ, कृति, रचना, एवं लहर आदि पत्रिकाओं में तमाम पठनीय सामग्री पाठक प्राप्त कर सकते हैं।

पुस्तक समीक्षा : एक माध्यम

हिन्दी में पुस्तक समीक्षकों की बहुत अच्छी परम्परा अब तक नहीं बन सकी है, जबकि समसामयिक साहित्य की अधिकांश चर्चा इसी स्तम्भ के माध्यम से सम्भव होती है, पर यह बात तनिक सन्तोष देती है कि धीरे-धीरे पत्रिकाओं एवं समीक्षकों का ध्यान इस उत्तरदायित्व की ओर गया है। विशुद्ध साहित्यिक पत्रिकाओं को अलग भी कर दिया जाय तो 'धर्मयुग' जैसे लोकप्रिय पत्र में भी इस स्तम्भ पर विशेष ध्यान दिया गया है। पुस्तक पढ़कर जिम्मेदार ढंग से समीक्षाएँ लिखने वालों में 1961 में शरद देवड़ा, ओमप्रकाश दीपक एवं कन्हैयालाल नन्दन अधिक उभरकर आये हैं। यों राजेन्द्र किशोर, राजकमल चौधरी, ओंकार श्रीवास्तव, सन्हैयालाल ओझा, श्रीकान्त वर्मा,

दूधनाथ सिंह आदि ने कुछ अच्छी पुस्तक समीक्षाएँ लिखी हैं। 'उर्वशी' पर आचार्य हजारी प्रसाद द्विवेदी की रिव्यू 'आजकल' में पठनीय है।

जो लोग हिन्दी आलोचना पर परिप्रेक्ष्यहीनता, एकतानता की कमी एवं अध्ययन-सापेक्षता के अभाव की चर्चा करते हैं, उनसे मेरा अनुरोध है कि 'नयी कविता (5-6)' में प्रकाशित विजयदेवनारायण साही का निबन्ध 'लघु मानव के बहाने हिन्दी कविता पर बहस' तथा गजानन माधव मुक्तिबोध की 'कामायनी : एक पुनर्विचार' अवश्य पढ़ें। साही का निबन्ध पढ़ने से हिन्दी की आधुनिक कविता को समझने की एक नयी दृष्टि ही नहीं मिलती, यह भी ज्ञात हो जाता है कि बिना इस निबन्ध लेखक जैसे विस्तृत अध्ययन (साहित्य का ही नहीं आधुनिक काल की राजनीति और उसकी विचारधाराओं का भी) के लिखने बैठना सचमुच ही आलोचना को हल्का बनाना है। पुनर्मूल्यांकन के क्षेत्र का दूसरा महत्त्वपूर्ण प्रयत्न मुक्तिबोध का ग्रन्थ है। 'कामायनी' को जिस सामाजिक-मानसिक धरातल पर मुक्तिबोध ने उद्घाटित किया है, वह नया तो है ही, नयी हिन्दी आलोचना की समृद्धि भी है। पुनर्मूल्यांकन के क्षेत्र में ही इस वर्ष का एक महत्त्वपूर्ण प्रकाशन डॉ. जगदीश गुप्त द्वारा सम्पादित 'हिन्दी-रीतिकाव्य-संग्रह' की भूमिका है। रीतिकाल की व्याख्या करने का नये सिरे से इसमें प्रयत्न किया गया है। यहीं पर 'कृति' के कवितांक में प्रकाशित शमशेर बहादुर सिंह के निबन्ध 'मेरे कुछ प्रिय आधुनिक हिन्दी कवि' को याद कर लेना आवश्यक है। अपने समसामयिक अन्य कवियों के प्रति एक अत्यन्त संवेदनशील कवि की प्रभावात्मक प्रतिक्रियाएँ किसी भी पाठक को सरस लगेंगी, शर्त इतनी ही है कि उसका केवल पूर्वार्द्ध पढ़ा जाय, उत्तरार्द्ध में तो उन्होंने रेवड़ियाँ बाँटी हैं।

पिछले दो दशकों में एक बहुत बड़ी खाई हिन्दी के जीवन्त सृजनात्मक लेखन एवं उच्चतर अध्यापन के मध्य उत्पन्न हो गयी थी, पर इस वर्ष उस खाई को पाटने का एक महत्त्वपूर्ण प्रयास डॉ. नगेन्द्र एवं उनके सहयोगियों द्वारा सम्पादित 'हिन्दी वार्षिकी 1960' है। नव्यतम लेखन, अनुसन्धान एवं साम्प्रतिक प्रवृत्तियों का लेखा-जोखा लेने का जो प्रयास इस पुस्तक में किया गया है, वह, आशा है, ऊपर कहे गये अन्तराल को कम कर सकेगा।

ऊपर मुख्यतः जिन प्रवृत्तियों या प्रश्नों अथवा रचनाओं की चर्चा की है, उनकी सार्थकता मुख्यतः जीवन्त-लेखन के सहवर्ती होने के कारण है। ऐसे गद्यखण्डों में से कुछ चुनकर संग्रहरूप में भी आते रहते हैं। इस वर्ष भी कतिपय अच्छे निबन्ध-संग्रह प्रकाशित हुए हैं। इनमें से जीवन्त-लेखन से सम्बन्धित संकलनों में डॉ. शम्भुनाथ सिंह कृत 'मूल्य और उपलब्धि' तथा डॉ. रामदरश मिश्र का संग्रह 'साहित्य और सन्दर्भ' हैं। यहीं कहीं इन पंक्तियों के लेखक का संग्रह 'आलोचना और आलोचना' भी रखा जा सकता है। एक नये समीक्षक ज्वालाप्रसाद खेतान का निबन्ध संकलन, 'सृजन के आयाम' भी सन्तुलित अध्ययन का द्योतक है। अधिक एकेडेमिक स्वर में लिखे

गये निबन्ध-संग्रह हैं : साहित्य के स्वर (उदयशंकर भट्ट); साहित्यपथ (परशुराम चतुर्वेदी); सारस्वत (डॉ. मुंशीराम शर्मा); एवं काव्य और कला (डॉ. हरद्वारीलाल शर्मा)। हिन्दी की सामयिक समस्याओं पर आचार्य नन्ददुलारे वाजपेयी के विचार 'राष्ट्रभाषा की कुछ समस्याएँ' में पठनीय हैं।

एकेडेमिक स्वर और शोधकार्य

ऊपर अभी हमने एकेडेमिक स्वर की बात कही है। एकेडेमिक तटस्थता के साथ लिखी जानेवाली पोथियों की बड़ी संख्या शोध सम्बन्धी होती है। हिन्दी में शोधकार्य पर बहुत अधिक आपत्ति की गयी है। इस सम्बन्ध में अधिक विचार करने का स्थान यहाँ नहीं है—पर इतना अवश्य कहना चाहूँगा कि हिन्दी में हुआ शोधकार्य इतना नगण्य नहीं है जितना कि हम हिन्दी वाले ही उसे सिद्ध करना चाहते हैं। उसमें एकरसता अवश्य आ गयी है। इस लम्बे-चौड़े देश के अनेक विश्वविद्यालयों में होने वाले हिन्दी शोध का एक अंश प्रकाशित रूप में भी सामने आया है। इनमें से छह शोध-प्रबन्ध मध्यकालीन साहित्य से सम्बन्धित हैं, सात आधुनिककाल से एवं दो भाषाविज्ञान पर हैं। मध्यकालीन साहित्य पर होने वाले शोधकार्य में डॉ. प्रभात, डॉ. विजयपाल सिंह ने क्रमशः मीरा एवं केशवदास जैसे कवियों के व्यक्तित्व एवं सृजन पर अपने प्रबन्ध लिखे हैं। डॉ. ब्रजवासी लाल श्रीवास्तव ने 'मध्ययुगीन रामकाव्य के परिवेश में करुण रस' पर विचार किया है। 'हिन्दी सन्त साहित्य की दार्शनिक पृष्ठभूमि' पर डॉ. गोविन्द त्रिगुणायत ने डी.लिट्. की उपाधि प्राप्ति की है एवं 'मध्ययुगीन प्रेमाख्यान' डॉ. श्याममनोहर पाण्डेय के डी.फिल. के शोध प्रबन्ध का प्रकाशित रूप है। डॉ. सावित्री सिन्हा ने अपनी डी.लिट्. की थीसिस 'ब्रजभाषा के कृष्णभक्ति-काव्य में अभिव्यंजना-शिल्प' में सूरदास से लेकर रत्नाकर तक के कृष्णभक्ति-काव्य की कलात्मक क्षमताओं का उद्घाटन किया है। इसी प्रकार 'खड़ी बोली काव्य में अभिव्यंजना' में डॉ. आशा गुप्त ने मध्यकाल से लेकर 1920 तक की प्रतिनिधि खड़ीबोली-कविता में विषयगत विविधता एवं शिल्प का विश्लेषण किया है। आधुनिक काल के व्यक्ति कवियों पर इसी वर्ष डॉ. मुकुन्ददेव शर्मा का शोध-ग्रन्थ 'हरिऔध : जीवन और कृतित्व' प्रकाशित हुआ है। व्यक्ति कवियों पर प्रकाशित (मध्यकालीन और आधुनिक) इन प्रबन्धों में यद्यपि जीवनी एवं सृजन के मध्य सम्बन्ध-सूत्रों को स्थापित नहीं किया जा सका है, फिर भी सामाजिक पृष्ठभूमि से वैयक्तिक सृजन-भूमि की ओर बढ़ाव अपने आप में एक स्पष्ट एवं महत्त्वपूर्ण इंगित है।

हिन्दी में दुर्भाग्यवश कथा-साहित्य की समीक्षा की वैसी महत्त्वपूर्ण परम्परा नहीं बन सकी थी, जैसी कि काव्य की है। पर अब पत्र-पत्रिकाओं के साथ ही हिन्दी-शोध ने भी

इस दायित्व को स्वीकारा है। इस वर्ष हिन्दी उपन्यासों पर एक साथ तीन महत्त्वपूर्ण प्रबन्ध प्रकाशित हुए हैं—डॉ. श्रीनारायण अग्निहोत्री का 'हिन्दी-उपन्यास-साहित्य का शास्त्रीय अध्ययन', डॉ. सुषमा धवन का 'हिन्दी उपन्यास' और डॉ. रणवीर रांग्रा का 'हिन्दी उपन्यास में चरित्र-चित्रण का विकास'। इन तीनों ग्रन्थों में डॉ. रांग्रा की पुस्तक निश्चय ही अधिक महत्त्वपूर्ण है।

'हिन्दी नाटकों में पाश्चात्य प्रभाव' में डॉ. श्रीपति शर्मा ने तुलनात्मक अध्ययन की दिशा में प्रयास किया है। डॉ. रामदरश मिश्र एवं डॉ. वेंकट शर्मा ने क्रमशः 'हिन्दी आलोचना का विकास' तथा 'आधुनिक हिन्दी साहित्य में समालोचना का विकास' में हिन्दी के समग्र समीक्षा-साहित्य का लेखा-जोखा उपस्थित करना चाहा है।

हिन्दी विभागों के अन्तर्गत भाषाविज्ञान सम्बन्धी खोज भी होती रहती है। इस वर्ष डॉ. रामस्वरूप चतुर्वेदी ने 'आगरा जिले की बोली' एवं डॉ. भालचन्दराव तैलंग ने 'छत्तीसगढ़ी, हलवी एवं मतरी बोलियों का भाषावैज्ञानिक अध्ययन' ऐसे ही शोध प्रबन्ध प्रकाशित कराये हैं। इसी स्थल पर डॉ. रामविलास शर्मा की पुस्तक (जो शोध प्रबन्ध नहीं है) 'भाषा और समाज' का उल्लेख कर देना आवश्यक है। कहना न होगा कि इस विषय पर हिन्दी में यह पहली पुस्तक है तथा साहित्य के एक प्रसिद्ध समीक्षक का भाषाविज्ञान के क्षेत्र में इतने महत्त्वपूर्ण ढंग से पदार्पण अपने आप में ध्यान देने योग्य घटना है। एक अत्यन्त महत्त्वपूर्ण कार्य इस वर्ष सम्पन्न हुआ है डॉ. जगदीश चन्द्र जैन द्वारा। लगभग एक हजार पृष्ठों का एक विशाल प्राकृत साहित्य का इतिहास लिखकर उन्होंने हिन्दी की बड़ी कमी की पूर्ति की है। शोध प्रबन्धों एवं निबन्ध संग्रहों के अतिरिक्त कुछेक अन्य महत्त्वपूर्ण समीक्षात्मक पुस्तकें भी इस वर्ष प्रकाश में आयी हैं। रामविलास जी की 'भाषा और समाज' के अतिरिक्त डॉ. रघुवंश की 'नाट्य-कला'; डॉ. जगदीश गुप्त की 'भारतीय कला के पदचिह्न', डॉ. रांगेय राघव की 'आधुनिक हिन्दी कविता में प्रेम और शृंगार', रामदीन गुप्त की 'प्रेमचन्द और गाँधीवाद', डॉ. रसिक बिहारी जोशी की 'श्री रास पंचाध्यायी : एक सांस्कृतिक अध्ययन' आदि प्रमुख हैं।

अनुवाद के क्षेत्र में हिन्दी-अनुसन्धान परिषद, दिल्ली विश्वविद्यालय ने संस्कृत के आचार्य रामचन्द्र गुणचन्द्र के ग्रन्थ 'नाट्यदर्पण' को आचार्य विशेश्वर की टीका-समेत प्रकाशित किया है। अब डॉ. राघवन् की 'नम्बर ऑफ रसाज' के आधार पर ही रामचन्द्र को उद्धृत करने की आवश्यकता न पड़ेगी। मैकडानेल के 'वैदिक माइथालॉजी,' निकलसन के 'मिस्टिक्स ऑफ इस्लाम' एवं विण्टरनित्स के ग्रन्थ 'हिस्ट्री ऑफ इण्डियन लिट्रेचर' के अनुवाद क्रमशः 'वैदिक देवशास्त्र', 'इस्लाम के सूफी साधक' एवं 'प्राचीन भारतीय साहित्य' के नाम से प्रकाशित हुए हैं। ऊपर उल्लिखित पुस्तकों के अतिरिक्त भी हमारा विश्वास है कि हिन्दी के विशाल प्रदेश में और भी इतनी ही (या इनसे भी अधिक) महत्त्वपूर्ण पुस्तकें प्रकाशित हुई होंगी।

एक सुनियोजित कोलाहल

लगे हाथ हिन्दी आलोचना की कमजोरियों की भी चर्चा हो सकती है। अगर अलग-अलग उदाहरण दिये जायें तो कमजोर आलोचनाएँ शायद पचासों गुना अधिक मिलेंगी, पर पूरे वातावरण में व्याप्त एक विचित्र अशान्ति का एक बड़ा ज्वलन्त उदाहरण अभी 'उर्वशी' को लेकर मचने वाले कोलाहल में मिला। कहीं-कहीं ऐसा लगा मानो यह, सुनियोजित 'बूस्टिंग' हो। और निस्सन्देह व्यावसायिकता का प्रभाव प्रतीत होता है, जहाँ समीक्षा विज्ञापन का पर्याय बनने लगती है। यह मानने को मैं तैयार नहीं कि इतने बड़े हिन्दी-प्रदेश के सभी पाठक समीक्षक एक ही जैसी रुचि, संस्कारों या प्रतिभा वाले हो गये हैं। फिर क्या असहमत होने वाले साहस नहीं जुटा पाते? जीवन्त हिन्दी समीक्षा की एक और दुष्प्रवृत्ति बहुधा देखने में आ जाती है : बिना ठीक से पुष्टि किये हुए कुछ फिकरे कस देना। श्रीकान्त वर्मा ने कहानी सम्बन्धी अपनी आलोचनाओं में कहा कि हिन्दी कहानी अत्यन्त सामान्य अनुभवों पर लिखी गयी है पर इसके लिए प्रमाणपरक विश्लेषण की आवश्यकता थी। ऐसे फिकरे (श्रीकान्त वर्मा ही नहीं) अधिकांश हिन्दी के समीक्षा सम्बन्धी प्रयासों में देखे जा सकते हैं। लक्ष्मीकान्त वर्मा के लम्बे आलोचनात्मक प्रयास एवं दूधनाथ सिंह की समीचीन टिप्पणियाँ (दोनों ही लहर में प्रकाशित हैं।) भी प्रस्तुत लेखक समझ नहीं पाया।

वस्तुतः हमारी समीक्षा का वैविध्य इतना अधिक है कि एक छोटे से लेख में उसकी बाहरी रूपरेखा बताना भी कठिन है। लेकिन ऊपर दी गयी इस बाहरी रूपरेखा से इतना एक सामान्य पाठक भी समझ सकता है कि हिन्दी आलोचना विविध दिशाओं से आगे बढ़ती हुई देश की चेतना को अधिक पैना; सशक्त एवं उर्वर बनाने का प्रयास कर रही है।

धर्मयुग : 31 दिसम्बर, 1961

आँगन का पंछी और बनजारा मन

बन्धु,

भूमिका में एक झालर जोड़कर आपने खुले रूप में घोषित कर दिया है कि मैं आपके निबन्धों का प्रशंसक रहा हूँ। हाँ, सच ही ललित गद्य मुझे खींचता है; मैं उसे चाव से पढ़ता हूँ। आपका संग्रह मुझे मिला था—मैंने मौज से उसके निबन्ध धीरे-धीरे पढ़े थे। 'कमल भक्षकों के देश में' मुझे भी समीक्षा करने में आलस आ जाय तो क्या अचरज?

आज भी, मिश्र जी, मैं आलोचना न लिखूँगा पर आपसे 'चिट्ठी चौपाती' में ही बतियाने को मन है। इसलिए भी कि इन निबन्धों की बहुत-सी बातों का मैं साक्षी भी रहा हूँ। 'मलय के आँचल' में जब आप भटक रहे थे तो मैं भी एक 'बौराए' हुओं में था। 'कावेरी' की आस्फालित धारा ने जब अपना दृश्य आवाहन शिवसमुद्र में भेजा था तो दौड़ते हुए नीचे उतरने वालों में देवीशंकर भी था। बेलूर की उन्मादिनी शोभा जब आपको खजुराहो तक भेज और बुला रही थी तो उसी समय 'शिकारिणी' का आठ सौ वर्षों से प्रत्यंचा पर चढ़ा तीर मुझे बींध गया था और आपसे सच ही कहूँगा—अभी भी वह निकला नहीं है। अपने अन्तिम चार निबन्धों में जिस भुक्तभोगी की आत्मीयता को आपने व्यक्त किया है—मैं भी तो विद्यापीठों की उसी जड़-साधना से पीड़ित हूँ जिसमें 'शव' स्वयं साधक की छाती पर सवार हो जाता है। आपकी बेचैनी उस हर संवेदनशील की बेचैनी है जो बड़े उत्साह से अध्यापन के क्षेत्र में घुसता है (विशेषतः उच्चतर अध्ययन-अध्यापन के क्षेत्र में) और बड़ी जल्दी या तो वह संवेदनशीलता को छोड़ देता है या फिर भाग खड़ा होता है—भले ही किसी जुलूस की व्यवस्था क्यों न करनी पड़े या फिर भीतर-भीतर घुटता रहता है, अपने को 'अयुक्त-स्थान प्रतिष्ठित' अनुभव करता रहता है। "मैं महीनों तक कुछ भी नहीं लिखता, और यह सन्तोष करता हूँ कि चलो, अब अन्तःसलिला रेत में बिल्कुल लुप्त हो गयी। इतने में आधी रात के कुहासे में जैसे कोई टिटिहरी पुकार पड़ती हो, वैसी ही कोई आवाज मन के सुन्न दर्द उभार देती है, क्या सचमुच अब तुम नहीं लिख पाओगे?" भाई, आप सौभाग्यशाली हैं कि ऐसे विषय से ग्रस्त नहीं हैं

जहाँ कि जीवन्त लेखन को जान-बूझकर नकारा जाता हो। 'मीडियाक्रिटी' को जितना बड़ा सम्मान हिन्दी के उच्चतर अध्ययन, अध्यापन एवं अनुसन्धान में मिला है वह शायद शिक्षा के इतिहास में अद्भुत एवं अपूर्व वस्तु है।

पर लीजिए, मैं तो भटक गया। क्या करूँ ये निबन्ध ही भटकाने वाले हैं। मैं बात कुछ दूसरी कहना चाहता था। अभी कुछ दिन पूर्व भारतीय बुद्धिजीवियों पर अमरीकी समाजशास्त्री एडवर्ड शिल्स का एक मोनोग्राफ पढ़ा था जिसमें उन्होंने परम्परा एवं आधुनिकता की तनावपूर्ण स्थिति के बीच भारतीय बुद्धिजीवी को रखना चाहा है। वे उसके 'प्रादेशिक' एवं महानगरीय संस्कृतियों से एक साथ सम्पृक्ति की बात उठाते हैं। पता नहीं अमरीका में आपकी शिल्स से भेंट हुई है या नहीं पर यह तनाव आप में बहुत तीखा है। स्वयं आपके संग्रह का नाम इस तनाव को पूरी तरह व्यंजित करता है—'आँगन का पंछी और बनजारा मन'। मुझे लगता है कि उस मोनोग्राफ के लिए भी यही उपयुक्त शीर्षक है। मैं जानता हूँ कि आपकी शिखाधारिणी आधुनिकता के प्रति बहुतों के मन में सन्देह होता है (कभी-कभी मेरे मन में भी)। पर मैं यह भी जानता हूँ कि शिखा की परम्परा हम सभी के मन में है और यह हमारे व्यक्तित्व का अभिन्न अंग है—शायद शक्तिपूर्ण भी। यह बात दूसरी है कि हम सब उसे 'यवांकुरों' के जीवित स्पर्श से बचाये रखने की चेष्टा करते हैं पर आप उसे शक्ति तथा मौज के साथ हिलाते, छिटकाते चलते हैं। आपका बनजारापन भी आधुनिकता का एक अंग है और आँगन का पन्छी भी उसी आधुनिकता का एक सन्दर्भ है।

पर अगर बात केवल शिल्प द्वारा प्रस्थापित इस तनाव की ही होती तो शायद मैं कुछ न कहता। आपने साहित्य, इतिहास, संस्कृति, जनविश्वासों आदि को नयी व्याख्या से मण्डित करना चाहा है। उनके अन्दर कुछ पवित्र एवं प्रेरक तत्त्वों की स्थापना करनी चाही है। पार्थिव धर्म, अग्रपुरुष, जयन्ती मंगला काली शायद ऐसे ही खण्ड हैं। इसका भी विरोध मैं नहीं करना चाहूँगा पर इस व्याख्यान में एक स्वर ऐसा बन पड़ा है जो भुजा उठा-उठा कर घोषणा करता है कि 'मैं पुराना जमाना हूँ', 'मैं ही श्रेष्ठ हूँ', 'हे मूर्खो, तुमने इस पुरानी दुनिया को बदल जाने दिया—यही अमंगल हुआ है', आदि-आदि।

मेरे बनजारे मनवाले मित्र! मैं स्पष्ट पूछना चाहूँगा कि क्या इसे आप उपयुक्त मानते हैं? "जो विषपाई हमारे बीच धतूरा खाकर नाचा करता था, जो हमारी अन्नपूर्णा के दरवाजे हमारी ही तरह झोली लिए खड़ा रहता था, वह सदाशिव आज इस तरह नीलकण्ठ हो गया कि हमारी कृतज्ञता साल में एक दिन उसके किसी छोटे-से प्रतीक को देखने में ही कृतकार्य हो जाती है। हमारा जातीय जीवन क्या सचमुच ही अपने-आप में इतना खो गया है कि उसे अपने मन के सोते-जागते का संकल्प बिसर गया?" मिश्रजी ये पंक्तियाँ आपकी ही हैं। क्या इन पंक्तियों में 'गुड ओल्ड डेज' वाली मनोवृत्ति ही नहीं छायी हुई है? और ऐसी पंक्तियाँ विरल नहीं हैं इस संकलन में। यदि मध्यकाल में गाँव की इकाई अधिक सौहार्दमयी थी तो क्या वह

सदाशिव या गौरैया चुगाने वाले विश्वासों के बल पर थी (मैं चीन के गौरैया नाशकों का वकील नहीं हूँ) तथा क्या आधुनिक जीवन का मोल देकर आप उसे बनाये रखना चाहेंगे। जीवन का आदिम और उद्दाम वेग स्पृहणीय हो सकता है पर सभ्यता या संस्कृति के विकास के मूल्य पर नहीं। फिर जब उलटफेर होता है, तो थोड़ी देर के लिए शून्य का आभास भी होता है। पर यह कहाँ की शक्तिमत्ता होगी कि उस शून्य से घबरा कर हम कहें कि अपना पुराना खँडहर ही बना रहता तो ठीक था?

मिश्र जी आप तो सरकारी मोटर लेकर गाँवों की ओर जाते रहे हैं। आपने अनुभव किया होगा कि सड़क जब गाँव तक पहुँच जाती है तो केवल मोटर ही नहीं ले जाती–अपने साथ मोटर के सारे संस्कार, मोटर की समस्त चेतना एवं शक्ति भी ले जाती है और उस समय जो संघर्ष होगा उसमें कमजोर ही गिरेगा और उस कमजोर को आँसू बहाकर जिलाया नहीं जा सकता और न शक्तिशाली को बदतमीज कह कर भगाया जा सकता है। बन्धु, मेरे मन में निराला की 'राम की शक्ति-पूजा' की एक पंक्ति बार-बार गूँज रही है–'शक्ति की करो मौलिक कल्पना'! जाम्बवान् का यह उपदेश हर संशयग्रस्त, प्रत्येक पराजयाक्रान्त या निराशाभिभूत के लिए है। हर युग को नये देवता की कल्पना करनी होती है। उसमें नयी शक्ति का संचारण अभीष्ट होता है। प्रत्येक समाज के वे 'रामवैदेही' होते हैं जिनके लिए बाकी सबको 'कोटि बैरी सम' तजना भी पड़ सकता है। सदाशिव यदि नीलकण्ठ चिड़िया बन गये तो उन्हें उड़ जाने दें, रामवैदेही विगत हो गये तो होने दें–आइए, नये सिरे से इन देवताओं की कल्पना की जाये।

भाई जी, मैं यह इसलिए कह रहा हूँ कि आपकी क्षमता पर मुझे विश्वास है। इसी संकलन में जहाँ आप इस प्राचीनता-मोह से निकल सके हैं वहाँ पर आधुनिकता की अशुचिता पर आपके प्रहार दुर्वार भी हैं और लक्ष्यबेधी भी। 'नया दौर', 'ये विपथगाएँ', 'प्रभुत्व ज्वर अस्पताल' समर्थ आधुनिक चेतना के व्यंग्य हैं। 'अग्र पुरुष' जैसी व्याख्याएँ ही अपेक्षित हैं।

इन निबन्धों के बारे में एक बात और! कुछ लोगों को इन निबन्धों की 'भाषा फीकी लगी'। कुछ ने शब्दों की लयदारी क्षीण होने की शिकायत की है। पर मुझे लगा कि पहली बार आपने पाण्डित्य का बोझ उतार फेंका है, पहली बार आपकी भाषा रोमैण्टिक जाल को एक सीमा तक तोड़ने में समर्थ हुई है। शायद आपको 'अपनी' शैली की वास्तविक उपलब्धि हुई है।

आशा है बाबा गोरखनाथ की नगरी में प्रसन्न होंगे–

आपका ही

देवीशंकर अवस्थी

धर्मयुग : 20 मई, 1963

साहित्य की मान्यताएँ

साहित्य में भगवतीचरण वर्मा बाकायदा प्रतिष्ठित रचनाकार हैं। पर भगवती बाबू की *साहित्य की मान्यताएँ* किस खाते में रखी जायें? पश्चिमी देशों के साहित्यों से परिचित लोग जानते होंगे कि रचनाशील लेखकों ने आलोचना के क्षेत्र में अत्यधिक महत्त्वपूर्ण कार्य किया है। गेटे, बॉदलेयर, कॉलरिज, वर्ड्सवर्थ, शेली, इलियट, हेनरी जेम्स आदि कुछ नाम इस सम्बन्ध में याद किये जा सकते हैं। और विदेश क्यों जाइए—प्रसाद, पन्त, निराला, महादेवी, अज्ञेय, मुक्तिबोध आदि ने हिन्दी-आलोचनाओं को कितना धनी बनाया है, यह समझदार लोगों से छिपा नहीं है। ऐसी स्थिति में भगवती बाबू जैसे प्रमुख लेखक छायावाद की चर्चा करते हुए जब कहते हैं—'आज के दिन, जब दो नवीनवाद—प्रगतिवाद और प्रयोगवाद—साहित्य में प्रवेश कर चुके हैं, हिन्दी कविता में प्रमुखता छायावाद की ही है।' तो लगता है कि पन्त, महादेवी आदि की उन स्थापनाओं को अब विच्युत करना होगा, जिनमें उन्होंने छायावाद की समाप्ति घोषित की है। इतना ही नहीं: एक ओर वे छायावाद को 'नवीन भारत की चेतना के प्रतीक रूप में अवतरित' मानते हैं और दूसरी ओर उनमें प्रबन्ध शक्ति को इसलिए अस्वीकार करते हैं क्योंकि प्रबन्ध-काव्य में ठोस धरातल पर आना पड़ता है। अर्थात निष्कर्ष यह कि (1) नवीन भारत की चेतना ठोस धरातल पर नहीं आ सकती (2) बड़ी आख्यानपरक कविताओं की सम्भावना समाप्त हो गयी है तथा (3) नवीन छायावाद (यानी भगवती बाबू की स्वयं अपनी) कविताएँ ठोस धरातल से दूर हैं। कम-से-कम अन्तिम निष्कर्ष भगवतीचरण वर्मा का आत्म स्वीकार भी है कि उनकी कविता अब अप्रामाणिक अनुभूतियों एवं ठोस मानव स्थितियों से असाक्षात्कार की कविता है।

लेखक के अनुसार 'साहित्य की मान्यताओं पर विचार करते समय मेरे सामने साहित्य का व्यावसायिक पक्ष ही है।' (पृ. 84) इस व्यावसायिक निकष पर 'प्रयोगवाद अथवा नयी कविता' को परखते हुए वे कहते हैं, 'इस प्रयोगवाद का कोई व्यावसायिक पक्ष नहीं है, यह प्रयोगवाद की कविता जीविका के उपार्जन के लिए नहीं लिखी जाती; इस प्रयोगवाद के प्रवर्तक वे लोग हैं, जिन्हें श्रमजीवी

साहित्यकार नहीं कहा जा सकता, जो या तो दूसरे धन्धों में लगे हैं, लेकिन जिन्हें साहित्यकार कहलाने का शौक है, या फिर वे शिक्षित और अधिकांश में उठते हुए नवयुवक हैं, जो साहित्य को अपना आधारस्थल बनाकर दूसरे पेशों पर छलाँग मारना चाहते हैं।'

'...कला का कलाकार में व्यावसायिक रूप लेना नितान्त आवश्यक है क्योंकि जीवित रहने के लिए आजीविका सबसे प्रथम आती है।' क्या भगवती बाबू यह बता सकेंगे कि इस कसौटी पर अज्ञेय, शमशेर, त्रिलोचन, नरेश मेहता तथा बच्चन, नरेन्द्र शर्मा, अंचल, सुमन, दिनकर आदि किस प्रकार परिभाषित एवं आकलित किये जायेंगे? पर जानने वाले पाठकों के सूचनार्थ केवल इतना कि प्रथम सूची के लेखक प्रयोगवादी हैं तथा एक प्रकार से लेखनजीवी तथा दूसरी सूची के लेखक भिन्न-भिन्न व्यवसायों में लगे व्यक्ति हैं, पर जिन्हें भगवती बाबू शायद अपने 'छायावाद' में रखना चाहेंगे।

भगवती बाबू ने बताया है कि 'हिन्दी में प्रयोगवाद विदेशी प्रभाव से आया है...।' (यों छायावाद में भी विदेशी प्रभाव उन्होंने स्वीकार किया है।) यह तो मुझे ज्ञात नहीं कि भगवती बाबू का विदेशी साहित्य से कितना परिचय है तथा भारतीय परम्परा के रूपों और स्रोतों का कितना ज्ञान उन्हें है, पर प्रयोगवाद वाले निबन्ध में ही औद्योगिक क्रान्ति का प्रारम्भ उन्होंने 19वीं शती से माना है जबकि अब तक 18वीं शती से उसे स्वीकार किया जाता रहा है। जहाँ तक भारतीय परम्परा का प्रश्न है, उन्होंने हमारी यह आध्यात्मिकता दो रूपोंवाली बतायी है 'एक ओर तो रहस्यात्मक और पारलौकिक' तथा 'दूसरी ओर घोर वासनामयी।'

ऐसे ही अजीबोगरीब 18 निबन्धों के इस संकलन में भगवती बाबू ने साहित्य के सम्बन्ध में अपनी मान्यताएँ इसलिए व्यक्त की हैं क्योंकि, 'मेरा मन मुझसे कहता है कि मैं साहित्य के सम्बन्ध में अपनी मान्यताएँ व्यक्त करूँ।' दरअसल उन्होंने जो व्यावसायिक कसौटी बतायी है, वही शायद इस निबन्ध संकलन की आयोजना में भी प्रमुख है। यानी लेखक के नाम पर निबन्ध संकलन बिकेगा ही। पाठक अगर कहे कि मेरे साथ धोखा किया गया है तो वह मूर्ख होगा क्योंकि भगवती बाबू ने पहले पृष्ठ के प्रारम्भ में ही कह दिया है : "अपनी कमजोरियों और अपनी असमर्थता का थोड़ा बहुत ज्ञान मुझे है। मैं न पण्डित हूँ और न दार्शनिक हूँ। शास्त्रीय ज्ञान की पुस्तकें पढ़ने में मेरा मन नहीं लगता। देर तक सोचने-विचारने में मुझे एक उलझन-सी होने लगती है। अध्ययन एवं चिन्तन और मनन से मैं बहुत दूर रहा हूँ।" वस्तुतः न तो भगवती बाबू इन मान्यताओं को गम्भीरतापूर्वक लेते हैं और न आपको ही 'सीरियस' होने की आवश्यकता है। किंचित कविता के समान ही यह किंचित आलोचना है।

धर्मयुग : 4 जुलाई, 1965

युग-चिन्तन

ज्यों-ज्यों ज्ञान का क्षेत्र बढ़ता गया और अक्षर-रूप में प्रकाशित राशि का ढेर ऊँचा होता गया त्यों-त्यों उसमें से सारवान् को चुनने की प्रक्रिया भी नाना रूपों से विकसित हुई है। इस दिशा में अमरीका में 'रीडिंग्स' की परम्परा बहुत अधिक महत्त्वपूर्ण हो गयी। हर विषय या क्षेत्र में हुए महत्त्वपूर्ण कार्य के कुछ चुने हुए अंशों को एकत्र कर उस विषय के विभिन्न पक्षों को कम-से-कम स्थान में इन 'रीडिंग्स' में उपस्थित किया जाता है। शायद कुछ इसी तरह की प्रेरणा शरद देवड़ा के मन में भी रही है। इसीलिए विश्व के कुछ दार्शनिकों, वैज्ञानिकों, साहित्यकारों आदि के मन्तव्यों का संक्षेप में (केवल एकाध खण्डों में ही मूल का अविकल अनुवाद है।) हिन्दी में रूपान्तरित किया गया है।

'रीडिंग्स' की परम्परा में होते हुए भी इस पुस्तक में किसी दृष्टि विशेष के अनुशासन का अभाव है। यानी कि लेखक ने इन्हीं अंशों को क्यों चुना? इसका औचित्य वह नहीं दे पाता। यही नहीं उसने दर्शन, साहित्य, समाजशास्त्र एवं यौन मनोविज्ञान से सम्बन्धित अंश ही क्यों उपस्थित किये? वस्तुतः 'रीडिंग्स' जैसा लगते हुए भी यह एक प्रबुद्ध पाठक की नितान्त वैयक्तिक अभिरुचि का संकलन है। यत्र-तत्र पढ़ते समय उसे जिस समय जो कुछ अच्छा लग गया, उसको रूपान्तरित कर दिया गया है—बहुत कुछ अपने लिए बनाये जाने वाले 'नोट्स' की तरह। यह बात इस तथ्य से भी जाहिर होती है कि लेखक ने अधिकांश खण्डों में सार-संक्षेप ही उपस्थित किया है। इस सार-संक्षेप में उसने अनुवाद करते समय पर्याप्त छूट ली है। इसकी परिपाटी अविकल अनुवाद की जगह भावानुवाद की हो गयी है। इस पद्धति के कारण यह पुस्तक जहाँ हिन्दी के मुहावरे की दृष्टि से सुपाठ्य हो गयी है, वहीं मूल लेखकों के शैली-शिल्प के प्रति अन्याय भी हो गया है, और कहीं-कहीं अस्पष्टता भी आ गयी है। उदाहरणार्थ 'साइमन द बोवा' के 'वूमन इन लव' वाले अध्याय के इस उद्धरण को लीजिए : As for man, if he loves a woman, what he *wants* in that love from her..., देवड़ा ने इसका भावानुवाद किया है, 'जबकि पुरुष नारी से प्रेम करता है तो उससे अपने प्रेम का प्रतिदान चाहता है।'

अभिप्रेत अर्थ की दृष्टि से ठीक होते हुए भी नीत्शे' ने जिस Wants शब्द को इटैलिक्स में रखकर जोर दिया है, वह इस रूपान्तरण में एकदम गायब हो गया है। इसी प्रकार देवड़ा के इस वाक्य को लें जो खासा अस्पष्ट है, 'अपनी उत्तेजना के तीव्रतम क्षणों में भी वे सम्पूर्ण मन से समर्पण नहीं करते; उनके लिए प्रेमिका अन्य बहुत से मूल्यों में मात्र एक मूल्य होती है।' इस वाक्य में दोनों अंश एक-दूसरे से अलग हैं। जबकि मूल में दूसरे अंश के पूर्व कहा गया है, 'even on their knees before a mistress, what they still want is to take possession of her; at the very heart of their lives every remain sovereign subjects; the beloved woman is only one value among others...' बोवा के इस कथन का sovereign आगे आये value शब्द को आधार देता है जबकि देवड़ा जी उसे छोड़ गये हैं।

पर सबसे बड़ी आपत्ति इलियट, आडेन और टॉमस की कविताओं के बीच-बीच के किये गये अनुवाद से है। कम-से-कम कविता को तो सार रूप में (वह भी नयी कविता को) उपस्थित करने से बख्श दिया जाता। कविताओं की अन्विति और समग्रता के साथ वह नितान्त अनुचित है। कहीं ऐसा तो नहीं कि अनुवाद की कठिनाइयों और चुनौतियों से बचने के लिए सार-संक्षेप एवं चुने हुए अंशों को देने की यह परिपाटी अपनाई गयी हो।

इन कमियों के बावजूद प्रस्तुत रूपान्तरण रोचक भी है और अंग्रेजी से अपरिचित या कम परिचित पाठक के लिए बहुत उपयोगी भी।

अनुवाद (पत्रिका), 1964

❑❑